이혼과 그 뒤의 법률문제

재산분할 · 위자료 · 양육비 · 친권자 · 면접교섭 · 가압류 · 사해행위취소
스스로 해결하는 방법

최 종 배 編著

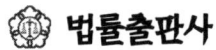 법률출판사

법령명 줄임말

☆ 가등기담보 등에 관한 법률 → 가담법
☆ 가사소송법 → 가소법
☆ 가사소송규칙 → 가소규칙
☆ 가족관계의 등록 등에 관한 법률 → 가족관계등록법
☆ 가족관계의 등록 등에 관한 규칙 → 가족관계등록규칙
☆ 공장 및 광업재단 저당법 → 공장저당법
☆ 금융실명거래 및 비밀보장에 관한 법률 → 금융실명법
☆ 민사소송법 → 민소법
☆ 민사소송규칙 → 민소규칙
☆ 민사소송 등 인지법 → 인지법
☆ 민사소송 등 인지규칙 → 인지규칙
☆ 민사조정법 → 민조법
☆ 민사집행법 → 민집법
☆ 민사집행규칙 → 민집규칙
☆ 부동산등기법 → 부등법
☆ 부동산 실권리자명의 등기에 관한 법률 → 부동산실명법
☆ 비송사건절차법 → 비송법
☆ 양육비이행확보 및 지원에 관한 법률 → 양육비법
☆ 양육비이행확보 및 지원에 관한법률 시행규칙 → 양육비규칙
☆ 자본시장과 금융투자업에 관한 법률 → 자본시장법

머리말

이혼은 아픈 추억을 만드는 과정이지만 피할 수 없는 경우도 있습니다. 협의상 이혼이든 재판상 이혼이든 모두 법원의 간섭을 받아야 합니다. 이혼 뒤에도 법원의 문을 두드려야 할 경우도 있습니다. 간단치 않은 절차들이고, 모두 법률과 관련이 있는 문제들입니다. 이러한 문제들은 가까운 사람에게조차도 터놓고 말하기가 쉽지 않습니다. 법률전문가를 찾아 상담을 하더라도 어느 정도의 지식은 있어야 정확한 진단을 받을 수 있습니다. 이 책은 이러한 문제들을 스스로 해결할 수 있게 하는 것을 목적으로 엮었습니다.

이혼의 과정에서는 필연적으로 재산분할, 위자료, 친권자 지정, 양육자 지정, 양육비 부담, 면접교섭과 관련한 법률문제들을 해결해야 합니다. 이혼이 성립한 뒤에도 여러 가지의 문제는 남습니다. 특히 협의상 이혼절차에서는 예상하지 못한 어려운 문제들이 나타나기도 합니다.

이혼과 이에 부수하는 절차들, 그리고 이혼 뒤에 해결해야 하는 문제들과 관련된 규정은 「민법」, 「가사소송법」, 「민사소송법」, 「민사조정법」, 「가족관계의 등록 등에 관한 법률」, 「민사집행법」 등 여러 법령에서 규정하고 있습니다. 이들을 쉽게 이해하려면 관련 법령과 법원의 태도(판례)를 편안하게 읽을 수 있어야 합니다. 이 책은 여기에 초점을 맞추어 정리하였습니다. 충분히 정독을 한다면 이혼 및 그와 관련된 여러 가지의 문제들을 스스로 해결함에 있어 어려움이 없을 만큼 관련 있는 모든 내용을 망라하였습니다. 그리고 관련 서식도 충분히 소개하였습니다.

피할 수 있다면 좋겠지만, 어쩔 수 없이 선택해야 하는 이혼이라면 여기에 담긴 글을 통하여 짧은 기간에 필요한 지식을 충분히 습득할 수 있을 것입니다. 이혼절차의 실행은 그 다음에 착수하여도 늦지 않습니다. 이 책만으로는 해결이 어려운 문제도 있을 수 있습니다. 편저자가 가정문제를 상담할 수는 없지만, 이 책에 담긴 법률문제에 관한 내용이라면 전자우편으로 질문을 하셔도 좋습니다. 객관적인 조언을 드리겠습니다.

끝으로 독자 여러분의 건승을 기원합니다. 그리고 이 책을 엮을 수 있도록 아이디어를 제공해주면서 편집과 출간을 맡아준 법률출판사의 김용성 대표와 임직원 모든 분께 고마움을 전합니다.

최종배 드림 cjb4128@naver.com

차 례

이혼과 그 뒤의 법률문제

재산분할 · 위자료 · 양육비 · 친권자 · 면접교섭 · 가압류 · 시해행위취소

스스로 해결하는 방법

Ⅰ. 이혼 및 재산분할 이해하기

1. 이혼하는 방법

이혼을 그 절차에 의해 나누어 보면 '협의상 이혼'과 '재판상 이혼'으로 나뉜다. 앞의 방법은 이혼과 관련한 모든 문제를 부부끼리 합의를 한 뒤에 법원의 확인만을 받는 절차이고, 뒤의 방법은 법원의 심판(재판)을 받는 절차이다. 어느 방법이든 법원의 관여 아래 이루어진다는 공통점이 있다. 따라서 둘 다 간단하지는 않은 절차이다.

사랑하기 때문에 헤어지든 미워서 갈라서든 가릴 것 없이 이혼에는 더불어 해결하여야 할 여러 가지의 법률문제가 도사리고 있다. ① 재산을 나누는 문제, ② 손해배상(위자료의 지급)을 하는 방법, ③ 자녀 양육책임의 문제, ④ 면접교섭권의 문제, ⑤재산분할을 앞두고 재산의 빼돌림을 미리 막는 방법, ⑥ 빼돌린 재산을 원상회복하게 하는 문제, ⑦ 확정된 양육비채권 등을 받아내는 방법 등이다.

이들 문제를 해결하는 방법에 있어서는 정도의 차이는 있지만 어느 절차를 따르는가를 묻지 않고 위 문제들은 공통적으로 검토하여야 할 문제들이다. 뒤에서는 이들 검토하여야 할 문제들 중 재산분할에 관한 문제는 협의상 이혼과 더불어 살펴보고, 나머지의 문제들은 재판상 이혼과 함께 검토하기로 한다.

참고로 덧붙이자면, 법률에 의하여 이루어지는 절차를 이해할 때에는 법률, 시행령(대통령령), 시행규칙(대법원규칙), 예규(법원행정처 제정) 등의 규정에 충실한 해석을 하여야 한다. 그리고 위와 같은 법령의 규정만으로 해석이 어렵거나 명확히 이해하는 것이 곤란한 경우에는 국어사전적으로 해석할 것이 아니라 대법원의 입장 내지 태도에 충실한 해석을 해야 한다는 사실이다. 따라서 꼭 필요한 법령과 판례는 다음부터 빠짐없이 소개하려고 한다.

가. 협의상 이혼

이혼을 하는 방법에는 두 개의 길이 있다. 하나는 일반인들이 흔히 말하는 '합의이혼'이 있는데, 민법 및 가사소송법(다음부터 "가소법"이라고 함) 등에서는 이를 '협의상 이혼'이라고 부른다. 다른 한 가지 방법은 역시 민법에서 규정하는 '재판상 이혼'이다.

협의상 이혼은 부부 양쪽이 의사의 합치를 이루기 때문에 굳이 재판절차까지는 가지 않는 이혼방법이라는 점에 관하여는 설명이 필요 없을 것이다. 그렇다고 하여 아예 법원에 나가지 않고도 이혼을 할 수 있는 방법은 아니다. 즉 협의상 이혼의 절차에서도 최소한 2회 이상 법원에 출석은 하여야 한다. 그리고 등록기준지(과거에는 "본적지"라고 하였음)를 찾아가서 이혼신고서를 제출하여야 한다.

협의상 이혼과 재판상 이혼은 그 방법 내지 절차에 있어 전혀 다르기 때문에 뒤에서는 이들을 구분하여 구체적인 내용을 설명하기로 한다.

나. 재판상 이혼

재판상 이혼과 협의상 이혼은 그 절차 등에서 다른 점이 매우 많지만, 이 둘의 가장 큰 차이점은 다음의 두 가지이다.

첫째, 이혼사유, 즉 이혼의 원인이다. 협의상 이혼에서는 그 원인이 무엇인지를 따질 것도 없이 두 사람이 헤어지기로 하는 합의가 성립하기만 하면 이혼이 가능하다. 법원에서는 두 사람의 생각이 일치하는 부분(이혼하기로 하는 의사의 합치)이 당사자의 진정한 의사에 의한 것인지 여부만을 확인하는 절차를 거치게 된다. 그러나 재판상 이혼의 경우에는 민법이 규정하는 일정한 요건을 충족하지 못하면 이혼 자체가 불가능하다.

둘째, 재판상 이혼에서는 이혼에 따라 필연적으로 수반되는 문제들은 최종적으로 판사에 의해 결정된다. 협의가 성립되지 않기 때문에 한쪽 당사자가 재판을 청구하고, 상대방은 그에 끌려 다니는 형국에서는 세부적인 사항일지라도 당사자 사이에 의사의 합치가 이루어지기는 어려울 것이기 때문이다. 즉 이혼에 수반되는 문제인 위자료, 재산분할, 친권자 지정, 자녀의 양육, 면접교섭 등에 관한 문제들은 당사자가 주장하는 내용을 법원이 참작을 하지만 결국 판사의 판단에 맡기는 꼴이 되고 만다.

2. 재산 나눌 때 참고할 사항

여기에서 소개하는 재산을 나누는 방법, 즉 '재산분할의 방법'은 주로 협의상 이혼에서의 문제이다. 이는 매우 중요한 의미가 있다. 따라서 협의상 이혼을 준비하는 경우라면 잘 익혀 두어야 할 내용이라는 점을 강조해둔다.

이 부분에 관하여 꼼꼼히 검토하기를 권하는 이유는 이렇다. 이혼의 합의가 성립한 뒤에 가서 후회 내지 당황하는 사례가 드물지 않게 발견되기 때문이다. 그 주된 원인은 협의 과정에서 상대방이 속임수를 쓰는 것을 알지 못하였기 때문에 당하는 경우도 있지만, 많은 경우는 각 재산별로 소유권 이전에 관한 취급을 달리해야 한다는 사실을 알지 못하기 때문이다.

필자가 법률실무에서 경험한 바에 의하면 협의상 이혼을 결심하는 상당수의 사람은 '공증사무소'에 가서 '공정증서'만 만들어두면 모든 문제가 해결되는 것으로 잘못 알고 있는 사람이 많은 것으로 보인다. 매우 큰 함정이다. 공정증서를 받아두었더라도 원래 의도했던 내용과 같이 재산권에 대하여 권리행사를 하려면 다시 재판절차를 거쳐야 하는 경우도 비일비재한 것이 현실이다. 따라서 재산을 나눔에 있어서는 각각의 재산마다 나의 고유재산이 될 수 있는 방법을 정확히 알고, 그에 맞는 방법을 잘 선택하여야 할 필요가 있는 것이다. 다음부터는 각 재산의 종류별로 이 문제를 나누어서 살펴본다.

가. 부동산

우리 민법은 물건에 관하여 토지 및 건물을 부동산이라고 규정하였다. 그 나머지의 모든 물건은 동산이다. 부동산을 매매, 증여, 교환, 재산분할 등 '법률행위'에 의하여 취득하는 경우에는 '등기'를 하여야 한다. 즉 등기를 하지 아니한 상태에서는 아직 소유권을 취득하지 못한다(민법 제186조 참조).

가령 부부 A와 B가 甲 및 乙이라는 두 개의 부동산을 공동으로 소유(공유)하고 있다가 이혼을 하기로 합의하면서 甲 부동산은 A가, 乙 부동산은 B가 각각 한 개씩 단독으로 소유하기로 약정하였다면 이 약정은 각자가 소유하는 공유지분에 대한 교환계약에 해당한다. 따라서 이러한 경우에는 위 두 개의 부동산에 관하여 각자 단독소유로 하는 '공유지분 소유권이전등기'를 마쳐 두어야 한다. 만약 등기를 하지 아니한 채 공정증서만을 작성해두었다가 나중에 어느 한쪽 당사자가 약정 내용에 따른 협의상 이혼절차에 협력도 하지 않으면서 소유권이전등기 절차에도 협력을 하지 않는다면 그 공정증서는 아무런 효력도 발생하지 않는다. 이러한 경우에는 이것을 가지고 법원에 소(訴)를 제기하더라도 법원은 이를 외면한다. 그 이유는 뒤에서 대법원의 입장을 소개하기로 한다.

공유지분의 정리도 문제려니와 해당 부동산에 대하여 소유권을 넘겨주는 쪽 당사자를 채무자로 하는 근저당권이 설정된 경우에도 정리가 필요하다. 재산분할로 인하여 부동산의 소유권을 이전받음에 있어서 그

부동산 위에 배우자를 채무자로 하는(제3자를 채무자로 하는 경우도 있음) 근저당권설정등기가 되어 있다면 그 근저당권설정등기를 말소한 다음에 소유권을 이전받는 방법이 가장 깨끗한 방법임은 말할 나위도 없을 것이다. 그러나 그 근저당권설정등기를 말소할 수 없는 사정이 있음에도 불구하고 해당 부동산의 소유권을 이전받아야 한다면 '채무인수'를 하면서 그 채무에 맞먹는 다른 대가(재산)를 배우자로부터 넘겨받을 수밖에 없다.

배우자가 설정자로 된 지상권이 설정된 경우도 있을 수 있는데, 이것의 말소등기절차도 필요할 것이다. 그러나 지상권이 설정된 경우의 대부분은 지상권의 본래 목적(토지의 사용·수익)보다는 저당권의 담보가치를 보다 더 두텁게 할 목적으로 저당권과 동시에 지상권을 더불어 설정하고 있다. 이를 '병존지상권'이라고 한다. 이러한 경우에는 일반적으로 근저당권을 말소하면서 당연히 지상권도 동시에 말소등기절차를 이행한다.

부동산등기부에는 가등기를 할 수 있는데, 가등기에는 두 종류가 있다. 하나는 '담보가등기'이고, 다른 하나는 '소유권이전청구권가등기'이다. 담보가등기는 「가등기담보 등에 관한 법률」(다음부터 "가담법"이라고 함)의 규율을 받는 채권을 담보하는 담보물권의 하나이다. 이 가등기담보는 저당권과 유사한 기능을 하므로 저당권에 관한 민법의 규정을 준용한다. 이에 비하여 소유권이전등기청구권을 보전할 목적으로 하는 가등기는 가담법의 규정이 아니라 「부동산등기법」(다음부터 "부등법"이라고 함)의 규정에 따른다(가담법상의 등기도 그 등기절차는 부등법에 따른다). 이는 현재로서는 소유권이전등기를 받을 수 있는 요건이

갖추어지지 않았지만 장래에 소유권이전등기를 하면 그 소유권이전등기의 시기를 가등기 당시로 소급한 것과 같은 효과를 거둘 목적으로 하는 등기이다. 어느 경우이든 이러한 가등기가 마쳐진 부동산을 이전받을 경우에는 가등기권리자와의 협의 및 그의 승낙이 필요할 것이다. 협의의 결과 승낙을 받았다면 그에 따른 계약서 내지 약정서의 작성과 더불어 해당 등기절차에 필요한 서류들을 직접 위임장과 더불어 수령하거나 쌍방이 법무사에게 위임하는 절차를 밟아야 한다.

부동산에는 전세권이나 임차권(賃借權)이 등기된 경우도 있을 수 있는데, 이들은 저당권이 설정된 경우와 크게 다르지 않다. 다만, 주의할 것은 건물(주택 및 상가건물)에 대한 임차권은 등기를 하지 않더라도 소액임차인은 최우선변제권 등에 의하여 보호를 받을 수 있다는 점이다. 이러한 건물의 소유권을 이전받을 때에는 조사가 필요한 부분이다. 관련 법률은 「상가건물임대차보호법」과 「주택임대차보호법」이다.

부동산 중에서도 공장용 건물과 그 부지는 「공장 및 광업재단 저당법」(다음부터 "공장저당법"이라고 함)에 의하여 그 공장용 건물, 공장의 부지, 공장 내의 기계류 및 시설 등과 함께 공장재단으로 등기를 하는 경우도 있다. 이러한 공장재단에 포함된 부동산은 그 부동산만을 분리하여 양도 또는 담보권(저당권·질권·유치권)을 설정할 수 없다.

문제는 유치권이 있는 토지나 건물이다. 주로 건물의 경우에 문제가 되는데, 유치권은 등기를 할 수 없는 권리이기 때문에 부동산등기부상으로는 유치권의 존재 여부를 확인할 길이 없다. 따라서 제3자(배우자의 채권자)에게 유치권이 있는지 여부는 그 부동산이 있는 곳을 찾아가서 직접 확인하는 등의 조사가 필요할 것이다. 유치권을 없애려면

채무자가 유치권자에 대하여 짊어진 채무를 갚으면서 해당 물건의 점유를 유치권자로부터 채무자에게로 이전하는 방법으로 한다. 이 경우에도 채권자인 유치권자의 승낙 아래 채무인수를 하는 방법으로 재산분할을 할 수도 있을 것이다. 아래에서 민법상의 유치권과 상법이 규정하는 유치권의 각 성립요건을 소개한다.

민법 제360조(유치권의 내용) ① 타인의 물건 또는 유가증권을 점유[1]한 자는 그 물건이나 유가증권에 관하여 생긴 채권이 변제기에 있는 경우에 변제를 받을 때까지 그 물건 또는 유가증권을 유치[2]할 권리가 있다.

② 전항의 규정은 그 점유가 불법행위로 인한 경우에 적용하지 아니한다.

상법 제58조(상사유치권) 상인간의 상행위로 인한 채권이 변제기에 있는 때에는 채권자는 변제를 받을 때까지 그 채무자에 대한 상행위로 인하여 자기가 점유하고 있는 채무자소유의 물건 또는

---

1) 점유(占有) : 여기에서 말하는 '점유'란 물건을 사실상 지배하는 상태를 말하고, 사실상의 지배라고 함은 그 물건을 사용 · 수익하는 관계를 뜻한다. 가령 해당 물건이 토지라고 한다면 울타리 · 담장 등을 설치한 상태에서 관리하고 있는 경우에는 점유하고 있다고 말할 수 있을 것이고, 그 물건이 건물이라면 그 건물에 입주하여 사무실이나 주거 등의 용도로 사용하는 경우에는 점유를 한다고 인정된다. 일반적으로 부동산에 관하여 유치권을 행사하는 주체(유치권자)는 해당 부동산의 잘 보이는 곳에 유치권자가 누구이며, 유치권을 행사하는 중이라는 안내 문구를 게시한다.

2) 유치(留置) : '유치'라고 함은 해당 물건의 점유를 그 물건의 소유자에게 돌려주지 아니하면서 그 물건의 본래 용법(用法)에 따라 사용 · 수익하는 것을 말하며, 이러한 권리를 '유치권'이라고 한다.

유가증권을 유치할 수 있다. 그러나 당사자 간에 다른 약정이 있으면 그러하지 아니하다.

나. 동산

물건 중 부동산(토지 및 건물)을 제외한 모든 물건은 동산으로 분류된다. 동산은 원칙적으로 점유(사실상의 지배)를 넘겨주는 방법으로 소유권이 이전된다. 여기에는 예외가 있다. 선박·항공기·자동차·건설기계는 동산이지만 이들과 같이 등기나 등록을 할 수 있는 동산은 부동산과 마찬가지로 등기나 등록을 하는 방법으로 그 소유권을 이전한다. 선박법에서 규정하는 소형선박이 아닌 선박은 등기 및 등록을, 그 나머지의 것(소형선박)은 등록을 하는 방법이다.

동산 중에서도 가령 공장에 있는 덩치가 큰 물건들의 경우에는 공장용 토지, 건물 및 공장 안에 있는 여러 종류의 다른 물건들과 함께 공장재단으로 등기를 하여 저당권을 설정하는 경우도 있는데(공장저당법 제3조, 제4조 참조), 이러한 경우에는 그 공장재단에 편입된 물건(시설·기구·기계 등)은 낱개로는 소유권을 이전하는 것이 금지된다는 점에 관하여는 앞에서 언급하였다. 이러한 동산은 가압류나 압류의 대상으로도 되지 않는다.

다. 채권(적극재산)·채무(소극재산)

여기에서 말하는 채권·채무는 국가가 발행하는 '국채', 지방자치단체가 발행하는 '지방채', 주식회사가 발행하는 '사채(社債)'는 물론이고, 은행에 예탁된 돈, 증권회사에 예탁된 돈과 예탁유가증권, 그리고 개인이 타인으로부터 받아야 할 채권 및 갚아야 할 채무를 모두 포함하는 개념이다. 이들 중 받아야 할 것인 채권을 '적극재산'이라고 하고, 이에 반하여 갚아야 하는 것인 채무는 '소극재산'이라고 부른다.

이들 채권과 채무도 모두 이혼에 따른 재산분할을 함에 있어서 분할의 대상인 재산에 포함된다.

이들 채권 중 금융기관과 관련이 없는 지명채권(指名債權 : 채권자가 누구인지 지정된 채권)으로서 채권자를 A로부터 B로 바꾸는 것을 '채권양도'라고 하는데, 채권을 양도할 때에는 반드시 채무자의 승낙을 받거나 채권자가 채무자에게 '채권양도통지'를 하여야만 유효한 채권양도로 인정을 받을 수 있다. 채무자의 승낙은 '내용증명우편'에 의한 통지가 아니더라도 무방하지만, 채권을 양도하는 사람이 채무자에게 통지할 때에는 반드시 내용증명우편을 이용하여야 한다(민법 제450조 참조). 채권양도에 따른 채무자의 승낙도 내용증명우편을 이용하여야만 채권자와 채무자 외의 제3자에게 대항할 수 있다. 대항한다는 것은 채권자에게 내용증명우편이 송달된 날짜에 채권이 정상적으로 양도되었다는 주장을 할 수 있다는 뜻이다.

한편 甲에 대한 A의 채무를 B가 인수하여 채무자 자체를 A로부터

B로 변경하는 것을 '채무인수'라고 하는데, 이 역시 내용증명우편을 이용하는 것이 바람직하다. 이와 같이 <u>채무를 인수하는 경우에는 반드시 채권자인 甲의 '승낙'이 있어야 유효한 채무인수가 된다</u>(민법 제454조 참조). 채권양도통지의 서식은 다음과 같은 요령으로 작성한다. 채무인수에 대한 승낙서도 이와 유사한 방법으로 만들면 될 것이다.

〔채권양도통지서〕

채 권 양 도 통 지

수신 채무자 ○ ○ ○

　　　　경기 ○○시 ○○로 ○○

　　　　031)○○○-○○○○, 010-○○○○-○○○○

발신 채권자 ○ ○ ○

　　　　서울 ○○구 ○○길 ○○○

　　　　02)○○○○-○○○○, 010-○○○○-○○○○

　아래 채권에 대한 채권자 ○○○는 ○○○○. ○. ○○. 동 채권을 채권양수인 ○○○에게 양도하고, 이를 채무자 ○○○에게 통지하오니 채무자께서는 아래의 채권양수인에게 종전과 동일한 채무를 종전과 동일한 조건으로 변제하시기 바랍니다.

채권 및 채권양수인의 표시

1. 채권의 표시

채권자 ㅇㅇㅇ (ㅇㅇㅇㅇㅇㅇ-ㅇㅇㅇㅇㅇㅇㅇ)
　　　서울특별시 ㅇㅇ구 ㅇㅇ길 ㅇㅇㅇ
　　　02)ㅇㅇㅇㅇ-ㅇㅇㅇㅇ, 010-ㅇㅇㅇㅇ-ㅇㅇㅇㅇ
채무자 ㅇㅇㅇ (ㅇㅇㅇㅇㅇㅇ-ㅇㅇㅇㅇㅇㅇㅇ)
　　　경기도 ㅇㅇ시 ㅇㅇ로 ㅇㅇ
　　　031)ㅇㅇㅇ-ㅇㅇㅇㅇ, 010-ㅇㅇㅇㅇ-ㅇㅇㅇㅇ

채권의 내용
　돈 50,000,000원(대여금)
　변제기 : ㅇㅇㅇㅇ. ㅇㅇ. ㅇ
　이자 : 연 24%(단, 매월 20일 2%씩 지급한다)

2. 채권양수인의 표시

　성명 : ㅇㅇㅇ (ㅇㅇㅇㅇㅇㅇ-ㅇㅇㅇㅇㅇㅇㅇ)
　주소 : 인천 ㅇㅇ구 ㅇㅇ길 ㅇㅇ-ㅇ
　전화번호 : 032)ㅇㅇㅇ-ㅇㅇㅇㅇ, 010-ㅇㅇㅇㅇ-ㅇㅇㅇㅇ

○○○○. ○. ○○

위 통지인 채권자 ○ ○ ○ (날인)

채무자 ○ ○ ○ 귀하

* '내용증명우편'은 동일한 서류 3통을 우편취급소에 가지고 가서 발송하면 된다. 이때 우편취급소에서는 1통에 발송인을 날인하여 발송인에게 내주고, 1통은 우편취급소가 보관한다. 참고로, 보내는 사람의 의사가 받는 사람에게 도달이 되었다는 점이 증명되어야 하는 채권양도통지나 계약의 해제통지 등의 경우에는 내용증명우편을 이용하는 것이 옳지만, 그 밖에 법률상으로는 특별한 효과 내지 효력이 생기지 않는 의사의 통지(즉 발송인의 생각을 전달하는 것만이 목적인 서신)에서는 내용증명우편의 이용은 신중히 판단하여야 한다. 왜냐하면 내용증명우편에 의한 통지(편지)는 법률상으로는 발신자의 우편이 수신자에게 송달되었다는 것을 증명하는 기능만을 하는 것일 뿐 다른 효력은 발생하지 않기 때문이다. 경우에 따라서는 그 내용을 작성함에 있어 발신자에게 불이익이 될 수도 있는 내용을 기재한 문서를 내용증명우편으로 발송하는 바람에 상대방에게만 유리한 증거를 남기는 경우도 어렵지 않게 발견된다.

라. 영업권·주주권

여기에서 말하는 '영업권'은 그 영업의 종류나 형태를 묻지 않고 수익을 창출하는 사업에 따른 권리를 말한다. 가령 음식점에 관한 영업권이라고 하면 그 장소, 시설 및 비품 등 일체의 재산에 대한 재산적 가치평가에 해당하는 것을 말한다. 이른바 '권리금'이 여기에 속한다. 이에 대한 권리이전에 관하여는 특별한 방식을 요구하는 법률의 규정은 없다. 따라서 일반적으로 작성하는 약정서(계약서)에 의하고, 임차인의 지위를 이전하는 부분은 별도로 임대인의 동의를 받아야 한다. 만약 임대인의 동의 없이 임차인과 전득자(轉得者) 사이에만 계약을 체결하면 전득자는 보호를 받지 못할 경우도 있다. 민법에서는 이 전득자를 '전차인(轉借人)'이라고 한다.

"주주권"이라고 표현한 것은 주식회사가 발행한 '주식'을 말한다. 상법이 규정하는 회사의 종류로는 '합명회사', '합자회사', '유한회사' 및 '주식회사' 등이 있는데, 주식을 발행할 수 있는 회사는 주식회사뿐이다. 나머지 회사들은 동업과 유사한 형태로 운영되기 때문에 주식 대신 '지분'을 소유한다. 이들 지분도 이전이 가능하지만, 각 회사별로 이전에 따른 조건들을 조금씩 달리한다. 조건이라는 것은 다른 지분권자의 동의를 받아야 하는 것 등을 의미한다. 그리고 지분의 이전은 상업등기를 하여야 한다.

주식회사가 발행한 주식은 한국거래소(코스피시장 또는 코스닥시장)에 상장(上場)을 한 것과 그렇지 않은 것으로 나누어 검토하여야 한다.

상장이 된 주식은 증권회사에 위탁하여 거래를 하므로, 위탁자인 고객은 수탁자인 증권회사가 소유하고 있는 같은 종류·종목의 전체 주식에 대하여 지분을 소유하는 형태이다. 따라서 증권회사에 위탁된 주식중 개인이 소유하는 주식의 지분은 압류나 가압류는 할 수 있지만, 개인끼리(거래소를 배제한 채) 소유권을 이전하는 것은 가능하지 않다.

문제는 비상장주식이다. 주식회사로서 상장이 되지 아니한 회사의 주식은 장외거래에 의하여 그 소유권을 이전할 수 있는데, 이러한 주식의 양도·양수는 특별한 방식을 요구하지는 않는다. 즉 양도인과 양수인 사이에 합의가 이루어지고 양수인이 '주권'을 넘겨받아 회사에 대하여 '명의개서'를 하면 된다. 그리고 관할 세무서에 신고를 하면 그만이다. 명의개서라고 함은 회사의 주주명부에 기재된 양도인의 성명, 주소 등을 양수인의 것으로 바꾸어 기재하는 것을 말한다. 여기에서 조심하여야 할 것은 해당 회사의 '정관'에서 "주식의 양도는 회사의 승인을 받지 아니하면 회사에 대하여 효력이 없다"고 규정하는 경우도 있다는 점이다. 이러한 경우에는 이사회의 승인을 받아야만 유효한 양도·양수가 될 수 있다.

그리고 또 하나 주의할 점은 비상장주식을 이전받는 경우에는 발행주식 총수의 50%를 넘는 주식을 소유하거나 사실상 소유하는 것처럼 주주의 권리를 행사(주주총회에서의 표결권 행사)할 수 있어야 한다. 그렇지 않은 경우, 즉 비상장주식을 발행주식 총수의 50% 이하만을 소유하는 것은 사실상 소유하지 않는 것과 같다고 보아도 무방하다는 점이다. 회사의 경영에서 완전히 배제될 수도 있으며, 이렇게 되면 그 양수인은 휴지를 소유하는 것과 다름이 아니기 때문이다.

마. 지식재산권

"지식재산권"이라고 함은 '특허권', '실용신안권', '디자인권', '상표권', '저작권' 등의 총칭이다. 앞에서 열거한 것들 중 저작권을 제외한 것을 '산업재산권'이라고 한다. 산업재산권은 그 소유권을 이전할 때 특허청에 등록하는 방법으로 한다.

저작권은 등록을 할 수는 있으나 이 등록은 소유권이전의 성립요건 내지 효력발생요건은 아니고, 단순히 그 저작권의 소유자가 누구인가를 공시(公示)하는 기능만 가지고 있다. 그리고 등록을 하지 아니한 저작권이 더 많은 것이 현실이다. 따라서 저작권의 이전이나 사용권의 허락은 당사자의 약정만으로도 효력이 생긴다.

바. 지시채권 · 예금증서

지시채권(指示債權)의 대표적인 것으로는 어음과 수표이다. 어음과 수표의 양도는 원칙적으로 배서(背書 : 어음이나 수표의 뒷면 또는 부전지에 서명 또는 기명날인하는 것)와 교부(交付)의 방법으로 한다. 다만, 가계수표는 현금처럼 사용되기 때문에 설명이 필요 없을 것이다.

예금증서라고 함은 은행예금통장이 그 대표적인 것인데, 어느 종류의 예금도 「금융실명거래 및 비밀보장에 관한 법률」(다음부터 "금융실명법"이라고 함)의 관련 규정에 의하여 차명거래(借名去來 : 남의 이름을 빌어 사용하는 거래)는 범죄행위가 된다. 요즘에는 이른바 '보이스

피싱'으로 인하여 규제도 엄격하다. 따라서 예금통장과 도장을 받는 것만으로는 그 예금채권을 양도받았다고 말할 수 없을 것이다. 다만, 양도성예금증서(CD)의 경우에는 제3자에게 양도가 가능한 무기명식 정기예금이므로 그 물건의 <u>인도</u>3)만으로 소유권이 이전된다. 이는 무기명채권(기명식 아닌 채권)도 마찬가지이다.

---

3) 인도(引渡) : 인도라고 함은 사물이나 권리 따위를 넘겨준다는 뜻을 가진 법률용어이다. 부동산이나 무거운 동산의 경우에 인도라고 함은 점유(사실상의 지배)를 넘기는 의미이고, 가벼운 물건에 관하여 인도한다고 하는 것은 그 '소지'를 넘기는 뜻으로 이해하면 된다.

Ⅱ. 협의에 의한 이혼

1. 협의상 이혼 관련 법률의 규정

민법의 규정

제834조(협의상 이혼) 부부는 협의에 의하여 이혼할 수 있다.

제836조(이혼의 성립과 신고방식) ① 협의상 이혼은 가정법원의 확인을 받아 「가족관계의 등록 등에 관한 법률」에 의하여 정한 바에 의하여 신고함으로써 그 효력이 생긴다.

② 전항의 신고는 당사자 쌍방과 성년자인 증인 2인의 연서한 서면으로 하여야 한다.

「가족관계의 등록 등에 관한 법률」의 규정

제75조(협의상 이혼의 확인) ① 협의상 이혼을 하고자 하는 사람은 등록기준지 또는 주소지를 관할하는 가정법원의 확인을 받아 신고하여야 한다. 다만, 국내에 거주하지 아니하는 경우에 그 확인은 서울가정법원의 관할로 한다.

② 제1항의 신고는 협의상 이혼을 하고자 하는 사람이 가정법원

으로부터 확인서 등본을 교부 또는 송달받은 날부터 3개월 이내에 그 등본을 첨부하여 행하여야 한다.

③ 제2항의 기간이 경과한 때에는 그 가정법원의 확인은 효력을 상실한다.

④ 가정법원의 확인절차와 신고에 관하여 필요한 사항은 대법원규칙으로 정한다.

제76조(간주규정) 협의이혼신고서에 가정법원의 의혼의사확인서등본을 첨부한 경우에는 민법 제836조 제2항에서 정한 증인 2인의 연서가 있는 것으로 본다.

민법 제836조 제2항에서는 협의상 이혼신고는 "당사자 쌍방과 성년자인 증인 2인의 연서한 서면으로 하여야 한다."고 규정하였고, 「가족관계의 등록 등에 관한 법률」(다음부터 "가족관계등록법"이라고 함) 제76조에서는 "가정법원의 이혼의사확인서등본을 첨부한 경우에는 민법 제836조 제2항에서 정한 증인 2인의 연서가 있는 것으로 본다."고 규정하였다. 그런데 가족관계등록법 제75조 제1항에 의하면 협의상 이혼을 하려는 경우에는 예외 없이 가정법원의 확인을 받아야 하기 때문에 민법 제836조 제2항은 사문화(死文化)가 되었다. 따라서 현재는 증인의 연서(連書)는 필요 없게 되었다.

위 민법규정에서는 "가정법원"이라고 표현하고 있는데, 이는 가정법원이라는 별도의 법원 청사가 있는 것이 아니라(서울은 예외) 각 지방법원 및 지방법원 지원 안에서 가사사건(家事事件)을 전담하는 재판부

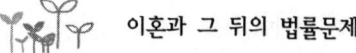

내지 부서를 의미하는 것으로 이해하면 된다.

2. 이혼을 하는 절차

이혼절차 흐름표

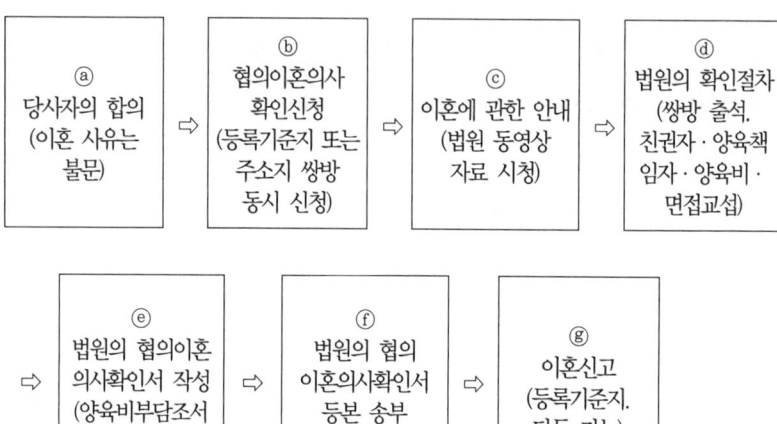

ⓐ 당사자의 합의 (이혼 사유는 불문) ⇨ ⓑ 협의이혼의사 확인신청 (등록기준지 또는 주소지 쌍방 동시 신청) ⇨ ⓒ 이혼에 관한 안내 (법원 동영상 자료 시청) ⇨ ⓓ 법원의 확인절차 (쌍방 출석. 친권자·양육책임자·양육비· 면접교섭)

⇨ ⓔ 법원의 협의이혼 의사확인서 작성 (양육비부담조서 별도 작성) ⇨ ⓕ 법원의 협의 이혼의사확인서 등본 송부 (쌍방 당사자) ⇨ ⓖ 이혼신고 (등록기준지. 단독 가능)

가. 협의이혼의사의 확인신청

「가족관계의 등록 등에 관한 규칙」의 규정

제73조(이혼의사확인신청) ① 법 제75조에 따라 협의상 이혼을 하려는 부부는 두 사람이 함께 등록기준지 또는 주소지를 관할하는

가정법원에 출석하여 협의이혼의사확인신청서를 제출하고 이혼에 관한 안내를 받아야 한다.

② 부부 중 한쪽이 재외국민이거나 수감자로서 출석하기 어려운 경우에는 다른 쪽이 출석하여 협의이혼의사확인신청서를 제출하고 이혼에 관한 안내를 받아야 한다. 재외국민이나 수감자로서 출석이 어려운 자는 서면으로 안내를 받을 수 있다.

③ 협의이혼의사확인신청서에는 다음 각 호의 사항을 기재하고 이혼하고자 하는 부부가 공동으로 서명 또는 기명날인하여야 한다.

1. 당사자의 성명·등록기준지(외국인인 경우에는 국적을 말한다)·주소 및 주민등록번호
2. 신청의 취지 및 연월일

「가족관계의 등록 등에 관한 규칙」(다음부터 "가족관계등록규칙"이라고 함)은 가족관계등록법의 위임을 받아 대법원이 제정하여 시행하고 있는 시행규칙이다.

가족관계등록규칙 제72조 제1항은 "두 사람이 함께 등록기준지 또는 주소지를 관할하는 가정법원에 출석하여 협의이혼의사확인신청서를 제출하고 이혼에 관한 안내를 받아야 한다."고 규정하였다. 현재 법원의 실무에서는 위 신청서를 제출하면 당일 중에 부부 양쪽에게 동영상을 시청하게 하는 방법으로 안내를 하고 있다. 그 내용은 자녀문제 등을 고려하여 신중한 판단을 할 필요가 있다는 취지 및 이혼의 절차·효과 등이다.

가족관계등록규칙 제73조 제2항에서 말하는 '재외국민'이란 「재외국민등록법」에 의하여 대사관·총영사관·영사관·분관(分館) 또는 출장소에 등록한 사람을 말한다. 위 재외국민등록 대상자는 외국의 일정한 지역에 계속하여 90일 이상 거주하거나 체류할 의사를 가지고 그 지역에 체류하는 대한민국 국민이다. '수감자'는 교도소나 구치소에서 생활하는 사람을 말한다. 이들은 부부가 함께 가정법원에 출석하는 것이 쉽지 않기 때문에 서면으로 안내를 하고 있다. 즉 재외공관(대사관, 영사관 등)의 장, 교도소장 또는 구치소장을 통하여 문서로 안내를 한다.

협의이혼의사확인신청서는 가까운 법원 또는 법원 지원에 비치하면서 누구에게나 무료로 제공한다.

〔협의이혼의사확인신청서〕

협의이혼의사확인신청

당사자 부 ○ ○ ○ (○○○○○○-○○○○○○○)

　　　　등록기준지 : 경기도 ○○시 ○○○○길 ○○-○

　　　　주소 : 경기 ○○시 ○○○○길 ○○-○

　　　　전화번호 : 010-○○○○-○○○○

　　　처 ○ ○ ○ (○○○○○○-○○○○○○○)

　　　　등록기준지 : 서울특별시 ○○구 ○○○○로 ○○-○○

　　　　주소 : 경기 ○○시 ○○○○길 ○○-○

전화번호 : 010-ㅇㅇㅇㅇ-ㅇㅇㅇㅇ

신 청 취 지

1. 위 당사자 사이에는 진의에 따라 서로 이혼하기로 합의하였다.
2. 위와 같이 이혼의사가 확인되었다.
라는 확인을 구합니다.

첨 부 서 류

1. 혼인관계증명서 및 가족관계증명서(남편) 각 1통
2. 혼인관계증명서 및 가족관계증명서(아내) 각 1통
3. 미성년자녀가 있는 경우 양육 및 친권자 결정에 관한 협의
   서 1통과 사본 2통 또는 가정법원의 심판정본 및 확정증명
   서 각 3통 (제출 : ×, 미제출 : ㅇ)
1. 주민등록표등본(주소지 관할법원에 신청하는 경우만 해당) 1통
2. 진술요지서(재외공관에 접수한 경우만 해당) 1통. 끝.

ㅇㅇㅇㅇ. ㅇ. ㅇ.

신청인 부 ㅇㅇㅇ (인)

처 ㅇㅇㅇ (인)

 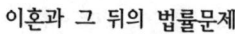

ㅇㅇㅇㅇ지방법원(가정법원) 귀중

확인기일					담당자
1회	년	월	일	시	법원주사(보)
2회	년	월	일	시	(인)

확인서등본 및 양육비부담조서등본 교부	교부일
부 ㅇ ㅇ ㅇ (인) 처 ㅇ ㅇ ㅇ (인)	

〈참고〉

ㅇ 협의서는 확인기일 1개월 전까지, 심판정본 및 확정증명서는 확인기일 까지는 제출하여야 한다. 후자는 당사자 사이에 협의가 성립하지 않아 가정법원의 조정절차를 거친 경우를 말한다.

〔이혼숙려기간 면제(단축) 사유서〕

이혼숙려기간 면제(단축) 사유서

사건   2015 제○○호 협의이혼의사확인신청사건

당사자   김○○ (○○○○○○-○○○○○○○)
　　　　서울 ○○구 ○○로 ○○○-○

　　　　이○○ (○○○○○○-○○○○○○○)
　　　　서울 ○○구 ○○길 ○○○-○○

　위 사건에 관하여 ○○○○. ○. ○○. 14 : 30에 이혼의사확인기일이 지정되어 있으나 다음과 같은 사유로 이혼의사 확인까지 필요한 기간을 단축(또는 면제)하여 주시기 바랍니다.

다　　음

사유 : 1. 가정폭력으로 인하여 당사자 일방에게 참을 수 없는
　　　　　고통이 예상됨 (　　)
　　　2. 기타 이혼을 하여야 할 급박한 사유가 있는 경우 (이 경우

에는 그 내용을 주관식으로 상세히 적을 것)

첨 부 서 류

1. 상해진단서 1통

ㅇㅇㅇㅇ. ㅇ. ㅇㅇ.

위 당사자 ㅇ ㅇ ㅇ (서명 또는 기명날인)

(연락처 : 010-ㅇㅇㅇㅇ-ㅇㅇㅇㅇ)

(상대방 배우자 연락처 : 010-ㅇㅇㅇㅇ-ㅇㅇㅇㅇ)

ㅇㅇㅇㅇ지방법원(가정법원) 귀중

〈참고〉

ㅇ 제출시기 : 이 서류는 법원에 비치된 협의이혼의사확인신청서를 제출한 뒤부터 이혼의사확인기일까지 사이에 제출할 수 있다. 그러나 배우자가 보는 앞에서 제출할 경우는 극히 드물 것이다. 우편으로도 제출할 수 있다. 앞으로 소개하는 모든 서류의 제출은 우편으로 가능하다. 법원에 도달되었다는 점이 증명되어야 할 서류라면 '배달증명우편'을 이용하는 것이 바람직할 것이다.

○ 제출의 효과 : 이를 제출하면 가정법원은 이혼의사확인기일을 앞당겨 줄 수도 있고, 아무런 회답을 주지 않을 수도 있다. 후자의 경우에는 원래 지정된 기일에 출석하여야 한다.
○ 비용 : 이 서류를 제출함에는 비용은 필요치 않다.

나. 신청서에 첨부하는 서류

> **등록규칙 제73조(이혼의사확인신청)** ④ 협의이혼의사확인신청서에는 부부 양쪽의 가족관계증명서와 혼인관계증명서 각 1통을 첨부하여야 한다. 미성년인 자녀(포태중인 자를 포함하되, 이혼에 관한 안내를 받은 날부터 민법 제836조의2 제2항 또는 제3항에서 정한 기간 이내에 성년에 도달하는 자녀는 제외한다. 다음부터 이 장에서 같다)가 있는 경우 그 자녀의 양육과 친권자 결정에 관한 협의서 1통과 그 사본 2통 또는 가정법원의 심판정본 및 확정증명서 각 3통을 제출하여야 한다.

가족관계등록규칙 제73조 제4항에서 말하는 "민법 제836조의2 제2항에서 정한 기간"은 "양육하여야 할 자(子, 포태중인 자 포함)가 있는 경우에는 3개월"을, "양육하여야 할 자가 없는 경우에는 1개월"을 말한다. 실무에서는 이 기간을 '숙려기간'이라고 한다.

위 규정이 "포태(胞胎)"라고 표현한 것은 "임신"을 말하고, "양육하여야 할 자"는 만19세(19년째 생일 기준)가 되지 아니한 자녀를 뜻한다.

위 규정에서 말하는 "자녀의 양육과 친권자 결정에 관한 협의서"는 이혼 당사자가 협의하여 작성한 것을 말하고, "가정법원의 심판서 정본 및 확정증명서"는 가정법원에서 만들어진 심판서 및 그 심판서에 대한 확정증명서를 뜻한다. 협의이혼의사확인신청서에는 위 둘 중 어느 하나만을 첨부하여 제출하면 된다. 그러나 대부분의 협의이혼의사확인 절차에서는 당사자 사이에 작성한 협의서 1통과 그 사본 2통을 제출하게 될 것이다.

다. 협의이혼의사의 확인절차

민법 제836조의2(이혼의 절차) ① 협의상 이혼을 하려는 자는 가정법원이 제공하는 이혼에 관한 안내를 받아야 하고, 가정법원은 필요한 경우 당사자에게 상담에 관하여 전문적인 지식과 경험을 갖춘 전문상담인의 상담을 받을 것을 권고할 수 있다.

② 가정법원에 이혼의사의 확인을 신청한 당사자는 제1항의 안내를 받은 날부터 다음 각 호의 기간이 지난 후에 이혼의사의 확인을 받을 수 있다.

1. 양육하여야 할 자(포태중인 자를 포함한다. 이하 이 조에서 같다)가 있는 경우에는 3개월

2. 제1호에 해당하지 아니하는 경우에는 1개월

③ 가정법원은 폭력으로 인하여 당사자 일방에게 참을 수 없는 고통이 예상되는 등 이혼을 하여야 할 급박한 사정이 있는 경우에

는 제2항의 기간을 단축 또는 면제할 수 있다.

④ 양육하여야 할 자가 있는 경우 당사자는 제837조에 따른 자(子)의 양육과 제909조 제4항에 따른 자(子)의 친권자결정에 관한 협의서 또는 제837조 및 제909조 제4항에 따른 가정법원의 심판정본을 제출하여야 한다.

⑤ 가정법원은 당사자가 협의한 양육비부담에 관한 내용을 확인하는 양육비부담조서를 작성하여야 한다. 이 경우 양육비부담조서의 효력에 대하여는 「가사소송법」 제41조를 준용한다.

민법 제837조(이혼과 자의 양육책임) ① 당사자는 그 자의 양육에 관한 사항을 협의에 의하여 정한다.

② 제1항의 협의는 다음의 사항을 포함하여야 한다.

    1. 양육자의 결정

    2. 양육비용의 부담

    3. 면접교섭권의 행사 여부 및 그 방법

③ 제1항에 따른 협의가 자(子)의 복리에 반하는 경우에는 가정법원은 보정을 명하거나 직권으로 그 자(子)의 의사(意思)·연령과 부모의 재산상황, 그 밖의 사정을 참작하여 양육에 필요한 사항을 정한다.

④ 양육에 관한 협의가 이루어지지 아니하거나 협의할 수 없는 때에는 가정법원은 직권으로 또는 당사자의 청구에 따라 이에 관하여 결정한다. 이 경우 가정법원은 제3항의 사정을 참작하여야 한다.

⑤ 가정법원은 자(子)의 복리를 위하여 필요하다고 인정하는 경우에는 부·모·자(子) 및 검사의 청구 또는 직권으로 자(子)의 양육에 관한 사항을 변경하거나 다른 적당한 처분을 할 수 있다.

⑥ 제3항부터 제5항까지의 규정은 양육에 관한 사항 외에는 부모의 권리의무에 변경을 가져오지 아니한다.

민법 제837조의2(면접교섭권) ① 자(子)를 직접 양육하지 아니하는 부모의 일방과 자(子)는 상호 면접교섭을 할 수 있는 권리를 가진다.

② 가정법원은 자의 복리를 위하여 필요한 때에는 당사자의 청구 또는 직권에 의하여 면접교섭을 제한하거나 배제할 수 있다.

등록규칙 제74조(이혼의사 등의 확인) ② 부부 중 한쪽이 재외국민이거나 수감자로서 출석하기 어려워 다른 한쪽이 출석하여 신청한 경우에는 관할 재외공관이나 교도소(구치소)의 장에게 이혼의사 등의 확인을 촉탁하여 그 회보서의 기재로써 그 당사자의 출석진술을 갈음할 수 있다. 이 경우 가정법원은 부부 중 한쪽인 재외국민 또는 수감자가 이혼에 관한 안내를 받은 날부터 민법 제836조의2 제2항 또는 제3항에서 정한 기간이 지난 후에 신청한 사람을 출석시켜 이혼의사 등을 확인하여야 한다.

③ 제1항의 협의이혼의사확인기일은 공개하지 아니한다. 다만, 법원이 공개함이 적정하다고 인정하는 자에게는 방청을 허가할 수 있다.

④ 제1항의 협의이혼의사확인기일에 참여한 법원서기관, 법원사

무관, 법원주사 또는 법원주사보는 조서를 작성하여야 한다.

1) 친권자의 지정

'친권자'라고 함은 미성년인 자(子)의 법정대리인이 되는 부모, 부 또는 모를 말한다. '친권'은 미성년인 자의 법정대리인으로서 미성년인 자가 하는 법률행위 및 제3자가 미성년인 자에 대하여 하는 법률행위 등에 대한 동의권 · 취소권 · 철회권, 재산관리권 등을 행사할 수 있는 권리와 그에 따르는 의무를 포괄적으로 지칭하는 말이다.

원래 친권은 부모가 공동으로 행사하는 것이 원칙이다. 부부가 이혼을 할 때 미성년인 자가 있는 경우에는 친권을 행사할 부 또는 모를 결정하여야 한다. 이제부터는 부부가 공동으로 친권을 행사하는 것이 어렵거나 불가능할 것이기 때문이다. 이에 관하여 이혼 당사자인 부부의 협의가 성립하지 않으면 결국 법원이 친권자를 지정한다. 친권자를 지정할 때에는 자(子)의 복리(福利)를 우선적으로 고려한다.

민법 제836조의2 제4항에서 말하는 "친권결정에 관한 협의서"는 당사자 사이에 협의가 성립한 경우를 말한다. 친권자는 양육자와는 다른 사람인 아버지나 어머니로 정할 수도 있다. 같은 항에서 "가정법원의 심판정본"이라고 표현한 부분은 당사자 사이에 협의가 성립하지 않거나 협의를 할 수 없는 경우에는 가정법원의 심판을 받아야 하고, 심판에서도 협의가 성립하지 않는 경우에는 재판절차로 이행(移行)할 수밖에 없는데, 이 심판절차에서 심판이 성립했을 경우에는 그 심판서정본을 제출하라는 의미이다.

제837조 제5항에서 "자의 양육에 관한 사항을 변경하거나 다른 적당한 처분을 할 수 있다."고 규정한 부분은 이혼 후에 그러한 청구 등을 할 수 있다는 의미이다.

2) 양육자의 지정 및 양육비의 결정

이혼을 하더라도 아버지와 어머니라는 신분에는 변함이 없다. 친권자로 지정되지 아니한 부 또는 모라고 하더라도 마찬가지이다. 이는 법률이 아니라 인륜(人倫)에 따르기 때문이다. 따라서 위 협의서나 심판서에는 일반적으로 미성년인 자녀를 양육하지 않는 당사자가 양육하는 당사자에게 자녀 1인마다 매월 일정한 양육비(가령 50만 원 또는 100만 원)를 지급하기로 하는 내용을 기재하는 것이 일반적이다. 물론 당사자의 협의에 의하여 이를 분기마다 지급하기로 하는 약정을 하는 것도 가능하다. 또 그 양육비의 금액도 당사자의 협의에 따라서는 수백 또는 수천만 원으로 결정할 수도 있다. 양육비를 지급하지 않기로 하는 특약을 할 수도 있겠으나 이러한 경우는 찾아보기 어렵다.

민법 제836조의2 제5항에서 규정하고 있는 "양육비부담조서의 효력에 관하여는 가사소송법 제41조를 준용한다."고 규정한 부분은 가정법원에서 작성한 양육비부담조서는 판결과 같은 효력이 있음을 뜻한다. 즉 상대방이 그 조서에 적힌 내용대로 양육비를 지급하지 아니하는 경우에는 이 양육비부담조서는 상대방의 재산에 대하여 강제집행을 할 수 있는 수단인 '집행권원(執行權源)'이 된다는 의미이다.

여기의 '강제집행'이라고 함은 양육비채무자가 그 채무의 이행을 하지 아니하는 경우에 그 채권자가 위 집행권원을 가지고 법원을 찾아

채무자 소유의 부동산이나 동산 등의 경매를 신청하거나 채무자가 제3자에 대하여 갖고 있는 채권을 '압류 및 전부명령' 또는 '압류 및 추심명령'을 신청하는 것을 말한다.

3) 면접교섭에 관한 사항의 결정

부부가 이혼을 하면 미성년인 자녀는 필연적으로 어느 한쪽 부나 모와 동거를 하게 되고, 이에 따라 다른 쪽 부나 모는 자녀를 만나는 일이 쉽지 않다. 그리고 자녀와 동거하는 아버지나 어머니의 방해로 인하여 자녀를 만나는 것이 가능하지 아니할 경우도 있다. 면접교섭권은 이러한 문제점을 보완 내지 해결하고자 마련된 제도이다. 면접교섭은 쉬운 말로 표현하면 이른바 '면회'에 해당하는 말이다.

협의상 이혼의사확인절차에서는 이와 관련하여 자녀와 동거하지 않게 될 부나 모가 미성년인 자녀를 정기적으로 만나서 일정한 기간 동안 함께 할 수 있는 기회를 주는 문제에 관하여 당사자가 협의를 하도록 한다.

일반적으로 매월 1회 또는 2회 정도 자녀를 면접교섭하는 내용이 되는데, 그 시기와 장소에 관하여는 당사자가 협의로 결정하면 된다. 만약 협의가 성립하지 아니하면 따로 재판에 의하여 결정할 수밖에 없다. 이와 같이 당사자의 협의불성립으로 인하여 법원의 심판을 구하는 문제는 친권자의 지정 및 양육비의 결정에 관해서도 마찬가지로 적용된다. 이와 관련한 문제는 재판상 이혼의 절차에서 다시 언급하기로 한다.

〔판례〕 협의이혼의사확인절차의 성격

협의이혼의사확인절차는 확인 당시에 당사자들이 이혼을 할 의사를 가지고 있는가를 밝히는데 그치는 것이고, 그들이 의사결정의 정확한 능력을 가졌는지 또는 어떠한 과정을 거쳐 협의이혼의사를 결정하기까지에 이르렀는지 등에 관하여는 심리하지 않는다 (대법원 1987. 1. 20. 선고 86므86 판결).

〔자의 양육과 친권자 결정에 관한 협의서〕

자의 양육과 친권자 결정에 관한 협의서

사건   2015 제○○○호 협의이혼의사확인신청

당사자 부 ○ ○ ○
      ○○○○○○-○○○○○○
      모 ○ ○ ○
      ○○○○○○-○○○○○○

협 의 내 용

1. 친권자 및 양육자의 결정(□에 √표를 하거나 해당 사항을 기재하십시오)

자녀 이름	성별	생년월일 (주민등록번호)	친권자	양육자
	□ 남 □ 녀	년 월 일 (-)	□ 부 □ 모 □ 부모공동	□ 부 □ 모 □ 부모공동
	□ 남 □ 녀	년 월 일 (-)	□ 부 □ 모 □ 부모공동	□ 부 □ 모 □ 부모공동
	□ 남 □ 녀	년 월 일 (-)	□ 부 □ 모 □ 부모공동	□ 부 □ 모 □ 부모공동
	□ 남 □ 녀	년 월 일 (-)	□ 부 □ 모 □ 부모공동	□ 부 □ 모 □ 부모공동

2. 양육비용의 부담(□에 √표를 하거나 해당 사항을 기재하십시오)

지급인	□ 부 □ 모	지급받는 사람	
지급 방식	□ 정기금		□ 일시금
지급액	이혼신고 다음날부터 자녀들 이 각 성년에 이르기 전날 까지 미성년자 1인당 매월 금 원 (한글병기 : 원)		이혼신고 다음날부터 자녀들이 각 성년에 이르기 전날까지 양육비에 관하여 ₩금 원 (한글병기 : 원)
지급일	매월 일		년 월 일
기타			
지급 받는 계좌	( )은행 예금주 :		계좌번호 :

47

3. 면접교섭권의 행사 여부 및 그 방법(□에 √표를 하거나 해당
   사항을 기재하십시오)

일자	시간	인도장소	면접장소	기타 (면접교섭시 주의사항)
□ 매월 째주 요일	시 분부터 시 분까지			
□ 매주 요일	시 분부터 시 분까지			
□ 기타				

첨 부 서 류

1. 근로소득세원천징수영수증, 사업자등록증 및 사업자소득금액증
   명원 등 소득금액을 증명하기 위한 자료 – 부, 모별로 각 1통
2. 위 1항의 소명자료를 첨부할 수 없는 경우에는 부, 모 소유
   부동산등기부등본 또는 부, 모 명의의 임대차계약서, 재산세납
   세영수증(증명)
3. 위자료나 재산분할에 관한 합의서가 있는 경우 그 합의서 사
   본 1통
4. 자의 양육과 친권자결정에 관한 협의서 사본 2통

협의일자 :   년   월   일

부 :	(인/서명)	모 :	(인/서명)

○○가정(지방)법원		판사 확인인
확인일자	년 월 일	

〈참고〉

○ 친권자 및 양육자지정 결정 : 친권자 및 양육자는 자의 **복리(福利)**를 우선적으로 고려하여 부 또는 모 일방이나 부모 공동으로 지정할 수도 있으며, 친권자와 양육자를 분리하여 지정할 수도 있다. 그런데 공동친권이나 공동양육자의 지정은 이혼 후에도 부모 사이에 원만한 협의가 가능한 경우에만 바람직하다. 따라서 각자의 권리의무, 역할, 동거기간 등을 별도로 명확하게 정해두는 것이 상래의 분쟁을 미리 막을 수 있다.

임신중인 자(子)의 특정은 자녀의 이름란에 '모가 임신중인 자'로 기재하고, 생년월일란에는 '임신 ○개월'이라고 기재한다. 성별란은 기재할 필요가 없다.

○ 양육비의 부담 : 이혼신고 전의 양육비나 성년 이후의 교육비 등은 부모가 협의하여 '기타'란에 기재할 수는 있으나, 이는 법원이 작성하는 양육비부담조서에는 기재되지 않기 때문에 장차 강제집행을 위해서는 별도의 재판절차를 거쳐 판결을 받아야 집행권원이 된다. 강제집행을 위해서는 집행권원이 있어야 한다.

○ 면접교섭권의 행사 여부 및 그 방법 : 면접교섭의 일시는 자녀의 일
정을 고려하여 정기적·규칙적으로 정하는 것이 자녀의 일상적인 생
활에 도움이 되고, 자녀의 인도장소 및 시간, 면접교섭 장소, 면접교
섭시 주의사항 등을 자세히 정해야 장래의 분쟁을 막을 수 있다. 이
는 기타란에 적으면 된다.

○ 첨부서류 : 첨부서류는 판사가 볼 때 협의서가 자녀의 복리에 부합하
는지 여부를 판단하기 위해서 부와 모의 월 소득액과 재산에 관한 자
료 등이 필요하므로 증빙자료를 제출한다.

○ 협의서등본 : 법원에서는 협의서원본을 2년 동안만 보관한 후에 폐기
한다. 따라서 폐기 전에 협의서등본을 미리 법원으로부터 받아 둘 필
요가 있다. 장래에 강제집행을 할 수도 있기 때문이다.

○ 비용 : 협의서 작성 및 제출에는 비용은 들지 않는다.

라. 재외국민 이혼의사확인의 특례

등록규칙 제75조(재외국민의 이혼의사 확인신청의 특례) ① 부부 양
쪽이 재외국민인 경우에는 두 사람이 함께 그 거주지를 관할하는
재외공관의 장에게 이혼의사확인신청을 할 수 있다. 다만, 그 지
역을 관할하는 재외공관이 없는 때에는 인접하는 지역을 관할하는
재외공관의 장에게 이를 할 수 있다.

② 부부 중 한쪽이 재외국민인 경우에 재외국민인 당사자는 그
거주지를 관할하는 재외공관의 장에게 이혼의사확인을 신청할 수
있다. 다만, 그 거주지를 관할하는 재외공관이 없는 경우에는 제1

항 단서를 준용한다.

③ 제2항은 부부 양쪽이 모두 재외국민으로서 서로 다른 국가에 거주하고 있는 경우에 준용한다.

④ 제1항부터 제3항까지의 신청을 받은 재외공관의 장은 당사자(제1항의 경우에는 부부 양쪽이고, 제2항과 제3항의 경우에는 신청서를 제출한 당사자이다. 다음부터 "신청당사자"라 한다)에게 이혼에 관한 안내 서면을 교부한 후, 이혼의사의 유무와 미성년인 자녀가 있는지 여부 및 미성년 자녀가 있는 경우에 그 자녀에 대한 양육과 친권자결정에 관한 협의서 1통 또는 가정법원의 심판정본 및 확정증명서 3통을 제출받아 확인하고 그 요지를 기재한 서면(다음부터 "진술요지서"라 한다)을 작성하여 기명날인한 후 신청서에 첨부하여 지체 없이 서울가정법원에 송부하여야 한다.

등록규칙 제76조(재외국민의 이혼의사의 확인의 특례) ① 제75조 제4항에 따라 서류를 송부받은 서울가정법원은 재외공관의 장이 작성한 진술요지서 및 첨부서류에 의하여 신청당사자의 이혼의사 등을 확인할 수 있다.

② 제75조 제2항에 따라 서류를 송부받은 서울가정법원은 국내에 거주하는 당사자를 출석하게 하여 이혼에 관한 안내를 한 후에 출석한 당사자의 이혼의사 등을 확인하여야 한다.

③ 제75조 제3항에 따라 서류를 송부받은 서울가정법원이 신청당사자가 아닌 상대방의 이혼의사를 확인하는 경우에는 제74조 제2항을 준용한다.

④ 서울가정법원은 제75조 제1항부터 제3항까지의 경우에 부부 양쪽이 이혼에 관한 안내를 받은 날부터 민법 제836조의2 제2항 또는 제3항에서 정한 기간이 지난 후에 이혼의사 등을 확인하여야 한다.

⑤ 제75조 제2항의 경우에 서울가정법원은 국내에 거주하는 당사자의 신청이 있을 경우 주소지 관할 가정법원에 사건을 이송할 수 있다.

마. 확인신청의 취하

등록규칙 제77조(확인신청의 취하) ① 이혼의사확인신청인은 제74조에 따른 확인을 받기 전까지 신청을 취하할 수 있다.

② 부부 중 양쪽 또는 한쪽이 제74조 제1항에 따른 출석통지를 받고도 2회에 걸쳐 출석하지 아니한 때에는 확인신청을 취하한 것으로 본다.

③ 부부 중 양쪽 또는 한쪽이 제73조에 따라 이혼의사확인신청을 한 다음날부터 3개월 안에 이혼에 관한 안내를 받지 아니한 때에는 확인신청을 취하한 것으로 본다.

가족관계등록규칙 제77조에 의하면 이혼의사확인신청을 한 뒤에도

신청인은 그 신청을 취하할 수 있다. 부부 중 어느 한쪽이 안내를 받지 않는 경우 또는 이혼의사확인을 위한 가정법원의 출석요구를 받고도 2회 이상 불출석하는 경우에는 이혼의사확인신청을 취하한 것으로 본다. 이 뿐만 아니라 뒤에서 검토하게 될 이혼의사의 '철회'라는 제도도 있다. 철회는 당사자 쌍방이 모든 협의를 하여 가정법원의 이혼의사확인서등본을 받은 뒤에 당사자 중 한쪽이 등록기준지·주소지 또는 현재지의 시·읍·면에 철회신고서를 제출하는 방법으로 한다. 이처럼 법령에서 이혼이 성립하는 과정에 관하여는 까다롭게 규정하면서도 이혼의사의 취하, 취하간주, 철회 등은 쉽게 할 수 있도록 한 취지는 신중한 이혼을 유도하려는 것이다.

바. 확인서의 작성·교부

> **등록규칙 제78조(확인서 등의 작성·교부)** ① 가정법원은 부부 양쪽의 이혼의사 등을 확인하면 확인서를 작성하여야 하고, 미성년인 자녀의 양육과 친권자결정에 관한 협의를 확인하면 그 양육비부담조서도 함께 작성하여야 한다. 다만, 그 협의가 자녀의 복리에 반함에도 가정법원의 보정명령에 불응하는 경우 가정법원은 확인서 및 양육비부담조서를 작성하지 아니한다.
>
> ② 제1항의 확인서에는 다음 각 호의 사항을 기재하고 확인을 한 판사가 기명날인하여야 한다.
>
> 1. 법원 및 사건의 표시
>
> 2. 당사자의 성명·주소 및 주민등록번호

3. 확인연월일

4. 이혼의사가 확인되었다는 취지

③ 제1항의 양육비부담조서에는 다음 각 호의 사항을 적고 확인을 한 판사 및 가정법원의 서기관·사무관·주사 또는 주사보(다음부터 "법원사무관등"이라 한다)가 기명날인하여야 한다.

1. 법원 및 사건의 표시

2. 부모의 성명·주소 및 주민등록번호

3. 미성년자인 자녀의 성명 및 주민등록번호

4. 확인일시와 장소

5. 판사가 확인한 양육비 부담에 관한 협의 내용

④ 법원사무관등은 제2항의 확인서가 작성된 경우에 지체 없이 확인서등본과 미성년인 자녀가 있는 경우 협의서등본 및 양육비부담조서정본 또는 심판정본 및 확정증명서를 부부 양쪽에게 교부하거나 송달하여야 한다. 다만, 당사자가 제74조 제2항과 제75조에 따른 재외국민인 경우 재외공관의 장에게 이를 송부하고, 재외공관의 장은 당사자에게 교부 또는 송달한 후 양육비부담조서정본에 관하여는 영수증등본을 가정법원에 송부하여야 한다. 당사자가 제74조 제2항에 따른 수감자인 경우에는 교도소(구치소)의 장에게 송부하고, 교도소(구치소)의 장은 당사자에게 교부하고 양육비부담조서정본에 관하여는 영수증등본을 가정법원에 송부하여야 한다.

⑤ 양육비부담조서의 집행문은 그 양육비부담조서가 작성된 협의이혼의사확인사건의 확인서에 따라 이혼신고를 하였음을 소명한 때에만 내어준다.

　가족관계등록규칙 제78조 제5항에서 말하는 "집행문"이란 「민사집행법」에 따라 강제집행을 개시하기 위하여 필요한 문서이다. 협의상 이혼절차에서 작성되는 양육비부담조서는 집행권원이 된다는 점에 관하여는 앞에서 언급하였다. 그런데 이 <u>양육비부담조서는 당해 협의이혼의사확인사건에서 작성된 협의이혼의사확인서에 의하여 이혼신고서가 수리되는 경우에만 확정된다.</u> 따라서 이와 같이 이혼신고서가 접수·처리된 사실을 소명(疏明)한 때에만 집행문을 내어준다고 규정하고 있는 것이다. 소명하는 방법은 등록기준지나 주소지 시·읍·면의 사무소에서 발급하는 혼인관계증명서에는 이혼사실이 나타나므로 이를 제출하면 된다.

　이상의 내용을 다시 정리를 하면 이렇다. 협의상 이혼절차에서 법원이 작성한 '양육비부담조서'는 집행권원(강제집행을 할 수 있는 근거)이 된다. 이 조서를 가지고 양육비채무자의 재산에 대하여 강제집행(경매 등)을 신청하고자 할 때에는 '집행문'을 발급받아야 한다. 집행문은 집행법원(지방법원 또는 지방법원 지원)에서 내어주는데, 이를 내어줄 때에는 협의이혼의사확인서등본에 의하여 이혼이 성립하였다는 사실이 확인되어야 한다. 이를 확인할 수 있는 문서로는 혼인관계증명서를 제출하면 된다. 이러한 과정을 거쳐 집행문을 받은 다음에는 경매신청서 등 강제집행을 신청하는 문서에 위 집행문을 첨부하여 제출하면 강제집행이 개시되고, 강제집행의 결과 집행법원으로부터 강제집행 신청인의 채권액에 해당하는 금전을 배당받음으로써 강제집행이 끝나는 것이다. 이 배당절차에서는 강제집행에 소요된 비용을 우선적으로 배당한다.

사. 이혼신고 및 이혼의사의 철회

> **등록규칙 제79조(이혼신고서의 제출)** 가정법원의 확인서가 첨부된 협의이혼신고서는 부부 중 한쪽이 제출할 수 있다.
>
> **등록규칙 제80조(이혼의사의 철회)** ① 이혼의사의 확인을 받은 당사자가 이혼의사를 철회하는 경우에는 이혼신고가 접수되기 전에 자신의 등록기준지, 주소지 또는 현재지 시·읍·면의 장에게 이혼의사확인서등본을 첨부한 이혼의사철회서를 제출하여야 한다. 다만, 재외국민의 경우 등록기준지 시·읍·면의 장에게 제출하여야 한다.
>
> ② 제1항의 경우에 이혼의사의 확인을 받은 다른 쪽 당사자가 이혼신고를 먼저 접수한 경우에는 그 이혼신고를 수리하여야 한다.

이혼신고서나 이혼의사철회서는 당사자 한쪽이 단독으로 제출할 수 있다. 이혼의사의 철회서를 제출하면 이혼의사확인서는 그 효력을 잃는다. 이혼신고서와 이혼의사철회서 중 어느 하나가 먼저 시·읍·면에서 수리(受理)되면 다른 하나는 사용할 수 없는 것이다. 이혼의사철회서 양식은 시·읍·면에서 비치하고 있다.

양쪽 당사자 모두 이혼의사확인서등본을 송달받은 뒤 3개월 동안 이혼신고서를 제출하지 아니하면 그 이혼의사확인서는 효력을 잃는다. 물론 효력을 잃은 뒤에도 다시 이혼의사확인을 신청하여 같은 절차를 밟을 수는 있다.

3. 이혼이 무효인 경우 및 취소될 수 있는 경우

> **민법 제839조(준용규정)** 제823조의 규정은 협의상 이혼에 준용한다.
>
> **민법 제823조(사기, 강박으로 인한 혼인취소청구의 소멸)** 사기 또는 강박으로 인한 혼인은 사기를 안 날 또는 강박을 면한 날부터 3월을 경과한 때에는 그 취소를 청구하지 못한다.

이혼에 관한 합의가 없거나 의사능력이 없는 상태에서 이루어진 이혼은 무효이다. 여기서 의사능력이 없다는 것은 심신상실(心身喪失)을 뜻하는 의학적인 판단사유이므로 협의상 이혼 과정에서는 문제될 것이 아니지만, 이혼의 합의가 없다는 것은 달리 보아야 할 것이다. 이는 사기나 강박으로 나타날 것이기 때문이다.

사기나 강박에 의한 이혼은 취소사유가 된다. 이혼무효확인이나 이혼취소는 재판상으로 청구를 하여야 한다. '사기'라고 함은 속임수에 의하여 이혼의 합의에 이르게 하는 것을 말한다. '강박(强拍)'이라 함은 자유로운 의사결정을 하지 못하게 하는 정도의 폭력을 말한다. 여기의 폭력에는 물리적 폭력뿐만 아니라 심리적 폭력도 포함한다. 즉 어쩔 수 없이 이혼의 합의에 이르게 하는 정도의 강압을 의미한다.

〔판례〕다른 목적을 위하여 협의이혼신고를 했어도 이혼의사는 인정
이혼의 효력발생 여부에 관한 형식주의 아래에서의 이혼신고의 법률상 중대성에 비추어, 협의이혼에 있어서의 이혼의 의사는 법

률상의 부부관계를 해소하려는 의사를 말한다 할 것이므로, 일시적으로나마 그 법률상의 부부관계를 해소하려는 당사자간의 합의하에 협의이혼신고가 된 이상, 이 협의이혼에 다른 목적이 있다 하더라도 양자간에 이혼의 의사가 없다고는 말할 수 없고, 따라서 그 협의이혼은 무효로 되지 아니한다고 할 것이다(대법원 1993. 6. 11. 선고 93므171 판결).

ㄴ. 위에서 '형식주의'라고 표현한 것은 이혼에 있어 협의에 의한 이혼이 성립하기 위해서는 이혼신고서가 수리되어야 함을 의미한다. 이 사안은 처가살이를 하면서 처가의 농사일에 종사하던 사위가 장인·장모로부터 처가에서 나가 살라는 요구를 받자 사위의 신분이 있는 동안에는 노임을 청구할 수 없다고 오인(誤認)하여 협의이혼을 한 사례이다. 그런데 법원은 이러한 이혼도 유효한 이혼이라고 보았다. 이 판례는 부부가 공모하여 타인에 대한 채무를 면탈할 목적으로 하는 이혼(이른바 '가장이혼')을 하는 부부에게는 시사하는 바가 크다고 하겠다.

> **〔판례〕 강제집행 면탈 목적의 협의이혼신고도 이혼무효 사유 아님**
>
> 본건과 같은 경우에 <u>협의이혼계</u>[4]를 제출하였는데도 당사자간에 혼인생활을 실질상 폐기하려는 의사는 없이 단지 강제집행의 회피 기타 어떤 다른 목적을 위한 방편으로 일시적으로 이혼신고를 하기로 하는 합의가 있었음에 불과하다고 인정하려면 누구나 납득할 만한 충분한 증거가 있어야 하고, 그렇지 않으면 이혼당사자간에 일응 일시나마 법률상 적법한 이혼을 할 의사가 있었다고 인정함이 이혼신고의 법률상 및 사실상의 중대성에 비추어 상당하다고 할 것이다(대법원 1975. 8. 19. 선고 75도1712 판결).

4. 재산분할청구권

가. 재산분할청구권의 의의

민법 제839조의2에 규정된 재산분할청구권은 이혼한 부부의 일방이 상대방으로부터 부부 공동의 노력으로 이룩한 재산 중 일부를 분할 받을 권리를 말한다. 재산분할청구권이 혼인 중에 취득한 부부 공동재산의 청산·분배를 주된 목적으로 한다는 것은 재산분할은 혼인생활에 대한 청산적 요소가 포함되어 있다는 의미일 뿐이지 재산분할제도의

---

4) 협의이혼계 : '협의이혼신고서'의 옛말

본질이 혼인생활 중 발생한 모든 재산관계를 청산하는 것이라는 의미
는 아니다. 부부공동재산제를 채택하고 있는 국가와는 달리 부부별산제
(夫婦別産制)를 시행하고 있는 우리 민법하에서는 부부 공동의 재산관
계 청산이라는 개념은 성립하기 어렵다.

따라서 우리 민법이 채택한 재산분할청구권이란 비록 상대방 명의로
되어 있으나 부부 공동의 노력으로 형성한 재산에 대한 재산분할청구
인의 실질적인 기여를 인정하여 혼인관계가 해소될 때 상대방 배우자
에게 그 재산에 대한 권리이전을 요구하거나 그 권리에 상당하는 대
가, 즉 대상(代償)으로써 금전의 지급을 청구할 수 있는 권리를 의미한
다고 볼 것이다.

재산분할청구권의 개념을 이와 같이 이해한다면 재산분할청구권은
상대방 명의로 되어 있는 재산이 존재하고 그 재산이 혼인생활 중에
부부 공동의 노력으로 형성되었을 것을 필수불가결한 전제로 하는 것
이고, 재산분할청구인은 그 재산을 재산분할청구의 객체, 즉 분할대상
재산으로 삼아 그에 대한 권리의 이전을 요구하거나 그 권리에 상당하
는 대가로서 금전의 지급을 청구할 수 있다고 보아야 한다(대법원
2013. 6. 20. 선고 2010므4071,4088 전원합의체 판결 참조).

> **민법 제839조의2(재산분할청구권)** ① 협의상 이혼한 자의 일방은
> 다른 일방에 대하여 재산분할을 청구할 수 있다.
> ② 제1항의 재산분할에 관하여 협의가 되지 아니하거나 협의할
> 수 없는 때에는 가정법원은 당사자의 청구에 의하여 당사자 쌍방

의 협력으로 이룩한 재산의 액수 기타 사정을 참작하여 분할의 액수와 방법을 정한다.

③ 제1항의 재산분할청구권은 이혼한 날부터 2년을 경과한 때에는 소멸한다.

재판상 이혼을 하는 경우에는 일반적으로 이혼, 재산분할, 위자료, 자의 양육책임 및 양육비에 관한 사항, 친권자의 지정 및 면접교섭권에 관한 문제 등을 한꺼번에 청구하여 판결을 받는다. 여기에서도 위자료나 재산분할을 이혼 뒤에 따로 청구할 수도 있다. 협의상 이혼을 하는 당사자도 대부분은 재산의 분할에 관한 문제도 그 이혼의 협의를 할 당시에 함께 합의를 하는 것이 일반적이지만, 협의상 이혼에서는 법원이 이혼절차에서 공증인적 역할(이혼의사 있음을 확인하는 역할) 이상은 관여를 하지 않았으므로, 이혼절차가 완료된 후에도 별도의 소를 제기하여 재산분할을 청구할 수 있도록 규정한 것이다.

재산분할의 법적 성질이 무엇이냐에 관하여 대법원의 입장을 살펴보면, 공평의 관점에서 부부가 협력으로 이룩한 재산을 분배하는 한편, 경제력이 약한 상대방에 대한 부양적 요소도 포함하고 있는 것으로 파악한다고 이해된다.

〔판례〕 재산분할청구권 행사기간 2년의 법적 성질

재산분할청구권은 이혼한 날부터 2년 내에 행사하여야 하고 그 기간이 경과하면 소멸되어 이를 청구할 수 없는바, 이때의 2년이

라는 기간은 일반 소멸시효기간이 아니라 제척기간으로서 그 기간
이 도과하였는지 여부는 당사자의 주장에 관계없이 법원이 당연히
조사하여 고려할 사항이다(대법원 1994. 9. 9. 선고 94다17536 판
결).

ㄴ 위 제척기간은 이혼의 효력이 발생한 때(협의상 이혼은 이혼
　　신고서가 시·읍·면에서 수리된 때, 재판상 이혼은 이혼에
　　관한 재판이 확정된 때)부터 진행한다. 그리고 제척기간은
　　소멸시효와는 달리 당사자가 재판에서 그 완성 여부를 주장
　　하지 않더라도 법원은 당연히 조사·판단하여야 하며, 기간
　　진행의 정지·중단이라는 제도도 없다.

나. 분할의 대상인 재산

1) 부부가 협력으로 구축한 재산

우리나라는 부부별산제를 채용하고 있다. 따라서 배우자가 혼인 전
부터 가지고 있던 재산은 모두 그 배우자의 단독소유에 속하는 재산이
다. 또 혼인 중에 취득한 재산이라고 하더라도 배우자 일방에게만 귀
속되는 경우(가령 제3자로부터 단독으로 증여를 받거나 상속을 받은
경우)도 있다. 그러나 혼인 중에 취득한 재산으로써 배우자 일방의 단
독 명의로 등기나 등록이 된 재산일지라도 해당 재산의 취득 및 그 재
산의 유지에 있어 다른 쪽 배우자의 기여가 있는 경우에는 분할의 대

상이 된다. <u>기여라고 함은 재산의 형성 내지 증가, 재산 손실 방지에 기여한 것뿐만 아니라 이른바 '가사노동', '육아(育兒)' 등도 당연히 여기에 해당한다.</u>

　분할의 비율에 관하여는 정해진 것은 없으며, 법원이 혼인생활의 기간, 혼인생활의 성실도 등 여러 가지 사정을 참작하여 결정하게 된다. 따라서 재산분할을 청구하는 당사자와 그 상대방은 재판 절차에서 자기의 높은 기여도를 인정받기 위한 노력을 열심히 하게 된다.

〔판례〕 **제3자에게 명의신탁 해둔 재산도 분할의 대상**

　제3자 명의의 재산도 그것이 부부 중 일방에 의하여 명의신탁된 재산 또는 부부의 일방이 실질적으로 지배하고 있는 재산으로써 부부 쌍방의 협력에 의하여 형성된 유형, 무형의 자원에 기한 것이라면 그와 같은 사정도 참작하여야 한다는 의미에서 재산분할의 대상이 된다(대법원 2002. 12. 10. 신고 2002므722 판결).

　∟ 가령 실질적인 소유자는 A임에도 B의 이름으로 등기 또는 등록을 하거나 예금계좌를 개설하여 거래하는 경우 등이 있는데, 금융거래에서는 이를 '차명거래'라고 하여 금지한다(금융실명법).

　위 판례에서 말하는 '명의신탁(名義信託)'이라고 함은 부동산에 관한 소유명의를 신탁하는 경우를 말한다. 1995. 7. 1. 「부동산실권리자명의 등기에 관한 법률」이 시행되면서부터는 원칙적으로 부동산에 관한 명의신탁은 무효일 뿐만 아니라

실소유자인 신탁자는 범죄행위가 되어 처벌과 과징금의 처분을 받는다. 다만, 예외적으로 배우자의 명의로 등기하는 경우, 종중이 소유하는 부동산을 종중원의 명의로 신탁하는 경우 및 종교단체의 산하조직이 소유하는 부동산을 종교단체의 명의로 등기하는 경우 등에는 유효한 것으로 인정되기도 한다. 여기에서 실소유자(차명자) A를 '명의신탁자'라고 하고, 명의대여자 B를 '명의수탁자'라고 부른다. 참고로, 「신탁법」의 규정에 따른 신탁행위는 모두 유효하다.

〔판례〕 일방이 상속 · 증여 받은 재산도 분할청구 가능

부부 중 일방이 상속받은 재산이거나 이미 처분한 상속재산을 기초로 형성된 부동산이더라도 이를 취득하고 유지함에 있어 상대방의 가사노동 등이 직 · 간접으로 기여한 것이라면 재산분할의 대상이 되는 것이고(대법원 1998. 4. 10. 선고 96므1434 판결 참조), 이는 부부 중 일방이 제3자로부터 증여받은 재산도 마찬가지라고 할 것이다(대법원 2009. 6. 9. 선고 2008스111 결정).

〔판례〕 소극재산의 분할도 가능

이혼당사자 각자가 보유한 적극재산에서 소극재산을 공제하는 방법으로 재산 상태를 따져본 결과 재산분할청구의 상대방이 그에게 귀속되어야 할 몫보다 더 많은 적극재산을 보유하고 있거나 소극재산의 부담이 더 적은 경우에는 적극재산을 분배하거나 소극재

산을 분담하도록 하는 재산분할은 어느 것이나 가능하다고 보아야 하고, 후자의 경우라고 하여 당연히 재산분할청구가 배척되어야 한다고 할 것은 아니다. 그러므로 <u>소극재산의 총액이 적극재산의 총액을 초과하여 재산분할을 한 결과가 결국 채무의 분담을 정하는 것이 되는 경우에도 법원은 그 채무의 성질, 채권자와의 관계, 물적 담보의 존재 등 일체의 사정을 참작하여 이를 분담하게 하는 것이 적합하다고 인정되면 그 구체적인 분담의 방법 등을 정하여 재산분할청구를 받아들일 수 있다고 할 것이다.</u> 그것이 부부가 혼인 중 형성한 재산관계를 이혼에 즈음하여 청산하는 것을 본질로 하는 재산분할제도의 취지에 맞고, 당사자 사이의 실질적 공평에도 부합한다.

이와 달리 부부의 일방이 청산의 대상이 되는 채무를 부담하고 있어 총 재산가액에서 채무액을 공제하면 남는 금액이 없는 경우에는 상대방의 재산분할청구는 받아들일 수 없다고 한 대법원 1997. 9. 26. 선고 97므933 판결, 대법원 2002. 9. 4. 선고 2001므718 판결 등은 위 견해에 저촉되는 범위에서 이를 모두 변경한다.

다만 재산분할청구사건에 있어서는 혼인 중에 이룩한 재산관계의 청산뿐 아니라 이혼 이후 당사자들의 생활보장에 대한 배려 등 부양적 요소도 함께 고려할 대상이 되므로, <u>재산분할에 의하여 채무를 분담하게 되면 그로써 채무초과 상태가 되거나 기존의 채무초과 상태가 더욱 악화되는 것과 같은 경우에는 그 채무부담의 경위, 용처, 채무의 내용과 금액, 혼인생활의 과정, 당사자의 경제적 활동능력과 장래의 전망 등 제반 사정을 종합적으로 고려하여 채</u>

무를 분담하게 할지 여부 및 그 분담의 방법 등을 정할 것이고, 적극재산을 분할할 때처럼 재산형성에 대한 기여도 등을 중심으로 일률적인 비율을 정하여 당연히 분할 귀속되게 하여야 한다는 취지는 아니라는 점을 덧붙여 밝혀 둔다(대법원 2013. 6. 20. 선고 201므4071,4088 전원합의체 판결).

ㄴ, 위 판례의 끝부분에서 말하는 취지를 보완하면 이렇다. 가령 A가 B에 대하여 재산분할을 청구한 경우에 있어서 B에게는 적극재산으로는 甲과 乙이 있으며, 소극재산으로는 丙과 丁이 있다고 하자. 이 사안에서 甲과 乙의 합이 丙과 丁의 합보다 큰 경우에는 그 분배비율을 정함에 있어서 甲, 乙, 丙, 丁의 분배비율은 같은 비율이 되어야 하는 것이 원칙이다. 그러나 甲과 乙의 합보다 丙과 丁의 합이 더 큰 경우에는, 즉 적극재산보다 소극재산이 더 많은 경우에는 반드시 위 분할비율을 엄격하게 유지하지 않더라도 합리성이 있으면 가능하다는 것이다.

2) 장래의 수입

여기에서 말하는 '장래의 수입'이라고 함은 아직은 장래에 취득하게 될 수입액과 그 시기를 특정할 수 없지만, 장차 수입이 있을 것이라는 고도의 개연성은 현재에도 인정할 수 있는 예상수입을 말한다. 여기에 해당할 수 있는 것으로는 퇴직급여와 연금수급권 및 명예퇴직수당 등이 있다. 그러나 보험과 같이 어떤 사고라는 사건이 발행하여야만 수

입이 되는 경우에는 장래의 수입이라고 할 수 없을 것이다. 보험은 우연한 사고라는 불확실한 조건이 성취될 것을 예상하고 있기 때문이다.

〔판례〕 **퇴직급여도 재산분할의 대상**

근로자퇴직급여보장법, 공무원연금법, 군인연금법, 사립학교교직원연금법이 각 규정하고 있는 퇴직급여는 사회보장적 급여로서의 성격 외에 임금의 후불적 성격과 성실한 근무에 대한 공로보상적 성격도 가진다(대법원 1995. 9. 29. 선고 95누7529 판결, 대법원 1995. 10. 12. 선고 94다36186 판결 등 참조). 그리고 이러한 퇴직급여를 수령하기 위하여는 일정기간 근무할 것이 요구되는바, 그와 같이 근무함에 있어 <u>상대방 배우자의 협력이 기여한 것으로 인정된다면 그 퇴직급여 역시 부부 쌍방의 협력으로 이룩한 재산으로써 재산분할의 대상이 될 수 있을 것이다</u>(대법원 2014. 7. 16. 선고 2013므2050 전원합의체 판결).

　 ∟ 이 판례의 밑줄 그은 부분에서 말하는 "배우자의 협력이 기여한 것"이라고 함은 특별한 탈 없이 부부공동생활을 유지한 것 자체를 의미한다.

〔판례〕 **공무원퇴직연금수급권도 분할대상이고, 장래의 정기금채권으로도 가능하나, 이는 양도·상속은 불가능하고, 다른 재산과는 분배비율을 달리하는 것도 가능**

이혼소송의 <u>사실심 변론종결</u>[5] 당시에 부부 중 일방이 퇴직연금

을 실제로 수령하고 있는 경우에, 위 공무원퇴직연금에는 사회보장적 급여로서의 성격 외에 임금의 후불적 성격이 불가분적으로 혼재되어 있으므로(대법원 1995. 9. 29. 선고 95누7529 판결 등 참조), 혼인기간 중의 근무에 대하여 상대방 배우자의 협력이 인정되는 이상 공무원퇴직연금수급권 중 적어도 그 기간에 해당하는 부분은 부부 쌍방의 협력으로 이룩한 재산으로 볼 수 있다.

따라서 재산분할제도의 취지에 비추어 허용될 수 없는 경우가 아니라면, 이미 발생한 공무원퇴직연금수급권도 부동산 등과 마찬가지로 재산분할의 대상에 포함될 수 있다고 봄이 상당하다. 그리고 구체적으로는 연금수급권자인 배우자가 매월 수령할 퇴직연금액 중 일정 비율에 해당하는 금액을 상대방 배우자에게 정기적으로 지급하는 방식의 재산분할도 가능하다고 할 것이다.

이때 재산분할에 의하여 분할권리자가 분할의무자에 대하여 가지게 되는 위와 같은 정기금채권은 비록 공무원퇴직연금수급권 그 자체는 아니더라도 그 일부를 취득하는 것과 경제적으로는 동일한 의미를 가지는 권리인 점, 재산분할의 대상인 공무원퇴직연금수급권이 사회보장적 급여로서의 성격이 강하여 일신전속적 권리에 해당하여서 상속의 대상도 되지 아니하는 점 등을 고려하면, 분할권

---

5) 사실심 변론종결 : 우리나라 법원의 3심제 심판구조를 살펴보면, 대법원(3심)의 재판은 법률의 해석·적용에 관한 문제만을 심리의 대상으로 한다. 따라서 이는 '법률심'이라고 한다. 이에 비하여 제1심과 제2심의 심판대상은 법률문제를 포함하여 사실관계의 판단을 주로 하는 구조이다. 따라서 제1심과 제2심을 '사실심'이라고 부른다. 그리고 재판절차의 초기단계에서는 서면으로 공격과 방어를 하다가 변론절차로 들어가는 것이 일반적이며, 변론이 성숙하면 판결을 선고하게 되는데, 판결의 선고에 앞서 변론절차를 끝내는 절차를 두고 '변론종결'이라고 한다.

리자의 위와 같은 정기금채권 역시 제3자에게 양도되거나 분할권리자의 상속인에게 상속될 수 없다고 봄이 상당하다.

공무원퇴직연금수급권에 대하여 위와 같이 정기금방식으로 재산분할을 할 경우에는 대체로 가액을 특정할 수 있는 다른 일반재산과는 달리 공무원퇴직연금수급권은 연금수급권자인 배우자의 여명을 알 수 없어 가액을 특정할 수 없는 등의 특성이 있으므로, 재산분할에서 고려되는 제반 사정에 비추어 공무원퇴직연금수급권에 대한 기여도와 다른 일반재산에 대한 기여도를 종합적으로 고려하여 전체 재산에 대한 하나의 분배비율을 정하는 것이 형평에 부합하지 아니하는 경우도 있을 수 있다. 그러한 경우에는 공무원퇴직연금수급권과 다른 일반재산을 구분하여 개별적으로 분배비율을 정하는 것이 타당하고, 그 결과 실제로 분배비율이 달리 정하여지더라도 이는 분배비율을 달리 정할 수 있는 합리적 근거가 있는 경우에 해당한다고 할 것이다. 그 경우에 공무원퇴직연금의 분배비율은 전체 재직기간 중 실질적 혼인기간이 차지하는 비율, 당사자의 직업 및 업무 내용, 가사 내지 육아부담의 분배 등 상대방 배우자가 실제로 협력 내지 기여한 정도 기타 제반 사정을 종합적으로 고려하여 정하여야 한다(대법원 2014. 7. 16. 선고 2012므2888 전원합의체 판결).

　　ㄴ 이 판례의 앞부분에서 '적어도 그 기간"이라고 한 부분의 의미는 이렇다. 가령 공무원으로 10년 동안 근무한 경력이 있는 사람이 혼인하여 그로부터 10년 동안 부부공동생활을 하다가 이혼을 하였다고 가정하자. 이러한 경우에는 재산분할

의 대상이 되는 연금수급권은 10년분에 해당하는 것이라는 뜻이다. 즉 적어도 그 기간은 10년을 말한다.

3) 배우자의 특유재산

민법 제830조(특유재산과 귀속불명재산) ① 부부의 일방이 혼인 전부터 가진 고유재산과 혼인중 자기의 명의로 취득한 재산은 그 특유재산으로 한다.

② 부부의 누구에게 속한 것인지 분명하지 아니한 재산은 부부의 공유로 추정한다.

우리 민법은 부부별산제(夫婦別産制)를 채용하였다. 따라서 부부가 혼인 전부터 소유한 재산과 혼인생활 과정에서 취득한 재산일지라도 독자적으로 취득한 재산은 자기 특유의 재산이 된다. 즉 단독소유이다. 민법 제830조 제1항에서 말하는 "자기의 명의로 취득한 재산"이라 함은 자기의 명의가 아니더라도 배우자의 기여 없이 독자적으로 취득한 재산을 말하는 것으로 해석하여야 할 것이다. 왜냐하면 부부 사이에는 부동산도 명의신탁(名義信託 : 갑의 소유인 부동산을 을의 명의로 등기하는 것)이 허용되기 때문이다.

위 같은 조 제2항에서 말하는 "추정"은 법률상의 추정이므로, 이 추정을 뒤집기 위해서는 추정 받는 사실과 반대되는 증거(반증)가 있어야 한다. 즉 단독소유라고 주장하는 사람이 그 주장을 뒷받침할 수 있는 증거를 내놓아야 한다.

〔판례〕 사실상 배우자가 소유하는 1인주식회사는 분할대상에서 제외

부부의 일방이 실질적으로 혼자서 지배하고 있는 주식회사(이른
바 '1인회사')라고 하더라도 그 회사 소유의 재산을 바로 그 개인
의 재산으로 평가하여 재산분할의 대상에 포함시킬 수는 없다(대
법원 2011. 3. 10. 선고 2010므4699,4705,4712 판결).

└, 이는 재판상의 재산분할에서 적용되는 것을 말하므로, 재판
과 관계없이 당사자가 협의에 의한 분할을 하는 경우에는
이러한 회사의 주식을 나누는 것은 가능하다. 다만, 앞에서
도 언급한 바와 같이 그 회사 주식 총수의 50%를 초과하지
못하는 주식을 분할 받는 것은 의미가 없을 수도 있고, 향
후 분쟁의 싹이 될 수도 있다는 점은 주의를 하여야 할 것
이다.

〔판례〕 처가 마련한 재산도 남편이 직·간접으로 유지·증가에 기여
했으면 분할 대상

처가 주로 마련한 자금과 노력으로 취득한 재산이라 할지라도
남편이 가사비용의 조달 등으로 직·간접으로 재산의 유지 및 증
가에 기여하였다면 그와 같이 쌍방의 협력으로 이룩된 재산은 재
산분할의 대상이 된다고 보아야 한다(대법원 1997. 12. 26. 선고
96므1076,1083 판결).

4) 배우자의 개인채무

> **민법 제832조(가사로 인한 채무의 연대책임)** 부부의 일방이 일상의 가사에 관하여 제삼자와 법률행위를 한 때에는 다른 일방은 이로 인한 채무에 대하여 연대책임이 있다. 그러나 이미 제삼자에 대하여 다른 일방의 책임 없음을 명시한 때에는 그러하지 아니하다.

민법 제832조에서 말하는 "부부의 일방이 일상가사에 관하여 제삼자와 법률행위를 한 때"라고 하는 부분의 규정 중 "일상가사(日常家事)"는 주로 가족의 공동생활에서 일반적으로 필요한 것을 구입하거나 필요비를 지출하는 행위를 말한다. 통신비·연료비 등의 지출, 식료품·의복 등의 구입 등이 여기에 해당한다.

그리고 "법률행위"는 금전의 대여 또는 차용행위, 물건의 매매행위 등과 같이 법률의 규정에 의한 것(상속, 판결, 경매, 수용 등)이 아닌 행위로써 재산과 관련하여 법률효과가 생기게 하는 행위를 말한다.

> **〔판례〕 일방의 개인채무도 일상가사에 관한 것은 분할대상**
> 현행 부부재산제도는 부부별산제를 기본으로 하고 있어 부부 각자의 채무는 각자가 부담하는 것이 원칙이므로 부부가 이혼하는 경우 일방이 혼인 중 제3자에게 부담한 채무는 일상가사에 관한 것 이외에는 원칙적으로 그 개인의 채무로서 청산의 대상이 되지 않으나, 그것이 공동재산의 형성·유지에 수반하여 부담한 채무인 때에는 청산의 대상이 되며, 그 채무로 인하여 취득한 특정 적극

재산이 남아있지 않더라도 그 채무부담행위가 부부공동의 이익을 위한 것으로 인정될 때에는 혼인 중의 공동재산의 형성·유지에 수반하는 것으로 보아 청산의 대상이 된다(2006. 9. 14. 선고 2005다74900 판결).

ㄴ 이 판례가 설명하는 취지를 다시 정리하면 이렇다. <u>부부가 가정공동생활을 하는 과정에서 일반적으로 지출하는 비용인 제세공과금·주거비·교육비·자녀양육비·오락비 등의 지출은 일상가사에 관한 것이라고 하여 부부는 상호간에 당연히 대리권이 있는 것으로 보아 한쪽 배우자가 알지 못하는 채무일지라도 부부는 연대하여 채무를 부담한다.</u> 그러나 다른 한쪽이 알지 못하는 사이에 배우자 일방이 사업상 부담하는 채무나 사치행위를 위하여 부담하게 된 채무 등에는 다른 쪽 배우자는 책임을 지지 않는 것이 원칙이다. 위 판례가 말하는 내용은 <u>일상가사에 관한 것이 아니면서 한쪽 배우자가 부담하는 채무일지라도 그것이 부부 공동생활의 형성 내지 유지에 사용된 것이라면 분할대상이 된다</u>는 취지이다.

〔판례〕 **일방이 공동재산의 형성 위해 부담한 채무는 분할대상**

부부 일방이 혼인 중 제3자에 대하여 채무를 부담한 경우에 그 채무 중에서 공동재산의 형성 또는 유지에 수반하여 부담하게 된 채무는 그 이혼에 있어서 재산분할의 대상이 된다. 그리고 혼인생활 중 쌍방의 협력으로 취득한 부동산에 관하여 부부의 일방이 부

담하는 임대차보증금반환채무는 특별한 사정이 없는 한 혼인 중 재산의 형성에 수반한 채무로서 재산분할의 대상이 된다고 할 것이다(대법원 2011. 3. 10. 선고 2010므4699,4705,4712 판결).

다. 분할의 방법·절차

가소법에서 규정하는 소송의 절차는 민소법의 규정을 적용하는 '소송사건'과 「비송사건절차법」(다음부터 "비송법"이라고 함)의 규정을 적용하는 '비송사건'으로 나뉜다.

재산분할을 청구하는 소송은 가사비송사건이다. 비송법을 적용하는 가사비송절차에서는 민소법을 적용하는 민사소송절차와는 달리 법원이 당사자의 주장과 입증만을 토대로 재판을 하는 것이 아니라, 가정법원은 원칙적으로 당사자가 제출하는 주장과 증거를 기반으로 하면서도 직권을 발동하여 증거를 탐지하고 조사를 할 수도 있다. 이러한 절차를 거쳐, 가령 이혼 당사자의 재산 형성·유지에 기여한 비율이 각각 50%씩 인정되는 경우라면 부동산·동산·채권·채무 등 모든 재산을 각각 절반씩 분할하는 것이 원칙이다. 이와 관련한 대법원의 입장을 살펴본다.

〔판례〕 개별 재산별로 분배비율을 달리하는 것은 원칙적으로 불허

민법 제839조의2 제2항의 취지에 비추어볼 때, 재산분할비율은 개별재산에 대한 기여도를 일컫는 것이 아니라 기여도 기타 모든 사정을 고려하여 전체로서 형성된 재산에 대하여 상대방 배우자로부터 분할 받을 수 있는 비율을 일컫는 것이라고 봄이 상당하므로, 법원이 합리적인 근거 없이 분할대상 재산을 개별적으로 구분하여 분할비율을 달리 정하는 것은 허용될 수 없다(대법원 2002. 9. 4. 선고 2001므718 판결).

〔판례〕 가사비송사건인 재산분할사건은 직권탐지주의 적용

재산분할사건은 가사비송사건에 해당하고, 가사비송절차에 관하여는 가사소송법에 특별한 규정이 없는 한 비송사건절차법 제1편의 규정을 준용하고 있으며〔구 가사소송법(2010. 3. 31. 법률 제10212호로 개정되기 전의 것) 제34조〕, 비송사건절차는 민사소송절차와는 달리 당사자의 변론에만 의존하는 것이 아니고, 법원이 자기의 권능과 책임으로 재판의 기초가 되는 자료를 수집하는, 이른바 직권탐지주의에 의하고 있으므로(비송사건절차법 제11조), 법원으로서는 당사자의 주장에 구애되지 아니하고 재산분할의 대상이 무엇인지 직권으로 사실조사를 하여 포함시키거나 제외시킬 수 있다(대법원 1996. 12. 23. 선고 95므1192,1208 판결, 대법원 2010. 12. 23. 선고 2009므3928 판결 등 참조). 따라서 당사자가 소송 중에 일부 재산에 관한 분할방법에 관한 합의를 하였다고 하더라도,

법원으로서는 당사자가 합의한 대로 분할을 하여야 하는 것은 아니다(대법원 2013. 7. 12. 선고 2011므1116,1123 판결).

〔판례〕 배우자와 제3자가 합유하는 재산의 분할방법

합유재산이라는 이유만으로 이를 재산분할의 대상에서 제외할 수는 없고, 다만 부부의 일방이 제3자와 합유하고 있는 재산 또는 그 지분은 임의로 처분하지 못하므로(민법 제277조 본문, 제273조 제1항) 직접 당해 재산의 분할을 명할 수는 없으나, 그 지분의 가액을 산정하여 이를 분할의 대상으로 삼거나 다른 재산의 분할에 참작하는 방법으로 재산분할의 대상에 포함하여야 할 것이다(대법원 2009. 11. 12. 선고 2009므2840,2857 판결).

┗ 민법은 재산의 소유형태에 관하여 단독소유, 공유(共有), 합유(合有) 및 총유(總有)를 규정한다. 이 중 합유는 동업적 형태의 소유관계를 말하며, 합유물 또는 합유지분은 원칙적으로 처분하지 못한다.

이러한 합유지분은 직접 분할하는 것이 곤란하므로, 그 지분의 가치를 금전으로 평가하여 분할자로 하여금 상대방에게 그 가치만큼의 다른 재산을 주거나 그 가치에 해당하는 금전을 지급하게 하는 방법으로 분할할 수 있다는 의미이다.

〔판례〕 재산분할판결 확정 후에도 새로 발견된 재산은 다시 분할청
구 가능

재산분할재판에서 분할대상인지 여부가 전혀 심리된바 없는 재
산이 재판확정 후 추가로 발견된 경우에는 이에 대하여 추가로 재
산분할청구를 할 수 있다(대법원 2003. 2. 28. 선고 2000므582 판
결).

〔판례〕 분할할 재산의 평가방법

재산분할액 산정의 기초가 되는 재산의 가액은 반드시 시가감정
에 의하여 인정하여야 하는 것은 아니지만 객관성과 합리성이 있
는 자료에 의하여 평가하여야 한다(대법원 2000. 1. 28. 선고 99므
1909,1916 판결).

  ↳ 위 판례가 말하는 "객관성과 합리성이 있는 자료"라고 함은
    분할의 대상이 무엇인가에 따라 다를 것이다. 그 대상 재산
    이 부동산이라면 공시지가나 표준시가를 알 수 있는 공시지
    가확인원, 건축물대장등본 등이 여기에 해당할 것이며, 상장
    주식이라면 전일의 종가(終價)를 증명할 수 있는 서류가 여
    기에 해당한다. 그리고 동산의 경우에는 중고시세를 증명할
    수 있는 방법을 법원에 제출하여야 할 것이다.

라. 위자료청구권과의 관계

'위자료'는 정신상 고통에 따른 손해배상금을 달리 부르는 표현이다. 즉 이혼의 원인에 관하여 책임 있는 배우자("유책배우자"라고 함)가 상대방 배우자를 위자(慰藉)할 목적으로 지급하는 금전을 위자료라고 한다.

협의상 이혼의 경우라면 재산의 분할, 위자료의 지급, 자녀양육에 관한 문제 등을 당사자가 합의를 할 것이므로 이들 문제를 자유로이 결정하면 된다. 그러나 재판상 이혼에서는 재산분할과 결부하여 위자료를 함께 청구한 경우에 재산분할과는 별도로 위자료의 액수를 산정함에 있어 재산분할에 관한 부분을 반영(참작)할 것인가에 관하여는 아래에서 소개하는 대법원의 판례가 설명하고 있다.

〔판례〕 재산분할에 위자료를 포함하는 것도 가능

이혼에 따른 재산분할을 함에 있어 혼인 중 형성한 재산의 청산적 요소와 이혼 후의 부양적 요소 외에 정신적 손해(위자료)를 배상하기 위한 급부로서의 성질까지 포함하여 분할할 수 있다(대법원 2006. 6. 29. 선고 2005다73105 판결).

└, 위 판례가 말하는 취지에 따르면 재판상의 재산분할 절차에서는 재산분할의 비율을 결정함에 있어 위자료를 반영할 수 있다.

마. 책임 있는 배우자의 재산분할청구

이혼에 관하여 주된 원인을 제공한 배우자를 일반적으로 '유책배우자'라고 한다. 유책배우자는 원칙적으로 스스로 이혼을 청구할 권리를 인정받지 못한다. 이를 인정한다면 이른바 적반하장을 용인하는 결과가 될 것이기 때문이다. 그렇지만 예외적으로 유책배우자에게도 이혼청구가 인정되는 경우가 있다. 이러한 경우에 그 유책배우자에게 재산분할청구권을 인정할 것인가에 관하여는 아래에서 소개하는 사례를 통하여 법원의 입장을 이해하기로 한다. 결론을 말하자면 유책배우자에게도 재산분할청구권은 인정이 된다. 이혼의 원인을 제공한 배우자라고 하여 부부가 공동으로 형성한 재산의 분배마저 허용하지 않는다면 이는 지나치게 가혹하기 때문이다. 다만, 앞의 판례에서 보았듯이 재산의 분배 비율에 그 유책행위에 따른 책임 부분이 반영될 수 있을 뿐이다.

〔판례〕 유책배우자의 재산분할청구는 인정하고 상대방에게 지급할 위자료와 상계

결혼 후 청구인은 직장을 그만두고 자녀양육 등의 가사에 전념하고 상대방은 계속하여 세무공무원으로 근무하여 생계를 유지해 나간 사실, 청구인과 상대방은 혼초 서울 동작구 노량진동에서의 전세생활을 시작으로 약 6년간 근검절약하여 돈을 모은 결과 1988. 8. 경 그때까지의 저축금 44,500,000원과 전소유자로부터 인수한 한국

주택은행에 대한 융자금채무 금 5,500,000원 등 대금 50,000,000원에 별지 목록 기재 부동산(이하 "이 사건 아파트"라 한다)을 상대방 명의로 매수하여 1988. 8. 23. 소유권이전등기를 마친 사실, 위 한국주택은행에 대한 융자금채무는 이 사건 심문종결일에 가까운 1993. 6. 11. 현재 금 3,846,724원이 남아있는 사실을 인정할 수 있다.

위에서 인정한 사실에 의하면 이 사건 아파트는 그 외관에 있어서는 상대방의 단독소유로 되어 있지만 그 재산의 형성에 있어서는 청구인이 약 8년간의 혼인생활을 통하여 육아 등의 가사노동에 종사하면서 상대방을 뒷바라지한 무형적 노력이 그 뒷받침이 되었다고 할 것이므로 실질적으로는 청구인과 상대방이 결혼 후 협력하여 이룩한 공동의 재산이라고 할 것이어서 이혼을 한 마당에 있어서는 상대방이 분할하여야 할 대상이라 할 것인바, 그 분할방법으로는 위 아파트의 이용 상황 및 성격 등 제반 사정을 고려할 때 위 아파트 자체를 분할하는 것은 적당하지 아니하고, 위 아파트의 소유권을 현 소유명의대로 상대방에게 확정적으로 귀속시키되 위 아파트의 가액 중 청구인의 기여비율에 상당한 부분을 상대방이 청구인에게 현금으로 지급하는 방법에 의함이 타당하다고 할 것이다(서울가정법원 1993. 12. 10. 자 93느909 제4부 심판 : 확정).

ㄴ 이 사안은 하급심의 판결이긴 하지만 유책배우자가 청구한 재산분할에 관하여 그 비율, 분할방법, 상대방에게 지급하여야 할 위자료의 액수 등을 종합적으로 이해함에 있어 도움이 될 만하여 소개한다. 이 사안의 사실관계는 이러하다. 청구인인

처가 간통을 하다가 그 현장에서 남편에게 발각되어 협의상 이혼을 한 뒤에 처가 남편을 상대로 재산분할을 청구하였다. 법원은 남편의 유일한 재산인 아파트를 남편이 단독으로 소유하는 대신 시가의 3분의1을 약간 상회하는(유책자의 재산분배비율을 의미함) 돈 45,000,000원을 재산분할로써 청구인에게 지급하고, 청구인은 남편에게 위자료 20,000,000원 지급하라고 명하면서 위 2천만 원을 재산분할의 대가와 상계한 잔액 25,000,000원을 남편이 청구인에게 지급하라고 명하였다.

5. 이혼합의의 함정

부부가 이혼하기로 합의하면서 일방 배우자가 상대방 배우자에게 특정 재산의 소유권을 넘겨주기로 약정하는 경우가 있다. 이때 일반적으로 그 증표로써 이행각서 내지 약정서를 작성한다. 더 나아가 그러한 문서를 공증까지 하는 경우가 있다. 이러한 약정은 법률상으로는 협의상 이혼을 할 것을 정지조건부로 하는 약정으로 해석된다. 따라서 그 정지조건인 '협의상 이혼'이라는 조건이 성취되는 경우, 즉 협의상으로 이혼을 하는 경우에는 그 약정대로 효력이 발생한다. 그러나 어떤 이유로든지 협의상 이혼을 하지 않거나 재판상으로 이혼을 하게 되면 그 약정은 효력이 없다. <u>정지조건은 그 조건이 성취되어야만 효력이 생기는 것</u>이기 때문이다. 당사자 사이에 협의상 이혼을 하기로 합의를 한 후에도 당사자 일방의 행동만으로도 협의상 이혼이 성립하지 못하게

하는 수단은 여러 가지가 있다는 점에 관하여는 앞에서 충분히 검토하였다.

만약 위에서 말한 합의가 이루어진 뒤에 그 합의의 내용과 같은 협의상 이혼이 성립하지 아니한 다음 재판상 이혼절차에 들어갔을 때 법원은 위와 같은 합의 내용을 고려할 의무도 없다. 따라서 신중한 고민이 필요한 부분이다.

〔판례〕 재산분할에 관한 협의는 협의이혼을 정지조건부로 하는 약정

재산분할에 관한 협의는 혼인 중 당사자 쌍방의 협력으로 이룩한 재산의 분할에 관하여 이미 이혼을 마친 당사자 또는 아직 이혼하지 않은 당사자 사이에 행하여지는 협의를 가리키는 것으로, 아직 이혼하지 않은 당사자가 장차 협의상 이혼할 것을 약정하면서 이를 전제로 하여 위 재산분할에 관한 협의를 하는 경우에 있어서도 그 협의 후 당사자가 약정한대로 협의상 이혼이 이루어진 경우에 그 협의의 효력이 발생하는 것이다(대법원 2001. 5. 8. 선고 2000다58804 판결).

ㄴ 부부가 이혼을 함에 있어서는 여러 가지 해결하여야 할 문제가 있지만 이들 문제 중에는 재산과 관련된 문제, 즉 '양육비', '위자료' 및 '재산분할'의 문제도 있다. 그런데 협의상 이혼 절차에서는 '재산'에 관하여 판결문과 동일한 효력이 생기게 할 수 있는 것은 오로지 '양육비부담조서' 뿐이다. 다시 말하자면 위자료와 재산분할에 관한 문제는 협의상 이혼

<u>절차에서는 '집행권원'이 만들어지지 않는다.</u> 그렇기 때문에 협의상 이혼을 하는 당사자 사이에는 위자료 및 재산분할에 관하여 합의를 한 다음 그 약정서 내지 합의서를 공증하는 경우가 많다. 그런데, 이러한 약정이나 합의를 하고 공정증서를 만들어 두었더라도 어떤 사정으로 인하여 협의상 이혼 절차에서 얻은 협의이혼의사확인서등본을 근거로 이혼신고가 되지 않는 경우에는 위 약정이나 합의는 무효로 된다.

Ⅲ. 재판에 의한 이혼

1. 이혼의 원인

민법 제840조(재판상 이혼원인) 부부의 일방은 다음 각 호의 사유가 있는 경우에는 가정법원에 이혼을 청구할 수 있다.

1. 배우자에 부정한 행위가 있었을 때
2. 배우자가 악의로 다른 일방을 유기한 때
3. 배우자 또는 그 직계존속으로부터 심히 부당한 대우를 받았을 때
4. 자기의 직계존속이 배우자로부터 심히 부당한 대우를 받았을 때
5. 배우자의 생사가 3년 이상 분명하지 아니한 때
6. 기타 혼인을 계속하기 어려운 중대한 사유가 있을 때

민법 제841조(부정으로 인한 이혼청구권의 소멸) 전조 제1호의 사유는 다른 일방이 사전 동의나 사후 용서를 한 때 또는 이를 안 날로부터 6월, 그 사유 있은 날로부터 2년을 경과한 때에는 이혼을 청구하지 못한다.

민법 제842조(기타 원인으로 인한 이혼청구권의 소멸) 제840조 제6호의 사유는 다른 일방이 이를 안 날로부터 6월, 그 사유 있은 날

로부터 2년을 경과하면 이혼을 청구하지 못한다.

민법 제843조(준용규정) 재판상 이혼에 따른 손해배상책임에 관하여는 제806조를 준용하고, 재판상 이혼에 따른 자녀의 양육책임 등에 관하여는 제837조를 준용하며, 재판상 이혼에 따른 면접교섭권에 관하여는 제837조의2를 준용하고, 재판상 이혼에 따른 재산분할청구권에 관하여는 제839조의2를 준용하며, 재판상 이혼에 따른 재산분할청구권 보전을 위한 사해행위취소권에 관하여는 제839조의3을 준용한다.

가. 배우자에게 부정한 행위가 있었을 때

'부정한 행위'는 정조의무와 관련한 문제이다. 2015. 2. 26. 헌법재판소는 간통죄가 헌법에 위반되는 형벌이라고 결정하였다. 이는 간통행위가 형벌의 대상이 되는 것 자체가 헌법에 합치되는가에 관한 문제이므로 가사사건(재판상 이혼)의 문제인 부정한 행위와는 직접적인 관련이 없다. 따라서 간통행위를 처벌하지 못한다고 하여 재판상 이혼에 영향을 주는 것은 아니다. 그리고 위자료(손해배상금)의 청구에도 영향이 없다. 오히려 간통죄가 형사상의 처벌 대상에서 제외되었으므로 위자료의 액수를 지금보다는 더 높여야 한다는 의견도 있다.

우리 법원의 입장은 과거부터 부정한 행위에 관하여 간통(성교행위)에까지는 이르지 않더라도 부부로서 지켜야 할 정조의무를 위반하는 경우에는 이를 부정한 행위로 해석하고 있다. 그러나 배우자가 이성(異性)인 제3자와 친교를 맺고 유지하더라도 일반적으로 용납되지 않는 선을 넘지 않는다면 부정한 행위라고 단정할 수는 없을 것이다.

여기(제840조 제1호)에 해당하는 이혼사유는 배우자가 <u>①미리 동의를 한 경우, ②나중에 용서를 한 경우, ③배우자의 부정행위를 안 날로부터 6월이 경과한 경우 및 ④부정행위가 있은 날로부터 2년이 지난 경우 중 어느 하나에 해당하는 때에는 이혼을 청구할 수 없다.</u>

〔판례〕 부정한 행위의 의미

민법 제840조 제1호 소정의 배우자의 부정한 행위라 함은 간통을 포함하여 보다 넓은 개념으로써 간통에까지는 이르지 아니하나 부부의 정조의무에 충실하지 않는 일체의 부정한 행위가 이에 포함되고(대법원 1988. 5. 24. 선고 88므7 판결 등 참조), 부정한 행위인지 여부는 각 구체적 사안에 따라 그 정도와 상황을 참작하여 평가하여야 한다(대법원 2013. 11. 28. 선고 2010므4095 판결).

〔판례〕 부정한 행위라고 인정한 사례

원심판결 이유에 의하면 원심은, 거시증거에 의하여 피고1은 원고를 알기 전에 이미 피고2와 동거생활을 하다가 원고를 만나 2중으로 동거생활을 하였는데 원고와의 동거생활이 피고2에게 알려져

피고2와는 헤어지게 되고 원고와 혼인신고를 하였으며, 그런 뒤에
도 몇 차례 피고2의 집에서 같이 동거하면서 사실상 부부로 행세
하여 원고가 1990. 2. 8. 피고들을 간통죄로 고소하였다가 향후 피
고2를 만나지 않겠다는 다짐을 하므로 그 다음날 고소를 취소하여
주자 다시 그 고소취소 직후인 1990. 3. 1.경 이후 피고2의 집에서
그녀와 동거해 온 사실을 인정하고, 위 인정사실에 어긋나는 일부
증거들을 믿지 아니하고 달리 이를 좌우할만한 증거가 없다고 판
시하였는바, 기록에 대조하여 살펴보면 위 인정은 정당한 것으로
수긍할 수 있고 거기에 소론과 같이 증거판단을 그르치거나 증거
에 대한 판단을 유탈한 위법이 있다 할 수 없으며, 사실관계가 위
와 같다면 피고1이 위와 같이 피고2와 동거하는 동안 피고2가 68
세의 고령이고 중풍으로 좌측 팔다리가 마비되는 등의 이유로 소
론 주장과 같이 정교능력이 없어 실제로 정교를 갖지는 못하였다
하더라도 피고1의 위 행위는 배우자로서의 정조의무에 충실치 못
한 것으로서 위 법조 소정의 부정한 행위에 해당한다 할 것이다
(대법원 1992. 11. 10. 선고 92므68 판결).

나. 배우자가 악의로 다른 일방을 유기한 때

'악의로 유기한 때'란 정당한 이유가 없으면서 부부관계를 계속 유지할 의사가 없음을 직·간접으로 표명하는 경우를 말한다. 즉 동거, 부양, 협조하여야 할 부부로서의 의무를 포기하고 배우자를 버리는 경우를 말한다. 유기(遺棄)의 방법으로는 상대방 배우자를 내쫓는 경우뿐만 아니라 상대방을 버리고 자신이 나가는 경우 또는 상대방이 나갈 수밖에 없는 환경 내지 분위기를 조성한 다음 돌아오지 못하게 하는 경우도 있을 수 있다. 여기에 해당하는 사유는 법이 정한 기간으로 인하여 이혼청구권이 소멸하는 경우는 없다.

〔판례〕악의로 유기한 때의 의미

악의의 유기라 함은 정당한 이유 없이 배우자를 버리고 부부공동생활을 폐지하는 것인바, 피청구인이 이민문제로 인하여 야기된 가정불화가 심화되고, 그로 인하여 청구인 및 그 자녀들의 냉대가 극심하여지자 가장으로서 이를 피하여 자제케 하고 그 뜻을 꺾기 위하여 일시 집을 나와 별거하고, 가정불화가 심히 악화된 기간 이래 생활비를 지급하지 아니한 것뿐이고, 달리 부부생활을 폐지하기 위하여 가출한 것이 아니라면 이는 민법 제840조 제2호 소정의 악의의 유기에 해당할 수 없다(대법원 1986. 6. 24. 선고 85므6 판결).

〔판례〕 악의의 유기를 인정한 사례

부부의 혼인 후 7년 동안이나 자녀가 없자 청구인의 어머니가 며느리인 피청구인을 데리고 절에 기도드리러 가서 원심판결 설시와 같은 비정상적인 행동을 하자 피청구인이 갑자기 정신이상의 증상을 보이기 시작하여 지금까지 계속 재발을 반복해 온 사실과 청구인과 피청구인은 서로 종교가 달라 혼인 초부터 갈등이 있어왔고, 청구인의 노력에도 불구하고 피청구인이 청구인의 종교인 불교에 대하여 계속 적대적인 태도를 취하여 왔으며, 이러한 사정으로 청구인이 이혼을 요구하였으나 피청구인이 불응하자 청구인은 집을 나와 입산하여 비구승이 됨으로써 부부가 10년 넘게 별거하게 되고, 현재에 이르러서는 서로의 배타적 신앙생활로 인한 애정의 결핍과 장기간의 별거로 혼인관계가 돌이킬 수 없는 파탄에 빠져 있다고 인정한 다음 이러한 파탄은 청구인이 정신적으로 완전하지 아니한 피청구인을 악의로 유기함에서 비롯되었다고 판단하였는바, 기록에 대조하여 살펴보면 원심의 위 사실인정과 판단은 수긍이 된다(대법원 1990. 11. 9. 선고 90므583,90므590 판결).

다. 배우자 또는 그 직계존속으로부터 심히 부당한 대우를 받았을 때

"심히"는 참기 어려운 정도를 뜻한다. "부당한 대우"는 혼인생활을 지속하기 어려운 정도의 대우를 말한다. 그 방법에는 제한이 없다.

〔판례〕 배우자로부터 심히 부당한 대우를 받았을 때의 의미

배우자로부터 심히 부당한 대우를 받았을 때라 함은 혼인관계의 지속을 강요하는 것이 참으로 가혹하다고 여겨질 정도의 폭행이나 학대 또는 모욕을 받았을 경우를 말하고, 이 사건과 같이 몇 차례의 폭행, 모욕적인 언사는 가정불화의 와중에서 서로 격한 감정으로 오갔고, 폭행이 비교적 경미한 것이라면 이는 민법 제840조 제3호 소정의 심히 부당한 대우를 받았을 때에 해당하지 않는다(대법원 1986. 6. 24. 선고 86므6 판결).

〔판례〕 배우자로부터 심히 부당한 대우를 받았을 때에 해당하는 사례

피청구인과 소외 1과의 관계가 결백함을 알면서도 피청구인을 간통죄로 고소하고, 소외 1, 2로 하여금 거짓진술을 하도록 부탁함으로써 혼인관계가 파탄에 이르게 한 행위는 민법 제840조 소정의 배우자로부터 심히 부당한 대우를 받은 때 또는 기타 혼인을 계속하기 어려운 중대한 사유가 있을 때에 해당한다(대법원 1990.

2. 13. 선고 88므504,511 판결).

    ↳ 민법 제840조 제1호부터 제6호는 각각 별개의 이혼사유이다. 이 사안에서는 동일한 행위가 같은 조 제3호 및 제6호를 동시에 충족하는 것으로 판단하였다. 이혼을 청구하는 경우에는 이와 같이 이혼사유가 동일한 사유 아닌 사유로 위 각 호(제1호 내지 제6호) 중 두 개 이상의 이혼사유에 해당하는 경우에는 그 모든 사유를 한꺼번에 주장하는 것이 유리할 것이다. 그리고 하나의 사유를 들어 이혼을 청구하였다가 그 소송에서 패소하더라도 그 후 다른 사유를 들어 다시 이혼청구소송을 제기할 수도 있다.

〔판례〕 배우자로부터 심히 부당한 대우를 받은 때에 해당하는 사례

    피청구인이 혼인 초부터 청구인이 아기를 낳을 수 없다는 트집을 잡아 학대를 하고 이혼을 요구하여 왔고, 청구인이 이에 응하지 아니하면 자살하겠다고 하면서 실제로 두 차례에 걸쳐 자살한다고 농약을 마시는 소동을 벌여 이에 견디다 못한 피청구인이 집을 나와 친정에 복귀함으로써 부부 사이가 파탄에 빠졌다고 인정하고, 이는 재판상 이혼사유인 배우자로부터 심히 부당한 대우를 받은 경우에 해당한다고 판단하였는바, 기록에 대조하여 살펴보면 원심의 사실인정과 판단은 수긍이 된다(대법원 1990. 11. 27. 선고 90므484 판결).

라. 자기의 직계존속이 배우자로부터 심히 부당한 대우를 받았을 때

여기에서 말하는 "심히 부당한 대우"도 배우자로부터 심히 부당한 대우를 받았을 때와 같은 정도의 부당한 대우를 뜻한다. 직계존속은 아버지 · 어머니 · 할아버지 · 할머니를 말한다.

〔판례〕 직계존속이 심히 부당한 대우를 받은 때를 부인한 사례

시아버지가 며느리를 나무라는 과정에서 가난한 친정집에 금전적인 도움을 주었다는 말을 퍼뜨린 것이 시비가 되어 시아버지와 전화로 불려온 피청구인의 친정어머니가 다투게 되자 피청구인이 이를 뜯어 말리다 시아버지가 넘어져서 상처를 입게 된 것이라면 비록 그로 말미암아 피청구인이 존속상해죄로 구속되고 유죄판결까지 받게 되었다 하더라도 그 동기 및 경위에 비추어 위와 같은 행위가 직계존속에 대한 부당한 대우에 해당한다고 볼 수 없다(서울고법 1990. 11. 16. 선고 90르1908,1915 제1특별부판결 : 확정).

ㄴ 이 판례에서 피청구인은 며느리를, 청구인은 그의 배우자를 각각 지칭한다.

마. 배우자의 생사가 3년 이상 분명하지 아니한 때

배우자의 생사가 분명하지 않다는 것은 죽었는지 살았는지를 알 수 없는 경우이다. 그 이유는 묻지 않는다. 실종선고에 의하여 혼인이 해소된 경우에는 실종자가 살아 돌아오면 혼인이 부활할 수 있지만 생사불명에 따른 이혼은 일단 이혼판결이 확정된 뒤에는 혼인이 부활하는 경우는 없다.

'실종선고'라고 함은 부재자(不在者 : 연고지를 떠나 소식을 알 수 없는 사람)의 생사가 5년 이상 불분명할 때 이해관계인이나 검사의 청구에 의하여 법원이 실종선고를 하면 부재자가 사망한 것과 같이 취급하는 제도를 말한다(민법 제27조 이하 참조).

바. 기타 혼인을 계속하기 어려운 중대한 사유가 있을 때

대부분의 이혼사유는 여기에 해당한다. "혼인을 계속하기 어려운 중대한 사유"란 혼인관계가 심각하게 파탄이 나서 돌이킬 수 없는 상태이고, 혼인의 계속을 강제한다면 배우자 일방에게는 참을 수 없는 고통이 되는 경우를 말한다.

그동안 법원의 판결에 의해 여기에 해당하는 이혼사유로 인정된 이유들을 대강 요약해보면, 합리적인 이유가 없음을 전제로 하는 피임·성교거부, 불치의 정신병, 심각한 애정상실, 성격의 심한 불일치, 수년간 계속된 사실상의 별거, 어린 자녀에 대한 모욕 및 가혹행위, 종교적

광신(狂信), 알코올·마약에 의한 중독, 지나친 사치 및 낭비벽 등이다.

여기에 해당하는 이혼사유는 다른 일방이 그 사유를 안 날로부터 6월을 경과하거나 그 사유가 발생한 날로부터 2년을 경과하면 이혼을 청구하지 못한다.

〔판례〕 혼인을 계속하기 어려운 중대한 사유의 의미 및 성기능불능

민법 제840조 제6호에 정한 이혼사유인 '혼인을 계속하기 어려운 중대한 사유가 있는 때'라 함은 부부간의 애정과 신뢰가 바탕이 되어야 할 혼인의 본질에 상응하는 부부공동생활 관계가 회복할 수 없을 정도로 파탄되고, 그 혼인생활의 계속을 강제하는 것이 일방 배우자에게 참을 수 없는 고통이 되는 경우를 말하며, 이를 판단함에 있어서는 혼인계속의사의 유무, 파탄의 원인에 관한 당사자의 책임의 유무, 혼인생활의 기간, 자녀의 유무, 당사자의 연령, 이혼 후의 생활보장, 기타 혼인관계의 여러 사정을 두루 고려하여야 한다. 그리고 이와 같은 여러 사정을 고려하여 보아 부부의 혼인관계가 돌이킬 수 없을 정도로 파탄되었다고 인정된다면 그 파탄의 원인에 대한 원고의 책임이 피고의 책임보다 더 무겁다고 인정되지 않는 한 이혼청구는 인용되어야 한다(대법원 1991. 7. 9. 선고 90므1067 판결 등 참조). 한편 부부 중에 성기능의 장애가 있거나 부부간의 성적인 접촉이 부존재하더라도 부부가 합심하여 전문적인 치료와 조력을 받으면 정상적인 성생활로 돌아갈 가능성이 있는 경우에는 그러한 사정은 일시적이거나 단기간에 그치는

것이므로 그 정도의 성적 결함만으로는 '혼인을 계속하기 어려운 중대한 사유'가 될 수 없으나, 그러한 정도를 넘어서서 <u>정당한 이유 없이 성교를 거부하거나 성적 기능의 불완전으로 정상적인 성생활이 불가능하거나 그 밖의 사정으로 부부 상호간의 성적 욕구의 정상적인 충족을 저해하는 사실이 존재하고 있다면 부부간의 성관계는 혼인의 본질적인 요소임을 감안할 때 이는 '혼인을 계속하기 어려운 중대한 사유'가 될 수 있다</u>(대법원 2010. 7. 15. 선고 2010므1140 판결).

〔판례〕 혼인을 계속하기 어려운 중대한 사유로 본 사례(폭행, 모욕 등)

원·피고는 크고 작은 문제로 자주 다투면서 그 과정에서 서로 상대방을 폭행한 것을 비롯하여, 피고는 시댁에 소홀한 정도를 넘어 원고와 원고의 모에 대한 불만을 이유로 원고의 부의 제사에 참석도 하지 않고 원고 모의 이름을 부르면서 "미친년"이라고 폭언까지 하는 등 며느리로서 최소한의 도리조차 하지 못하고, 원고와 다툰 후에는 간혹 분을 못 이겨 원고의 사무실에까지 찾아가 항의하고 원고에게 계속 전화를 걸어 원고의 업무를 방해하며 사건본인을 원고의 사무실에 데려다 놓기도 하는 등 부부간 문제를 이해와 인내를 통하여 슬기롭게 해결하기는커녕 감정적 차원에서 대응하여 도리어 부부간의 갈등을 증폭시켰으며, 원·피고는 한차례 이혼소송 파동을 겪은 후에도 서로 애정과 신뢰를 쌓을 노력을 등한시한 채 자신의 입장만을 고집하여 불화가 계속되면서, 피고

는 원고의 결혼식 사회를 도중에 방해하고 원고 역시 예정된 사이판 가족여행을 앞두고 일방적으로 연락을 단절하는 등 서로 상대방의 입장을 배려하지 않는 행동을 하다가, 결국 원·피고는 2002. 7.경부터 별거하면서 원고가 같은 해 8. 13. 이 사건 소를 제기하였다는 것이고, 더욱이 기록에 의하면, 원·피고는 다툰 후에도 곧 별일 없었다는 듯이 지내기도 하였으나, 이는 자기반성과 노력에서 비롯된 애정과 신뢰의 회복이라고 보여지기보다는 원·피고가 상대방에 대한 이해부족과 불신을 그대로 유지한 채 그들 사이의 갈등을 일시적으로 참고 있는 상태라고 보여질 뿐이고, 그렇기 때문에 원·피고 사이의 불화는 계속되어 한차례 이혼소송 파동을 겪은 후에도 달리 방법을 찾지 못하고 또다시 이 사건 이혼청구에 이르게 된 점, 피고는 원고를 여전히 사랑하고 있다고 하면서 혼인생활의 계속을 간절히 희망하는 의사를 피력하고 있기는 하나, 평소 원고와 더 이상 못 살겠다고 말하곤 한 것 외에도 원고로부터 폭행을 당한 후에는 병원에서 상해진단서를 떼어놓거나 원·피고의 별거기간에도 혼인관계의 회복을 위한 별다른 노력을 하지 않는 등 그 진정한 의사는 비록 이혼을 원하고 있지는 않을지라도 피고가 피력하고 있는 의사만큼이나 혼인생활의 계속을 간절히 희망하고 있는 것으로는 보여지지 아니하고, 반면 원고는 이혼할 뜻을 분명히 하면서 이혼청구가 기각되더라도 피고와 재결합을 하지 않겠다는 의사를 피력하고 있는 점을 알 수 있는 바, 사정이 위와 같다면 원·피고의 혼인관계는 그 바탕이 되어야 할 애정과 신뢰가 상실되었고 2002. 7.경부터 지금까지 장기간 별

거하면서 그 동안에 두 사람이 혼인관계의 회복을 위한 별다른 노력을 하지 아니함으로써 부부공동생활관계는 이제 회복할 수 없을 정도로 파탄되었고, 그 혼인생활의 계속을 강제하는 것이 원고에게는 참을 수 없는 고통이 된다고 볼 것이다(대법원 2004. 8. 20. 선고 2004므955 판결).

ㄴ 위 판결에서 "사건본인"이라고 표현한 내용은 미성년인 자녀를 뜻한다. 위 판결문의 특징이라면 처음부터 끝까지 하나의 문장으로 구성되었다는 점이라고 할 수 있다. 그리고 한국어 맞춤법과 띄어쓰기 등에서 많은 잘못이 발견된다. 필자는 이를 수정하여 인용할 생각도 하였다. 그러나 그렇게 될 경우에는 정확한 의미전달이 어려울 것으로 판단하여 원문을 그대로 인용하였다.

〔판례〕 정당한 이유 없는 성행위 거부는 이혼사유에 해당

피고는 결혼식 당일부터 혼인생활 중 뚜렷한 합리적인 이유도 없이 원고와의 성행위를 거부하여 온 사실, 피고가 결혼식 당일은 물론 신혼여행 도중, 그리고 그 이후 원고와의 부부생활을 영위하면서 계속하여 하루에도 수 차례씩 외간남자와 전화통화를 거의 매일 하였고, 그 통화시간대도 주로 일상적인 전화시간대가 아닌 한밤중인 사실, 원·피고가 피고의 위와 같은 성행위 거부 등으로 인하여 갈등을 겪고 불화하다가 급기야 원고가 이혼소송을 제기하고 별거를 하게 된 사실을 엿볼 수 있는바, 사정이 위와 같다면

그 구체적인 경위 또는 사정에 따라서는 부부간의 애정과 신뢰를 바탕으로 하여야 할 원·피고 사이의 부부공동생활관계는 회복할 수 없을 정도로 파탄되었고, 그 혼인생활의 계속을 강제하는 것이 원고에게는 참을 수 없는 고통이 된다고 볼 여지도 있다 할 것이다(대법원 2002. 3. 29. 선고 2002므74 판결).

〔판례〕 **일방의 가출 및 종교적 맹신에 따른 파탄원인의 책임소재**

갑과 을 사이의 혼인관계의 파탄이 갑이 애정을 가지고 을의 신앙생활을 이해하고 협조하려고 하지 않고 여호와의 증인교에 대하여 편견을 가진 나머지 교회활동은 물론 성경공부마저도 못마땅하게 생각한 데에도 그 원인을 찾을 수 있으나, 한편 을도 신앙생활을 하면서 가정생활이 희생되지 않도록 더욱 마음을 기울이면서 신앙생활과 가정생활이 양립할 수 있는 길을 찾아야 하였을 터인데도 그러한 노력은 하지 않은 채 이를 나무라는 시어머니와 서로 머리채를 잡고 싸움까지 한 다음 갑과 자녀를 두고 집을 나갔었고, 그 후에도 갑과의 원만한 결혼생활을 위하여 별다른 노력을 기울임이 없이 신앙생활에만 전념한 것도 그 원인이 되었다면 그 파탄의 주된 책임이 갑에게 있다고 인정하기 어렵다(대법원 1989. 9. 12. 선고 89므51 판결).

〔판례〕 협의이혼의사확인절차를 진행했던 사실은 재판상이혼사유와는 무관

법원에 의한 협의이혼의사확인절차는 확인 당시에 당사자들이 이혼할 의사를 가지고 있었는가를 밝히는데 그치는 것이므로 협의이혼의사의 확인이 있었다는 것만으로 재판상 이혼사유가 될 수 없으며, 그 의사확인 당시에 더 이상 혼인을 계속할 수 없는 중대한 사유가 있었다고 추정할 수도 없다(대법원 1988. 4. 25. 선고 87므28 판결).

　ㄴ 이 판결의 사례는 부부가 협의상 이혼을 하기로 하여 가정법원의 협의이혼의사확인을 받았는데, 부부 양쪽 모두 그 확인서등본을 송달받은 뒤 3개월이 지나도록 이혼신고를 하지 않았기 때문에 위 이혼의사확인의 효력이 상실되었다. 그 후 재판상 이혼청구를 한 사례이다.

〔판례〕 합의에 의해 위자료 지급 및 재산분할을 했더라도 이혼사유 안 돼

혼인생활 중 부부가 일시 이혼에 합의하고 위자료 명목의 금전을 지급하거나 재산의 분배를 하였다고 하더라도 그것으로 인하여 부부관계가 돌이킬 수 없을 정도로 파탄되어 부부 쌍방이 이혼의 의사로 사실상 부부관계의 실체를 해소한 채 생활하여 왔다는 등의 특별한 사정이 없다면 그러한 이혼 합의사실의 존재만으로는 이를 민법 제840조 제6호의 재판상 이혼사유인 혼인을 계속할 수 없는 중대한 사유에 해당한다고 할 수 없다(대법원 1996. 4. 26. 선고 96므226 판결).

2. 책임 있는 배우자의 이혼청구권 인정 여부

이혼의 원인에 책임 있는 배우자, 즉 유책배우자(有責配偶者)에게도 이혼청구권을 인정할 것인가의 문제는 손해배상금인 위자료에 관하여는 중요한 영향을 미치지만, 그 책임의 유무가 재산분할에는 큰 영향을 주지는 않는다.

이혼의 원인에 관하여 책임이 있는 배우자가 원고가 되어 이혼을 청구하는 것은 원칙적으로 허용되지 않는다. 그렇지만 아래의 판례와 같은 예외적인 경우에는 유책배우자도 이혼을 청구할 수 있다. 그리고 그 원인에 있어 양쪽에게 모두 책임이 있고, 부부관계가 돌이킬 수 없을 정도로 파탄에 이른 경우에는 법원이 그 책임의 경중을 가리게 된다는 점에 관하여는 앞에서 대법원의 입장을 살펴보았다.

〔판례〕 유책배우자에게 이혼청구권이 인정되는 경우

혼인생활의 파탄에 대하여 주된 책임이 있는 배우자는 원칙적으로 그 파탄을 사유로 하여 이혼을 청구할 수 없고, 다만 <u>상대방도 그 파탄 이후 혼인을 계속할 의사가 없음이 객관적으로 명백함에도 오기나 보복적 감정에서 이혼에 응하지 아니하고 있을 뿐이라는 등의 특별한 사정이 있는 경우에만 예외적으로 유책배우자의 이혼청구권이 인정된다</u>(대법원 2013. 11. 28. 선고 2010므4095 판결).

3. 재판을 하는 방법

재판상 이혼의 절차표

ⓐ 이혼조정신청서 제출 (주소지 가정법원) ⇨	ⓑ 조정절차 (이혼·친권자· 양육자·양육비· 면접교섭 합의권고) ⇨	ⓒ 재판절차로 이행(移行) (조정 불성립한 때. 조정신청서는 소장으로 취급) ⇨
ⓓ 인지대·송달료 추가 납부 (가정법원에서 안내) ⇨	ⓔ 당사자의 공격과 방어 (준비서면·증거 제출) ⇨	ⓕ 변론종결 ⇨
ⓖ 판결선고 ⇨	ⓗ 판결서 송달 ⇨	ⓘ 이혼신고

가. 조정절차

1) 조정절차의 이해

가사소송법 제50조(조정 전치주의) ① 나류 및 다류 가사소송사건과 마류 가사비송사건에 대하여 가정법원에 소를 제기하거나 심판을 청구하려는 사람은 먼저 조정을 신청하여야 한다.

② 제1항의 사건에 관하여 조정을 신청하지 아니하고 소를 제기하거나 심판을 청구한 경우에는 가정법원은 그 사건을 조정에 회부하여야 한다. 다만, 공시송달의 방법이 아니면 당사자의 어느 한쪽 또는 양쪽을 소환할 수 없거나 그 사건을 조정에 회부하더라도 조정이 성립될 수 없다고 인정하는 경우에는 그러하지 아니하다.

가사소송법 제49조(준용법률) 가사조정에 관하여는 이 법에 특별한 규정이 있는 경우를 제외하고는 「민사조정법」을 준용한다. 다만, 「민사조정법」 제18조 및 제23조는 준용하지 아니한다.

가사소송규칙 제117(준용규정) ① 가사조정에 관하여는 법 및 이 규칙에 특별한 규정이 있는 경우를 제외하고는 「민사조정규칙」의 규정을 준용한다.

② 제16조, 제17조 및 제20조의 규정은 가사조정사건에 이를 준용한다.

가소법은 재판상 이혼사건을 같은 법 제2조 제1호 나류에 해당하는 가사소송사건으로 분류하였다. 그리고 나류 가사소송사건은 소송 전에

조정을 거치도록 하였다. 이를 '조정전치주의'라고 하는데, 조정은 분쟁을 간이한 절차에 따라 당사자 사이의 상호 양해를 바탕으로 해결하는 절차이다. 즉 가능한 한 당사자의 의사를 존중하기 위하여 가정법원의 합의권고에 따라 판결절차와 같은 결과를 유도하는 절차이다.

이 조정절차에서 조정이 성립하는 경우에는 조정조서가 작성되는데, 그 조서는 판결과 같은 효력이 있다. 그러나 당사자가 서로 양보하지 않는 등으로 인하여 조정이 성립하지 않으면 판결절차로 옮겨 가게 된다.

당사자 사이에 서로 양보하여 조정이 성립할 가능성이 있다면 협의상 이혼절차에 의하여 이혼을 할 것이다. 따라서 재판상 이혼을 전제로 하는 당사자에게는 조정의 성립을 기대하는 것이 쉽지 않다고 보아야 한다. 이러한 경우에는 조정을 신청하기보다는 처음부터 재판상의 청구인 '소장'을 제출하여야 할 것이다. 다만, 조정을 거치지 아니하고 곧바로 소를 제기하면 이를 조정절차에 회부할 수도 있으므로, 조정이 성립할 수 없는 이유를 그 소장에 충분히 기재하고 이를 소명(疏明 : 증명에까지는 이르지 않지만 판사가 볼 때 충분히 수긍이 갈만한 정도의 입증)할 필요가 있을 것이다. 이러한 경우에서 조정이 성립하지 않으면 다시 판결절차로 이행(移行)하게 된다.

이하 소를 제기하였다가 조정에 회부될 경우를 대비하여 조정절차에 관한 「가사소송법」, 「가사소송규칙」, 「민사조정법」 및 「민사조정규칙」의 관련 규정을 소개한다. 이혼에 관하여 조정절차가 아닌 판결절차에서는 가소법에 없는 규정은 「민사소송법」(다음부터 "민소법"이라고 함) 및 「민사소송규칙」(다음부터 "민소규칙"이라고 함)의 규정을 준용한다.

가소법 제50조 제2항에서 규정하는 '공시송달'이란 민소법 제194조에서 규정하는 송달방법을 말한다. 민소법 제194조 제1항은 "당사자의 주소등 또는 근무장소를 알 수 없는 경우 또는 외국에서 하여야 할 송달에 관하여 제191조의 규정에 따를 수 없거나 이에 따라도 효력이 없을 것으로 인정되는 경우에는 재판장은 직권으로 또는 당사자의 신청에 따라 공시송달을 명할 수 있다."고 규정하였고, 제2항에서는 "제1항의 신청에는 그 사유를 소명하여야 한다."고 규정하였으며, 제191조에서는 "외국에서 하여야 하는 송달은 재판장이 그 나라에 주재하는 대한민국의 대사·공사·영사 또는 그 나라의 관할 공공기관에 촉탁한다."고 규정하였다. 위에서 말하는 "주소등"이란 "송달받을 사람의 주소·거소(居所)·영업소 또는 사무소"를 말한다(민소법 제183조 제1항). 공시송달은 법원의 게시판 및 인터넷 게시판을 이용한 공고의 방법으로 하고, 공고 후 일정한 기간이 지나면 송달을 받을 사람에게 송달이 된 것으로 간주한다.

2) 관할법원

가사소송법 제51조(관할) ① 가사조정사건은 그에 상응하는 가사소송사건이나 가사비송사건을 관할하는 가정법원 또는 당사자가 합의로 정한 가정법원이 관할한다.

② 가사조정사건에 관하여는 제13조 제3항부터 제5항까지의 규정을 준용한다.

가사소송법 제13조(관할) ① 가사소송은 이 법에 특별한 규정이 있는 경우를 제외하고는 피고의 보통재판적(普通裁判籍)이 있는 곳의 가정법원이 관할한다.

② 당사자 또는 관계인의 주소, 거소(居所) 또는 마지막 주소에 따라 관할이 정하여지는 경우에 그 주소, 거소 또는 마지막 주소가 국내에 없거나 이를 알 수 없을 때에는 대법원이 있는 곳의 가정법원이 관할한다.

③ 가정법원은 소송의 전부 또는 일부에 대하여 관할권이 없음을 인정한 경우에는 결정(決定)으로 관할법원에 이송하여야 한다.

④ 가정법원은 그 관할에 속하는 가사소송사건에 관하여 현저한 손해 또는 지연을 피하기 위하여 필요한 경우에는 직권으로 또는 당사자의 신청에 의하여 다른 관할가정법원에 이송할 수 있다.

⑤ 이송결정과 이송신청의 기각결정에 대하여는 즉시항고를 할 수 있다.

이혼조정과 이혼소송은 피고의 보통재판적이 있는 곳의 가정법원이 관할한다. 사람의 보통재판적은 그의 주소에 따라 정한다. 다만, 대한민국에 주소가 없거나 주소를 알 수 없는 경우에는 거소에 따라 정하고, 거소가 일정하지 않거나 거소도 알 수 없으면 마지막 주소에 따라 정한다(민소법 제3조). 그 주소, 거소 또는 마지막 주소가 국내에 없거나 알 수 없을 때에는 대법원이 있는 곳의 가정법원이 관할한다(가소법 제13조 제2항). 이 경우에는 대법원이 서울 서초구에 있으므로 서울가정법원이 관할법원으로 된다.

3) 조정신청의 방식

가사소송법 제55조(조정의 신청) 조정의 신청에 관하여는 제36조 제2항부터 제5항까지의 규정을 준용한다.

가사소송법 제36조(청구의 방식) ② 심판의 청구는 서면 또는 구술로 할 수 있다.

③ 심판청구서에는 다음 각 호의 사항을 적고 청구인이나 대리인이 기명날인하여야 한다.

1. 당사자의 등록기준지, 주소, 성명, 생년월일, 대리인이 청구할 때에는 대리인의 주소와 성명
2. 청구취지와 청구원인
3. 청구연월일
4. 가정법원의 표시

④ 구술로 심판을 청구할 때에는 가정법원의 법원사무관등의 앞에서 진술하여야 한다.

⑤ 제4항의 경우에 법원사무관등은 제3항 각 호의 사항을 적은 조서를 작성하고 기명날인하여야 한다.

이혼의 당사자 사이에 협의상 이혼에 관한 합의가 성립하지 않거나 협의 자체를 할 수 없는 경우에 재판상 이혼을 선택한다. 이러한 재판을 선택한 당사자 사이에 서로 양보하는 절차인 조정이 성립하기란 결코 쉬운 일이 아닐 것이다. 따라서 아예 재판상 이혼을 청구하는 것을 전제로 뒤의 판결절차에서 소장의 서식을 소개한다. 처음부터 소장을 제출하더라도 조정절차에 회부될 수도 있고, 이 조정절차에서도 협의가 성립하지 아니하면 다시 판결절차로 옮겨 간다는 점은 앞에서 언급하였다.

4) 조정의 절차 및 조정조서의 효력

가사소송법 제59조(조정의 성립) ① 조정은 당사자 사이에 합의된 사항을 조서에 적음으로써 한다.

② 조정이나 확정된 조정을 갈음하는 결정은 재판상 화해와 동일한 효력이 있다. 다만, 당사자가 임의로 처분할 수 없는 사항에 대하여는 그러하지 아니하다.

조정절차에서 당사자가 협의를 이루면 조정조서가 작성된다. 이 조정조서는 재판상 화해와 동일한 효력이 있다. 민소법 제220조는 "화해, 청구의 포기·인낙을 변론조서·변론준비기일조서에 적은 때에는 그 조서는 확정판결과 동일한 효력이 있다."고 규정하였으므로 '조정조서'나 '확정된 조정에 갈음하는 결정'은 판결과 동일한 효력이 있다.

조정절차에서 당사자가 처분할 수 있는 사항으로는 재산의 분할에 관한 문제, 위자료의 지급과 관련한 문제, 자녀의 양육자 지정 및 양육비에 관한 문제, 면접교섭권에 관한 문제 및 친권자의 지정에 관한 문제가 전부이다.

나. 판결절차

이혼소송 판결절차 흐름표

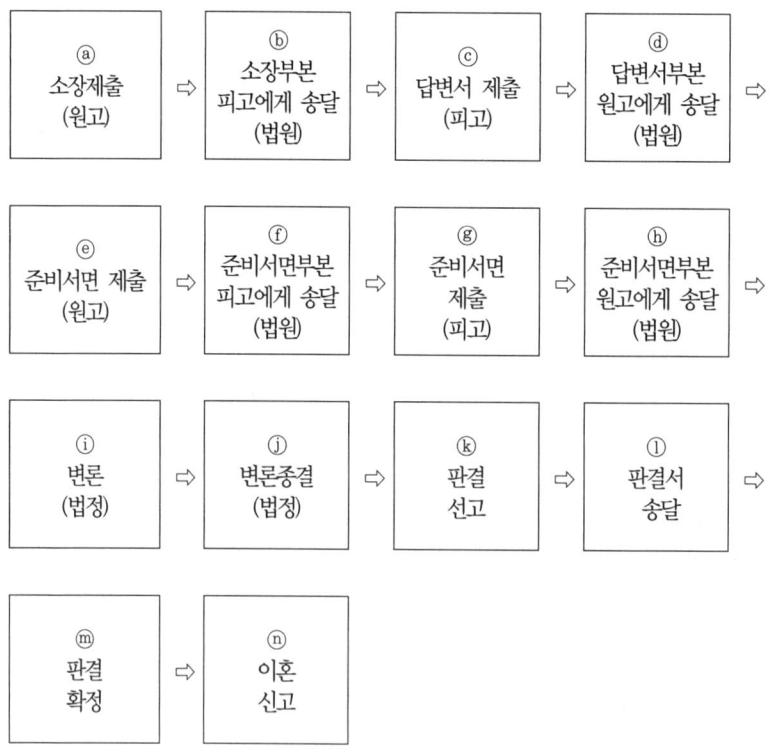

1) 소장의 작성 · 제출

소장은 이혼을 청구하는 사람이 작성하여 가정법원에 제출한다. 이 소장에는 보통 재산의 분할, 위자료의 지급 및 자녀의 양육자 결정에 관한 사항도 함께 청구한다. 여기에서는 일단 소장의 틀(형식)에 관하여만 개괄적으로 설명하고, 완성된 소장의 모습은 뒤에서 소개하기로 한다.

소   장

원고 ○○○

피고 ○○○

사건본인 1. ○○○
          2. ○○○

○○지방법원 ○○지원(가정법원) 귀중

소   장

① 원고

② 피고

③ 사건본인

④ 이혼 등 청구의 소

⑤ 청 구 취 지

1. 원고와 피고는 이혼한다.

2. 사건본인에 대한 친권행사자 및 양육자로 원고를 지정한다.

3.

4. 소송비용은 피고의 부담으로 한다.

라는 판결을 구합니다.

⑥ 청 구 원 인

1.

2.

⑦ 입 증 방 법

1. 갑 제1호증 혼인관계증명서
1. 갑 제2호증 주민등록표등본
1.
1. 기타 증거는 따로 준비하여 나중에 제출하겠습니다.

⑧ 첨 부 서 류

1. 위 입증방법 각 1통
1.

⑨ ○○○○. ○. ○○.

⑩ 위 위고 ○ ○ ○ (기명날인 또는 서명)

⑪ ○○지방법원(가정법원) 귀중

앞의 서식은 소장의 표지이다. 소장을 제출함에 있어 표지를 반드시 작성하여야 하는 것은 아니다. 그러나 실무에서는 일반적으로 이를 작

성하여 소장의 가장 앞쪽에 붙이고 있다. 이것을 작성하면 그 여백을 이용하여 원고가 소송인지대 및 송달료의 계산식을 표시할 때에도 편리하고, 법원에서도 접수인을 날인하는 등의 조치를 할 때 용이하기 때문이다.

소장은 동일한 것 2통을 작성하여 법원에 제출한다. 1통은 법원에서 사용하는 용도이고, 나머지 1통은 법원이 피고에게 송달할 때 쓰인다.

① 원고의 표시 : 원고는 소를 제기하는 사람을 부르는 명칭이다. 원고의 성명, 생년월일(일반적으로 주민등록번호를 기재한다), 등록기준지, 주소, 전화번호는 필수적 표시사항이다. 민소규칙에서는 여기에 더하여 팩시밀리번호 및 전자우편주소(이-메일주소)도 표시할 것을 권하고 있다. 그리고 전자소송을 신청할 경우 또는 신청예정인 경우에는 전자우편주소는 반드시 기재하여야 한다.

전자소송이라고 함은 인터넷을 이용하여 각종의 서류를 제출할 수 있고, 법원의 송달도 인터넷을 이용하는 방법인데, 이는 당사자가 별도로 신청하여야 이용할 수 있다. 이 책에서는 전자소송에 관한 설명은 생략한다. 이와 관련한 법령으로는 「민사소송 등에서의 전자문서 이용 등에 관한 법률」 및 「민사소송 등에서의 전자문서 이용 등에 관한 규칙」이 있다.

② 피고의 표시 : 피고는 소송의 상대방을 말한다. 피고의 성명, 생년월일, 등록기준지, 주소 및 전화번호는 반드시 적어야 한다. 요령은 원고의 표시방법과 같다.

③ 사건본인의 표시 : 사건본인은 소장을 제출하는 날을 기준으로 아

직 성년에 도달하지 아니한 자, 즉 미성년자(만19세 미만)인 자녀를 말한다. 미성년인 자녀가 여러 명인 경우에는 그들을 모두 표시하여야 한다. 사건본인의 성명, 주민등록번호, 등록기준지 및 주소를 표시하여야 한다. 전화번호 등은 기재하지 않더라도 무방하다.

④ 사건의 명칭 : 사건의 명칭은 심판을 구하는 내용이 무엇인지를 가장 잘 나타낼 수 있는 표시를 말하는데, 이는 반드시 표시하여야 하는 것은 아니다. "이혼 등 청구의 소"라고 적어주면 될 것이다.

⑤ 청구취지 : 청구취지는 심리(審理)가 종결된 뒤에 법원이 판결을 선고할 때 판결의 '주문', 즉 명령에 해당하는 내용이다. 이는 법원으로 하여금 피고에게 명령을 해달라는 취지를 적는 부분이다. 즉 원고가 법원에 대하여 바라는 내용을 가장 짧게 요약하여 표시하는 부분이라고 이해하면 된다. 따라서 그 문장은 간결하여야 하며, 명령문이 된다.

이혼을 청구함에 있어서는 일반적으로 위자료에 관한 청구도 병행하여 청구를 하는 것이 일반적이다. 그리고 미성년의 자녀가 있는 경우에는 양육책임자의 지정 및 양육비의 부담, 친권자의 지정과 면접교섭에 관한 사항도 함께 청구하여야 할 것이다.

실무상으로는 "소송비용은 피고가 부담한다."라는 사항을 적어주고 있는데, 이는 원고가 표시하지 않더라도 법원은 판결에서 소송비용을 부담할 자와 그 부담비율을 반드시 적어야 하는 것이므로, 원고가 필수적으로 적어야 하는 사항은 아니다.

다음에 예시하는 소장에서는 재산분할에 관한 청구는 생략하고, 재산분할에 관하여는 별도의 소장으로 소개한다.

⑥ 청구원인 : 청구원인은 청구취지를 이유 있게 하는 부분, 즉 청구취지를 정당화하기 위하여 설명하는 부분이다. 이 부분도 간결하면서도 일목요연한 내용이 되어야 할 것이지만, 지나치게 짧은 문장이 되어 법원이나 상대방이 이해할 수 없을 정도가 되어서는 안 될 것이다. 여기에서는 법원(구체적으로는 판사)에 대하여 설명 내지 보고하는 형식의 문장이 된다.

법령의 규정은 법원이 잘 알고 있으므로 여기에서 인용할 필요는 없으며, 사실관계만을 충분히 설명하면 된다. 설명이 필요한 증거를 첨부하는 경우에는 그 증거에 대한 설명도 함께 적어주는 것이 좋을 것이다. 그리고 주의할 점은 상대방인 피고의 반박자료에 의하여 들통이 날 수도 있는 거짓된 내용을 적어서는 곤란하다는 것이다. 이러한 경우에는 다른 진실한 사실마저도 의심을 받을 수 있기 때문이다.

⑦ 입증방법 : 입증방법은 증거를 표시하는 부분이다. '증거'를 큰 틀에서 구분하면 '서증(書證)', '물증(物證)' 및 '인증(人證)'이 있는데, 서증은 문서로 된 증거를 말한다. 원고가 가지고 있는 문서로 된 증거는 소장 또는 준비서면을 제출할 때 청구이유와 함께 제출하는 것이 일반적이다. 피고도 답변서나 준비서면을 제출할 때 함께 제출한다.

소송에서 원고는 자기가 주장한 사실을 증거로 입증(立證)하지 못하면 불이익을 받는다. 여기에서 말하는 불이익이란 증거가 없는 부분의 주장은 법원이 받아들여주지 않음을 의미한다. 피고는 원칙적으로 원고의 주장에 대하여 부인(否認 : 인정할 수 없음), 부지(不知

: 알지 못함) 또는 일부만 인정(일부자백)으로 답변함으로써 충분하다. 피고가 여기에서 더 나아가 원고의 주장을 뒤집을 만한 다른 주장을 할 수도 있는데, 이를 '항변(抗辯)'이라고 한다.

항변은 원고의 청구와 주장에 대한 부인 내지 부지를 넘어 새로운 주장을 하는 것이므로, 주장자인 피고가 그를 뒷받침할 수 있는 증거를 제출할 책임을 부담한다. 이와 같이 원고이든 피고이든 자기가 주장한 사실에 대하여 증거로써 그 주장을 뒷받침해야 할 책무를 '입증책임' 또는 '거증책임(擧證責任)'이라고 한다.

서증을 표시함에 있어서는 증거에 일련번호를 붙이는데, 원고가 제출하는 증거에는 '갑'이라는 표시를 하고, 피고가 제출하는 증거에는 '을'이라고 표시한다. 그리고 동일한 사실을 입증함에 있어 유사한 내용의 증거가 여러 개인 경우에는 그 일련번호는 같은 번호를 부여한 다음 가지번호를 이용한다. 가령 1천만 원에 대한 영수증을 2회에 나누어 받았고, 그 영수증을 증거로 제출하는 경우라면 "갑 제2호증의1", "갑 제2호증의2"와 같은 요령이다. 을호증도 같은 방법으로 표시한다.

⑧ 첨부서류 : 첨부하는 서류를 모두 표시한다. 소장부본 1통을 첨부하는 취지도 여기에 표시를 하고, 송달료납부서도 여기에 표시를 해준다. 송달료에 관하여는 뒤에서 따로 설명한다.

⑨ 작성연월일 : 작성연월일은 필요적 표시사항은 아니지만 실무에서는 일반적으로 표시를 하고 있다. 실무상으로는 소장의 작성일이 아니라 법원의 접수일 만이 의미를 갖는다.

⑩ 작성자 : 작성자는 당연히 원고의 성명을 적고 원고가 서명을 하

거나 기명날인을 하여야 한다. 도장은 인감인장이 아니더라도 무
방하다.

⑪ 법원의 표시 : 법원을 표시함에 있어서는, 가령 "서울남부지방법원
(가정법원)" 또는 "수원지방법원 성남지원(가정법원)"과 같은 요령으
로 표시하면 된다.

2) 소장 제출에 따른 비용의 계산 및 납부방법

소장을 제출할 때에는 「민사소송 등 인지법」(다음부터 "인지법"이라
고 함) 및 「민사소송 등 인지규칙」(다음부터 "인지규칙"이라고 함)에서
규정하는 '인지'를 붙여야 한다(인지법 제1조). 인지법은 인지를 붙이라
고 하였으나 실제로는 각 법원의 구내에 있는 은행의 지점이나 출장소
에서 인지액에 해당하는 돈을 납부하고, 그 영수필확인서를 소장의 표
지 등에 덧붙여 제출하고 있다. 그리고 인지액이 1만 원 이상이면 반
드시 현금이나 신용카드로 납부하여야 한다(인지규칙 제27조 제1항, 제
28조의2).

소가(訴價 : 원고가 청구취지로써 구하는 범위 내에서 원고의 입장에
서 보아 전부 승소할 경우에 직접 받게 될 경제적 이익을 객관적으로
평가한 금액)를 산정함에 있어 금전지급청구를 하는 경우에는 그 청구
금액을 기준으로(인지규칙 제12조 제3호 참조) 하여 인지법 제2조 제1
항에서 규정하는 계산식에 따라 계산한 금액에 해당하는 인지액을 납
부하여야 한다. 계산식은 다음 표와 같다.

소장을 제출하는 원고는 송달료를 예납하여야 한다. 송달료수납기관
은 법원 구내에 있는 은행 지점이나 출장소이다. 송달료의 계산식은

〔당사자의 수 × 12회분 × 3,550원〕이다. 다만, 소장이 아닌 '심판청구서'를 제출하면 인지대는 4회분을 예납하는데, 나중에 재판절차로 이행하게 되면 나머지를 보충하여야 한다. 따라서 이 책에서는 처음부터 소장을 제출하는 것을 전제로 내용을 엮는다.

여기에서 당사자에는 사건본인은 포함되지 않으므로 결국 당사자는 2명이다. 송달료를 납부한 후 은행으로부터 받은 '송달료납부서'는 소장 표지의 뒷면 등 적당한 곳에 덧붙여야 한다.

〔인지대 계산방법〕

심급	소가	계산식	비고
제1심	1천만원 미만	소가×0.0045	계산한 인지액이 1천원 미만이면 1천원으로 하고, 1천원 이상이면 100원 미만은 계산하지 않는다.
	1천만원 이상 1억원 미만	소가×0.0045+5,000원	
	1억원 이상 10억원 이하	소가×0.0040+55,000원	
	10억원 이상	소가×0.0035+555,000원	
제2심		제1심 인지액×1.5	
제3심		제1심 인지액×2.0	
반소(反訴)			제1심 및 제2심과 동일함

3) 심판절차

원고가 소장을 제출하면 법원은 즉시 피고에게 소장부본을 송달하면서 재판절차를 안내한다. 이 안내를 받은 피고는 답변서를 제출하게 되는데, 그 답변서는 다시 원고에게 송달이 된다. 답변서를 받은 원고는 그 답변에 대하여 공격이나 방어의 방법을 기재한 준비서면을 제출할 수 있다. 피고가 답변서를 송달받은 후 1개월 이내에 답변서를 제출하지 아니하면 원고의 청구를 인용한 것으로 보아 패소할 수도 있다. 소장과 답변서는 준비서면과 같은 효력이 있다.

이렇게 원고와 피고가 준비서면을 통하여 서로 공격과 방어를 하다가 법원이 변론기일을 정하여 쌍방을 소환하면 법정에서 변론을 한다. 변론과정에서는 물증을 제출하거나 증인을 신청하기도 한다. 이러한 변론과정을 마치면 법원은 변론을 종결하고 판결을 선고하게 된다. 이 판결을 송달받은 당사자는 그로부터 2주 이내에 항소를 할 수 있다. 만일 양쪽이 모두 항소를 하지 않게 되면 그 판결은 확정된다.

4) 이혼신고

판결이 선고된 뒤 항소심에서이든 상고심에서이든 그 판결이 확정되면 그 판결을 최초로 선고한 법원에 대하여 그 판결의 '확정증명'을 신청할 수 있다. 법원으로부터 마지막으로 송달받은 판결정본과 위 확정증명을 가지고 등록기준지를 관할하는 시·읍·면에 이혼신고서를 제출함으로써 이혼의 모든 과정은 끝이 나게 된다. 재산분할청구는 이때부터 2년 안에만 할 수 있다는 점은 앞에서 설명하였다.

4. 위자료청구

민법의 관련 규정

제750조(불법행위의 내용) 고의 또는 과실로 인한 위법행위로 타인에게 손해를 가한 자는 그 손해를 배상할 책임이 있다.

제751조(재산 이외의 손해의 배상) ① 타인의 신체, 자유 또는 명예를 해하거나 기타 정신상 고통을 가한 자는 재산 이외의 손해에 대하여도 배상할 책임이 있다.

② 법원은 전항의 손해배상을 정기금채무로 지급할 것을 명할 수 있고 그 이행을 확보하기 위하여 상당한 담보의 제공을 명할 수 있다.

제763조(준용규정) 제393조, 제394조, 제396조, 제399조의 규정은 불법행위로 인한 손해배상에 준용한다.

제393조(손해배상의 범위) ① 채무불이행으로 인한 손해배상은 통상의 손해를 그 한도로 한다.

② 특별한 사정으로 인한 손해는 채무자가 그 사정을 알았거나 알 수 있었을 때에 한하여 배상의 책임이 있다.

제394조(손해배상의 방법) 다른 의사표시가 없으면 손해는 금전으로 배상한다.

제396조(과실상계) 채무불이행에 관하여 채권자에게 과실이 있는 때에는 법원은 손해배상의 책임 및 그 금액을 정함에 이를 참작하여야 한다.

제766조(손해배상청구권의 소멸시효) ① 불법행위로 인한 손해배상의 청구권은 피해자나 그 법정대리인이 그 손해 및 가해자를 안 날로부터 3년간 이를 행사하지 아니하면 시효로 인하여 소멸한다.
② 불법행위를 한 날로부터 10년을 경과한 때에도 전항과 같다.

우리가 일반적으로 사용하고 있는 용어인 '위자료'는 '손해배상금'의 다른 표현이다. 위자료를 청구할 수 있는 직접적인 근거규정은 민법 제751조 제1항이다. 즉 정신상 고통을 가한 자(가령 부정행위를 저지른 배우자 및 그 상대방인 제3자)는 금전으로 손해를 배상하여야 한다.

위자료의 금액을 산정하는 기준에 관하여 법률에서는 직접 규정을 두지 않았다. 이혼의 원인을 제공한 배우자(유책배우자)가 부담하여야 할 위자료의 액수는 현행 실무관행에 의하면 약 3천만 원을 기준으로 여러 가지 사정을 고려하여 여기에서 가산 또는 감산하는 것으로 보인다. 여러 가지의 참작사유 중에서도 가장 중요한 요소는 혼인생활의 기간인 것으로 보인다.

〔판례〕 유책배우자에 대한 위자료 산정

유책배우자에 대한 위자료 수액을 산정함에 있어서는 유책행위에 이르게 된 경위와 정도, 혼인관계 파탄의 원인과 책임, 배우자의 연령과 재산상태 등 변론에 나타나는 모든 사정을 참작하여 법원이 직권으로 정하는 것이다(대법원 2004. 7. 9. 선고 2003므2251,2268 판결).

〔판례〕 부부공동생활이 실질적으로 파탄된 상태에서는 제3자의 부정행위도 상대 배우자에 대하여 불법행위 불성립

제3자도 타인의 부부공동생활에 개입하여 그 부부공동생활의 파탄을 초래하는 등 그 혼인의 본질에 해당하는 부부공동생활을 방해하여서는 아니 된다. 제3자가 부부의 일방과 부정행위를 함으로써 혼인의 본질에 해당하는 부부공동생활을 침해하거나 그 유지를 방해하고 그에 대한 배우자로서의 권리를 침해하여 배우자에게 정신적 고통을 가하는 행위는 원칙적으로 불법행위를 구성한다(대법원 2005. 5. 13. 선고 2004다1899 판결 등 참조).

민법 제840조는 '혼인을 계속하기 어려운 중대한 사유가 있을 때'를 이혼사유로 삼고 있으며, 부부간의 애정과 신뢰가 바탕이 되어야 할 혼인의 본질에 해당하는 부부공동생활 관계가 회복할 수 없을 정도로 파탄되고, 그 혼인생활의 계속을 강제하는 것이 일방 배우자에게 참을 수 없는 고통이 되는 경우에는 위 이혼사유에 해당할 수 있다(대법원 2010. 7. 15. 선고 2010므1140 판결 등 참조).

이에 비추어보면 부부가 장기간 별거하는 등의 사유로 실질적으로 부부공동생활이 파탄되어 실체가 더 이상 존재하지 아니하게 되고, 객관적으로 회복할 수 없는 정도에 이른 경우에는 혼인의 본질에 해당하는 부부공동생활이 유지되고 있다고 볼 수 없다. 따라서 부부가 아직 이혼하지 아니하였지만 이처럼 실질적으로 부부공동생활이 파탄되어 회복할 수 없을 정도의 상태에 이르렀다면, 제3자가 부부의 일방과 성적인 행위를 하더라도 이를 두고 부부공동생활을 침해하거나 그 유지를 방해하는 행위라고 할 수 없고 또한 그로 인하여 배우자의 부부공동생활에 관한 권리가 침해되는 손해가 생긴다고 할 수도 없으므로 불법행위가 성립한다고 보기 어렵다. 그리고 이러한 법률관계는 재판상 이혼청구가 계속 중에 있다거나 재판상 이혼이 청구되지 않은 상태라고 하여 달리 볼 것은 아니다(대법원 2014. 11. 20. 선고 2011므2997 전원합의체 판결).

5. 양육책임자 · 친권행사자의 지정, 면접교섭권

민법 제837조(이혼과 자녀의 양육책임) ① 당사자는 그 자녀의 양육에 관한 사항을 협의에 의하여 정한다.

② 제1항의 협의는 다음 사항을 포함하여야 한다.

1. 양육자의 결정

2. 양육비용의 부담

3. 면접교섭권의 행사 여부 및 그 방법

③ 제1항에 따른 협의가 자(子)의 복리에 반하는 경우에는 가정법원은 보정을 명하거나 직권으로 그 자(子)의 의사(意思)·연령과 부모의 재산상황, 그 밖의 사정을 참작하여 양육에 필요한 사항을 정한다.

④ 양육에 관한 사항의 협의가 이루어지지 아니하거나 협의할 수 없는 때에는 가정법원은 직권으로 또는 당사자의 청구에 따라 이에 관하여 결정한다. 이 경우 가정법원은 제3항의 사정을 참작하여야 한다.

⑤ 가정법원은 자(子)의 복리를 위하여 필요하다고 인정하는 경우에는 부·모·자(子) 및 검사의 청구 또는 직권으로 자(子)의 양육에 관한 사항을 변경하거나 다른 적당한 처분을 할 수 있다.

⑥ 제3항부터 제5항까지의 규정은 양육에 관한 사항 외에는 부모의 권리의무에 변경을 가져오지 아니한다.

가사소송법 제25조(친권자 지정 등에 대한 협의권고) ① 가정법원은 미성년자인 자녀가 있는 부부의 혼인의 취소나 재판상 이혼의 청구를 심리할 때에는 그 청구가 인용될 경우를 대비하여 부모에게 다음 각 호의 사항에 관하여 미리 협의하도록 권고하여야 한다.

1. 미성년자인 자녀의 친권자로 지정될 사람

2. 미성년자인 자녀에 대한 양육과 면접교섭권

민법 제909조(친권자) ① 부모는 미성년자인 자의 친권자가 된다. 양자의 경우에는 양부모(養父母)가 친권자가 된다.

② 친권은 부모가 혼인중인 때에는 부모가 공동으로 이를 행사한다. 그러나 부모의 의견이 일치하지 아니하는 경우에는 당사자의 청구에 의하여 가정법원이 이를 정한다.

③ 부모의 일방이 친권을 행사할 수 없을 때에는 다른 일방이 이를 행사한다.

④ 혼인외의 자가 인지된 경우와 부모가 이혼하는 경우에는 부모의 협의로 친권자를 정하여야 하고, 협의할 수 없거나 협의가 이루어지지 아니하는 경우에는 가정법원은 직권으로 또는 당사자의 청구에 따라 친권자를 지정하여야 한다. 다만, 부모의 협의가 자(子)의 복리에 반하는 경우에는 가정법원은 보정을 명하거나 직권으로 친권자를 정한다.

⑤ 가정법원은 혼인의 취소, 재판상 이혼 또는 인지청구의 소의 경우에는 직권으로 친권자를 정한다.

⑥ 가정법원은 자의 복리를 위하여 필요하다고 인정되는 경우에는 자의 4촌 이내의 친족의 청구에 의하여 정하여진 친권자를 다른 일방으로 변경할 수 있다.

민법 제909조의2(친권자의 지정 등) ① 제909조 제4항부터 제6항까지의 규정에 따라 단독 친권자로 정하여진 부모의 일방이 사망한 경우 생존하는 부 또는 모, 미성년자, 미성년자의 친족은 그 사실을 안 날부터 1개월, 사망한 날부터 6개월 내에 가정법원에

생존하는 부 또는 모를 친권자로 지정할 것을 청구할 수 있다.

민법 제837조의2(면접교섭권) ① 자(子)를 직접 양육하지 아니하는 부모의 일방과 자(子)는 상호 면접교섭을 할 수 있는 권리를 가진다.

② 가정법원은 자의 복리를 위하여 필요한 때에는 당사자의 청구 또는 직권에 의하여 면접교섭을 제한하거나 배제할 수 있다.

'양육자'는 이혼 후에 미성년인 자녀를 데리고 살면서 보호·교양 등을 담당할 아버지 또는 어머니를 말하고, '친권자'는 미성년인 자녀의 신분·재산에 관한 권리·의무에 관하여 자(子)를 대리하거나 자의 행위에 관하여 동의를 하는 등의 권리·의무를 행사하는 어머니 또는 아버지를 말한다.

양육비의 지급에 관하여는 일반적으로 미성년인 자녀를 양육하지 않게 된 아버지나 어머니가 매월 일정한 날에 양육하는 어머니나 아버지에게 일정한 금액을 지급하기로 약정하고 있다. 그 금액에 관하여는 정해진 것이 없으므로 양육비를 부담할 당사자의 수입 등을 고려하여 당사자가 협의를 하고, 협의가 성립하지 아니하면 법원이 결정한다.

'면접교섭권'은 미성년인 자녀와 떨어져 사는 아버지나 어머니가 정해진 시기에 그 자녀를 만나 짧은 기간 동안 같이 지낼 수 있는 권리이다. 법률에는 규정이 없지만, 대법원에 의하면 부모의 이혼으로 인하여 형제가 서로 떨어져 살게 된 경우에는 형제 사이에도 면접교섭을 할 권리가 있다고 한다.

면접교섭은 일반적으로 한 달에 한 번 또는 두 번 일정한 시기(가령

매월 마지막 주 토요일 09시부터 다음날 18시까지)를 정하여 실시하고
있다. 이 문제도 당사자 사이에 협의가 이루어지지 아니하면 법원이
결정한다.

〔판례〕 **친권자 및 양육자를 지정함에 있어 판단하여야 할 사항**

자의 양육을 포함한 친권은 부모의 권리이자 의무로서 미성년인
자의 복지에 직접적인 영향을 미치는 것이므로 부모가 이혼하는
경우에 부모 중 누구를 미성년인 자의 친권을 행사할 자 및 양육
자로 지정할 것인가를 정함에 있어서는 미성년인 자의 성별과 연
령, 그에 대한 부모의 애정과 양육의사의 유무는 물론 양육에 필
요한 경제적 능력의 유무, 부 또는 모와 미성년인 자 사이의 친밀
도, 미성년인 자의 의사 등의 모든 요소를 종합적으로 고려하여
미성년인 자의 성장과 복지에 가장 도움이 되고 적합한 방향으로
판단하여야 한다(대법원 2009. 4. 9. 선고 2008므3105,3112 판결).

〔판례〕 **양육자지정청구와 동시에 양육비의 액수 청구 가능**

양육자지정청구를 하면서 양육자로 지정되는 경우 지급받을 양
육비의 액수와 그 채무명의6)를 미리 확정하여 둘 필요가 있는 경
우에는 양육자지정청구와 함께 장래의 이행을 청구하는 소로써 양

---

6) 채무명의 : 현행 민집법에서 규정하는 '집행권원'을 과거 민소법에서는 채무명의라
고 하였다. 집행권원은 강제집행을 개시할 수 있는 근거가 되는 문서(판결, 조정조
서, 화해조서, 지급명령, 공정증서 등)를 말한다.

육비지급청구를 동시에 할 수 있다(대법원 1988. 5. 10. 선고 88므92, 88므108 판결).

〔판례〕 미확정인 과거의 양육비 청구 가능

　어떠한 사정으로 인하여 부모 중 어느 한쪽만이 자녀를 양육하게 된 경우에, 그와 같은 일방에 의한 양육이 그 양육자의 일방적이고 이기적인 목적이나 동기에서 비롯한 것이라거나 자녀의 이익을 위하여 도움이 되지 아니하거나 그 양육비를 상대방에게 부담시키는 것이 오히려 형평에 어긋나게 되는 등 특별한 사정이 있는 경우를 제외하고는 양육하는 일방은 상대방에 대하여 현재 및 장래에 있어서의 양육비 중 적정 금액의 분담을 청구할 수 있음은 물론이고, 부모의 자녀 양육의무는 특별한 사정이 없는 한 자녀의 출생과 동시에 발생하는 것이므로 과거의 양육비에 대하여도 상대방이 분담함이 상당하다고 인정되는 경우에는 그 비용의 상환을 청구할 수도 있다고 볼 것이다.

　다만 한쪽의 양육자가 양육비를 청구하기 이전의 과거의 양육비 모두를 상대방에게 부담시키게 되면 상대방은 예상하지 못하였던 양육비를 일시에 부담하게 되어 지나치고 가혹하며 신의성실의 원칙이나 형평의 원칙에 어긋날 수도 있으므로, 이와 같은 경우에는 반드시 이행청구 이후의 양육비와 동일한 기준에서 정할 필요는 없고, 부모 중 한쪽이 자녀를 양육하게 된 경위와 그에 소요된 비용의 액수, 그 상대방이 부양의무를 인식한 것인지 여부와 그 시

기, 그것이 양육에 소요된 통상의 생활비인지 아니면 이례적이고 불가피하게 소요된 다액의 특별한 비용(치료비등)인지 여부와 당사자들의 재산 상황이나 경제적 능력과 부담의 형평성 등 여러 가지 사정을 고려하여 적절하다고 인정되는 분담의 범위를 정할 수 있다고 할 것이다(대법원1994. 5. 13. 자 92스21 전원합의체 결정).

〔판례〕비양육부·모가 임의로 양육해도 양육비청구 불가, 양육에 관한 사항의 변경요건

청구인과 상대방이 1998. 6. 12. 이혼하면서 그 사이에 출생한 사건본인의 친권자 및 양육자를 상대방으로 지정하는 내용의 조정이 성립된 사실을 인정할 수 있는데, 이러한 경우 그 조정조항상의 양육방법이 그 후 다른 협정이나 재판에 의하여 변경되지 않는 한 청구인에게 사건본인을 양육할 권리가 없고, 그럼에도 불구하고 청구인이 법원으로부터 위 조정조항을 임시로 변경하는 가사소송법 제62조 소정의 사전처분 등을 받지 아니한 채 임의로 사건본인을 양육하였다면 이는 상대방에 대한 관계에서는 상대적으로 위법한 양육이라고 할 것이니, 이러한 청구인의 임의적 양육에 관하여 상대방이 청구인에게 양육비를 지급할 의무가 있다고 할 수는 없다(대법원 1992. 1. 21. 선고 91므689 판결 참조).

민법 제837조 제2항의 규정에 의하여 가정법원이 일단 결정한 양육에 필요한 사항을 그 후 변경하는 것은 당초의 결정 후에 특별한 사정변경이 있는 경우뿐만 아니라, 당초의 결정이 위 법률규

정 소정의 제반 사정에 비추어 부당하게 되었다고 인정될 경우에
도 가능한 것이며, 당사자가 조정을 통하여 그 자의 양육에 관한
사항을 정한 후 가정법원에 그 사항의 변경을 청구한 경우에 있어
서도 가정법원은 심리를 거쳐서 그 조정조항에서 정한 사항이 위
법률규정 소정의 제반 사정에 비추어 부당하다고 인정되는 경우에
는 언제든지 그 사항을 변경할 수 있고, 조정의 성립 이후에 특별
한 사정변경이 있는 때에 한하여 이를 변경할 수 있는 것은 아니
다(대법원 2006. 4. 17. 자 2005스18,19 결정).

ㄴ. 당사자는 이혼의 과정(협의상 이혼, 이혼조정 및 이혼판결)에
서 친권자의 지정, 양육자의 지정, 양육비의 결정 및 면접교
섭에 관한 사항을 협의하거나 가정법원의 결정(판결)에 의하
여 이를 확정시킨다. 그 후에 어떤 사정으로 인하여 이처럼
확정한 사항을 그대로 유지하는 것이 현저히 부적당한 경우
에는 별도의 심판에 의하여 이를 변경하는 것도 가능하다.
위 판례는 이에 관하여 설명하고 있다.

〔판례〕 구체적 지급청구권 성립 전 과거양육비는 소멸시효와 무관

미성년의 자녀를 양육한 자가 공동 양육의무자인 다른 쪽 상대
방에 대하여 과거 양육비의 지급을 구하는 권리는 당초에는 기본
적으로 친족관계를 바탕으로 하여 인정되는 하나의 추상적인 법적
지위이었던 것이 당사자의 협의 또는 당해 양육비의 내용 등을 재
량적·형성적으로 정하는 가정법원의 심판에 의하여 구체적인 청

구권으로 전환됨으로써 비로소 보다 뚜렷하게 독립한 재산적 권리로서의 성질을 가지게 되는 것으로서, 당사자의 협의 또는 가정법원의 심판에 의하여 구체적인 지급청구권으로 성립하기 전에는 과거 양육비에 관한 권리는 양육자가 그 권리를 행사할 수 있는 재산권에 해당한다고 할 수 없으므로 그 상태에서는 소멸시효가 진행할 여지가 없다고 보아야 한다(대법원 2011. 8. 16. 선고 자 2010스85 결정).

    └ 양육비는 부부가 이혼을 함에 있어 이혼 후에 비양육부·모가 양육부·모에게 매월 또는 분기마다 일정한 돈을 지급하기로 하는 금전을 말한다. 이는 양육부·모가 갖는 채권이다. 원래 채권의 소멸시효는 10년이다. 따라서 이혼 당시 양육비에 관하여 법원이 작성한 조서 또는 이혼판결에 포함된 양육비를 비양육부·모가 그 지급을 이행하지 아니한 채 10년이 경과하면 그 10년이 경과하는 매월 또는 매분기의 양육비는 소멸시효가 완성한다.

    그러나 위 판례가 말하는 취지는 이렇다. 이혼 당시의 조서나 판결에서는 일반적으로 장래에 발생하는 양육비에 관해서만 합의를 한 경우, 즉 이혼 전부터 발생한 양육비가 있지만 그 양육비에 관하여는 합의를 한 바 없다면 이 양육비 청구권은 소멸시효에 걸리지 않기 때문에 10년이라는 기간과는 무관하게 언제든지 청구할 수 있다는 의미이다. 따라서 10년 이상 단독으로 양육을 해온 양육부·모는 이제 와서 이혼을 하는 경우에도 10년을 초과한 과거의 양육비까지도

청구할 수 있다.

〔판례〕 확정된 양육비청구권은 양도·포기·상계 가능

　이혼한 부부 사이에서 자(子)에 대한 양육비의 지급을 구할 권리(이하 "양육비채권"이라 한다)는 당사자의 협의 또는 가정법원의 심판에 의하여 구체적인 청구권의 내용과 범위가 확정되기 전에는 '상대방에 대하여 양육비의 분담액을 구할 권리를 가진다'라는 추상적인 청구권에 불과하고 당사자의 협의나 가정법원이 당해 양육비의 범위 등을 재량적·형성적으로 정하는 심판에 의하여 비로소 구체적인 액수만큼의 지급청구권이 발생한다고 보아야 하므로, 당사자의 협의 또는 가정법원의 심판에 의하여 구체적인 청구권의 내용과 범위가 확정되기 전에는 그 내용이 극히 불확정하여 상계할 수 없지만, <u>가정법원의 심판에 의하여 구체적인 청구권의 내용과 범위가 확정된 후의 양육비채권 중 이미 이행기에 도달한 후의 양육비채권은 완전한 재산권(손해배상청구권)으로서 친족법상의 신분으로부터 독립하여 처분이 가능하고, 권리자의 의사에 따라 포기, 양도 또는 상계의 자동채권으로 하는 것도 가능하다</u>고 할 것이다(대법원 2006. 7. 4. 선고 2006므751 판결).

　└ 가정법원의 심판(판결)에 의하여 확정되기 전의 양육비는 가족법상의 신분에 관한 권리의 일부를 구성하므로 포기·양도·상속 등의 대상이 되지 않음이 원칙이다.

　위 판례가 말하는 "상계의 자동채권"이라고 함은 양육비채무

자도 양육비채권자로부터 받아야 할 같은 종류의 채권(여기에서는 금전채권)이 있는 경우에는 그 채권과 지급하여야 할 양육비를 서로 소멸시키는 상계(相計)를 할 수 있다는 뜻이다. 상계 제도에서 받아야 할 것은 '자동채권'이라고 하고, 주어야 할 것은 '수동채권'이라고 한다.

〔판례〕 형제 사이의 면접교섭권 인정

청구인은 "사건본인이 사건본인의 형인 소외인을 만나는 것을 간절하게 원하고 있으므로 사건본인과 소외인과의 면접교섭권이 인정되어야 한다."는 취지로 주장하므로 살피건데, 비록 민법상 명문으로 형제에 대한 면접교섭권을 인정하고 있지는 아니하나 형제에 대한 면접교섭권은 헌법상 행복추구권 또는 헌법 제36조 제1항에서 규정한 개인의 존엄을 기반으로 하는 가족생활에서 도출되는 헌법상의 권리로서 특별한 사정이 없는 이상 부모가 이혼한 전 배우자에 대한 적대적인 감정을 이유로 자녀들이 서로 면접교섭하는 것을 막는 것은 자녀들의 행복추구권을 부모들 자신이 침해하게 되는 것이므로, 친권을 행사함에 있어서는 자의 복리를 우선적으로 고려하여야 한다는 민법 제912조에 비추어 보아도 이는 명백히 부모의 권리남용이라고 할 것이다. 이 사건에서 청구인과 상대방이 사건본인과 사건본인의 형인 소외인이 만나는 것에는 반대하고 있지 아니하고, 사건본인이 소외인을 만나는 과정에서 사건본인의 상대방에 대한 부정적 태도가 어느 정도 완화될 가능성도 있으며,

무엇보다도 사건본인과 소외인이 서로를 정기적으로 면접교섭하는 것을 간절히 원하고 있으므로 주문과 같이 사건본인과 소외인의 면접교섭을 정하기로 한다(다만 사건본인과 소외인이 미성년자이므로 각 친권자인 청구인과 상대방의 협조가 절대적으로 필요할 것이다) - (수원지법 2013. 6. 28. 자 2013브33 결정).

〔판례〕 이혼청구 없이 면접교섭권 행사만을 청구한 사례(인용)

갑과 을이 부부이지만 이혼하지 않은 상태에서 을이 갑에게 이혼소송을 제기하였다가 기각당하는 등 서로의 감정이 악화되어 별거하는 경우에, 자녀를 양육하지 않는 어머니인 갑은 그 자녀들을 면접교섭하는 데 현실적으로 어려움이 있다고 보여지므로, 부부간의 협조의무를 규정한 민법 제826조를 적용하거나 민법 제837조의 2를 유추적용하여 갑은 구체적으로 그 자녀들을 면접교섭할 수 있는 권리를 행사할 수 있다(서울가법 1994. 7. 20. 자 94브45 항고부결정 : 확정).

〔이혼 등 청구 소장〕

소　　　장

원　　고　김○○ (○○○○○○-○○○○○○○)

　　　　　　등록기준지 : 서울 서초구 ○○로 ○○-○

　　　　　　주소 : 등록기준지와 같은 곳

　　　　　　전화번호 : ○○○-○○○○-○○○○

　　　　　　전자우편주소 : ○○○○○○@naver.com

피　　고　이○○ (○○○○○○=○○○○○○○)

　　　　　　등록기준지 : 서울 서초구 ○○로 ○○-○

　　　　　　주소 : 서울 강남구 ○○길 ○○

　　　　　　전화번호 : ○○○-○○○○-○○○○

사건본인　김○○ (○○○○○○-○○○○○○○)

　　　　　　등록기준지 및 주소 : 원고와 같은 곳

이혼 등 청구의 소

청　구　취　지

1. 원고와 피고는 이혼한다.

2. 사건본인에 대한 친권자 및 양육자로 원고를 지정한다.

3. 피고는 원고에게 사건본인의 양육비로 이 소장부본 송달일 다음날부터 2020. 5. 5.까지 매월 돈 1,000,000원을 지급하라.

4. 피고는 원고에게 위자료로 돈 40,000,000원 및 이에 대하여 이 사건 소장부본을 송달받은 다음날부터 다 갚는 날까지 연 20%의 비율에 의한 돈을 지급하라.

5. 피고는 원고에게 재산분할로 돈 75,000,000원 및 이에 대하여 이 사건 판결이 확정된 다음날부터 다 갚는 날까지 연 20%의 비율로 계산한 돈을 지급하라.

6. 소송비용은 피고의 부담으로 한다.

라는 판결을 구합니다.

청 구 원 인

1. 원고와 피고의 혼인관계

원고와 피고는 ○○○○. ○. ○○. 혼인신고를 마친 법률상 부부로서 슬하에 사건본인 김○○(○○○○. ○. ○.생)을 두었습니다.

2. 혼인관계의 파탄원인

원고는 직장이 서울에 있고, 피고는 서울에 본사를 둔 ○○

○○주식회사에 근무하다가 약 1년 전에 울산광역시에 있는 공장으로 전근을 한 이후에는 피고 혼자서 울산광역시로 주거지를 옮기는 바람에 원고와 피고는 이른바 주말부부로 생활하고 있습니다.

그런데 피고가 울산광역시로 전근을 한 뒤 약 6개월 동안은 매월 서울로 올라오더니 그 뒤로는 상경하는 경우가 거의 없었습니다. 이를 수상하게 생각한 원고는 지인들로 하여금 그 원인을 알아보게 하였더니 피고는 울산광역시에서 소외 양○○(여, ○○세)과 동거를 하고 있다는 사실을 알게 되었습니다.

원고는 이러한 사실을 알게 된 후에도 사건본인의 처지 등을 고려하여 피고에게 부정행위를 청산하고 가정으로 돌아올 것을 간절히 부탁한 사실이 여러 번 있습니다. 그러나 피고는 자신의 잘못된 행위에 관하여 아무런 뉘우침도 없습니다. 이제는 원고로서도 피고와의 재결합을 할 수 있는 용기나 정신상의 여유가 전혀 없습니다.

3. 양육자의 지정, 양육비 및 위자료

사건본인은 현재 중학생으로서 위와 같은 가정파탄의 원인을 알고 있고, 아버지인 피고에 대하여 적대감마저 가지고 있으며, 이 사건 판결이 선고되어 원고와 피고가 이혼을 하더라도 원고와 생활하기를 간절히 바라고 있습니다.

원고는 현재 타인이 운영하는 음식점에서 겨우 원고와 사건

본인의 생계비 정도만을 벌고 있는 반면에 피고는 대기업의 중견 사원으로서 매월 7,000,000원 이상의 급여를 수령하고 있습니다.

4. 재산분할

원고와 피고가 부부공동생활을 하면서 함께 이룬 재산이라고는 특별히 내세울만한 것은 없고, 현재 원고가 거주하고 있는 주택에 대한 전세금(전세권의 명의자는 피고임) 150,000,000원이 전부입니다. 따라서 원고와 피고는 이 전세금의 2분의 1씩 분할함이 상당하다고 생각하는 것입니다.

5. 맺음

최근 들리는 말에 의하면 피고와 동거중인 소외인은 현재 임신까지 하였다고 하며, 위 소외인도 원고에게 이혼을 해달라고 말할 정도로 피고와 소외인의 관계도 헤어질 수 없는 상태입니다. 이러한 사정 등 여러 가지를 심사숙고하여 원고는 피고와 이혼하기로 결심하였습니다. 따라서 사건본인에 대한 친권자 및 양육자는 원고가 되어야 한다고 생각하고, 피고는 원고에게 입힌 정신적 고통에 대하여 손해를 배상하여야 한다고 생각하므로 위 청구취지와 같은 판결을 받기 위하여 이 소에 이르렀습니다.

입 증 방 법

1. 갑 제1호증의1   가족관계증명서
1. 갑 제1호증의2   혼인관계증명서
1. 갑 제2호증 주민등록표등본
1. 증인진술서(공정증서)

첨 부 서 류

1. 위 입증방법 각 1통
1. 송달료납부서 1통
1. 소장부본 2통. 끝.

2015. ○. ○○.

위 원고   김 ○ ○ (기명날인 또는 서명)

서울중앙지방법원(가정법원) 귀중

〈참고사항〉

○ 청구취지 : 위 예시에서는 원고가 청구취지에 기재할 수 있는 내용
중 과거의 양육비를 제외한 모든 것을 소개하였다. 실제로 이혼을 청

구함에 있어서는 위 청구취지 중에서 필요한 것만을 선택하여 그 문
장의 내용을 재정리하면 될 것이다.

양육비를 청구함에 있어서 만약 미성년인 자녀가 여러 명이라면 그들
모두를 사건본인의 표시에 적어야 하고, 청구취지에서도 사건본인마
다 성년에 도달할 때까지의 것만을 각 사건본인별로 특정하여야 한
다. 양육비의 지급 및 재산분할은 이혼이 성립할 경우에 비로소 가능
한 것이므로 가집행의 선고를 구하는 것은 적절하지 않다. 가집행은
재판이 확정되기 전에 미리 강제집행을 하는 제도이기 때문이다.

○ 청구원인 : 청구원인을 기재함에 있어서는 그 내용이 많거나 복잡한
경우가 아니라면 굳이 소제목을 따로 만들지 않더라도 무방할 것이
다. 청구원인에서 가장 중요한 점은 혼인관계의 파탄원인과 혼인관계
의 회복불가능성이다. 이 부분은 비교적 상세히 적을 필요가 있으며,
입증자료의 제출도 중요하다.

○ 소가 및 인지대 : 금액으로 특정할 수 있는 청구는 그 금액의 합계액
을 소가(訴價)로 하여 인지대를 계산하면 된다. 친권자지정, 양육자지
정 및 양육비청구는 사건본인 1인마다 1건당 10,000원의 정액 인지대
를 납부하고, 재산분할도 10,000원의 정액 인지대를 납부한다. 위 사
례의 경우 인지대를 계산하는 공식은 다음과 같다. 이러한 계산식이
다소 복잡하다고 생각되면 소장 표지의 적당한 곳에 위 계산의 근거
를 밝혀주는 것이 실무의 관행이다. 〔(위자료 청구부분 40,000,000원
× 0.0045 + 5,000원) + 양육자지정 및 양육비청구 부분 10,000원 +
재산분할청구 부분 10,000원 + 친권자지정청구 부분 10,000원〕

○ 송달료 : 사건본인은 당사자가 아니므로, 송달료의 계산식은 다음과
같다. 〔당사자 2 × 12회분 × 3,550원〕

〔기초조사표(소송용-원고)〕

기초조사표(소송용-원고)

사건번호	이름	나이	성별	학력	직업

기본분류항목	완벽 합의	합의 중	완전 대립
■ 피고와 이혼에 합의하였다			
■ 피고와 위자료, 재산분할 등 금전문제에 대해 합의하였다			
■ 피고와 자녀양육(친권 및 양육자 지정, 면접교섭, 양육비 등) 사항에 대해 합의하 였다			

Ⅰ. 기본정보

1. 청구한 내용에 대해 이전에 조정이나 심판을 받은 적이 있습니까?
   □ 있다(법원명·사건번호 :   ) □ 없다

2. 현재 본 사건 외에 피고를 상대로 진행 중인 소송이 있습니까? (사전
   처분 포함)
   □ 있다(건, 법원명·사건번호 :   )
   □ 없다

3. 현재 피고와 어떻게 지내고 있습니까?
   □ 함께 살고 있다   □ 함께 살고 있지만 각방생활을 한다
   □ 함께 살지만 집에 가끔 들어온다   □ 별거 중이다

4. 현재 당신의 이혼의사는 어느 정도인가요?
   (이혼의사가 없으면 0, 확고하면 100) (%)
   ☞ 피고의 이혼의사는 어느 정도라고 생각하십니까? (%)

5. 이 사건 청구 이전에 피고와 대화나 협의를 한 적이 있습니까?

▫ 있다(그 결과는   )   ▫ 없다(그 이유는   )

6. 피고가 법원에서 폭력행사를 할 우려가 있습니까?
  ▫ 있다   ▫ 없다
  ▫ 피고가 법원 직원 등이 있는 곳에서 (▫ 폭력을 행사할 것이다
  ▫ 폭력을 행사하지 않을 것이다)라고 생각한다.
  ▫ 피고가 (▫ 흉기 등을 사용한 폭력행사 ▫ 욕설, 협박 등 언어폭력
  ▫ 자해행위)의 위험성이 있다.
  ▫ 기타(   )

7. 피고가 가정폭력을 행사한 적이 있습니까? 있다면 해당란에 체크하세
 요. (복수응답 가능)
  ▫ 있다   ▫ 없다(☞ 9번 문항으로)
  ▫ 경미한 폭행 ▫ 중한 폭행 ▫ 심한 욕설이나 모욕
  ▫ 피고의 폭행으로 상처를 입어 치료받은 적이 있다(년경)
  ▫ 가정폭력으로 경찰에 신고한 적이 있다(년경)
  ▫ 가정폭력으로 피고가 형사처벌이나 공적인 제재를 받은 적이 있다
  (년경)

8. 피고가 가정폭력을 행사한 적이 있다면, 그 대상은 누구였습니까? (복
 수응답 가능)
  ▫ 배우자
  ▫ 자녀
  ▫ 원고의 부모 또는 형제
  ▫ 기타(   )
  ▫ 해당 없음

9. 피고에게 다음과 같은 문제가 있습니까?
  ▫ 음주 및 주사 ▫ 알코올중독 ▫ 마약 복용
  ▫ 기타 약물남용 및 중독 ▫ 해당 없음

10. 앞으로 소송이 어떻게 진행되기를 원하십니까? (복수응답 가능)
  ▫ 피고와 적극적인 조율이나 조정을 통해 사건을 조속히 해결하기
   를 바란다.
  ▫ 다소 시간이 걸리더라도 재판을 통해 억울한 심정을 충분히 해소
   하기를 바란다.
  ▫ 부부상담 및 치료를 통해 문제해결에 도움을 받기를 바란다.
  ▫ 이혼과 관련된 자녀문제 해결에 도움을 받기를 바란다.
  ▫ 기타(   )

이혼과 그 뒤의 법률문제

☞ 미성년자녀가 없는 경우 Ⅲ. 재산상황으로 이동해 주시기 바랍니다.

Ⅱ. 양육사항
11. 친권 및 양육권에 대해 피고와 합의하였습니까? □ 합의하였다 □ 합의하지 못하였다(그 이유는   )
12. 이혼소송으로 오기 전까지 누가 주로 자녀를 양육하였습니까? □ 원고   □ 피고   □ 기타(   )
13. 그동안 자녀가 정기적으로 병원검진을 받거나 치료를 필요로 할 때 누가 주로 데리고 다녔습니까? □ 원고   □ 피고   □ 기타(   )
14. 그동안 자녀의 학교생활이나 학습적인 부분을 누가 주로 도왔습니까? (예 : 체험활동, 학부모상담, 숙제, 시험 등) □ 원고   □ 피고   □ 기타(   )
15. 현재 자녀가 누구와 함께 생활하고 있습니까? □ 원고   □ 피고   □ 기타(   )
16. 현재 자녀와 함께 살고 있지 않다면, 자녀와의 면접교섭은 어떻게 하고 있습니까? □ 쌍방 협의하여 자유롭게 만나고 있다 □ 정기적으로 월 (   )회 만나고 있다 □ 면접교섭을 하기로 약속했으나   (□피고의 방해로   □ 자녀의 거부로) 지켜지지 않는다 □ 면접교섭에 대해 협의한 사항이 없다(그 이유는 :   ) □ 기타(   )

17. 자녀의 양육비가 지급되고 있습니까?
□ 이혼소송 전과 다름없이 지급되고 있다
   (지급되는 양육비 평균 금액 : 월   원)
□ 부정기적으로 지급되고 있다
   (지급되는 양육비 평균 금액 : 월   원)
□   년   월부터 전혀 지급되지 않고 있다
□ 기타(   )

142

18. 원고와 피고의 주거상황에 대해 기재하여 주시기 바랍니다.
 ■ 원고 □ 자택 □ 임대(보증금/월세   원) □ 본가
       □ 기타
 ■ 피고 □ 자택 □ 임대(보증금/월세   원) □ 본가
       □ 기타

19. 공공기관이나 친족으로부터 도움을 받고 있습니까?
 ■ 원고 □ 받고 있다 → □   로부터   를 지급·보조받고 있다
       □ 받고 있지 않다
 ■ 피고 □ 받고 있다 → □   로부터   를 지급·보조받고 있다
       □ 받고 있지 않다

20. 현재 피고가 양육하는 경우, 자녀에 대해 걱정되는 부분이 있습니까?
 □ 있다   □ 없다
 □ 자녀의 식사, 위생, 생활습관 등이 걱정된다
 □ 자녀의 학업 및 학습적인 부분이 걱정된다
 □ 자녀가 장시간 혼자 있는 것이 걱정된다
 □ 술이나 약물복용으로 자녀를 제대로 돌보지 않는 것이 걱정된다
 □ 자녀가 폭언 및 폭력에 노출되는 것이 걱정된다
 □ 기타(   )

21. 현재 원고가 양육하는 경우, 피고가 자녀를 강제로 데려갈 것이라는 우려가 있습니까?
 □ 있다   □ 없다
 □ 피고가 자녀를 강제로 데려갈 우려가 있다(그 이유는 :   )
 □ 법원 직원 등이 있는 곳에서도 강제로 데려갈 우려가 있다
 □ 자녀를 강제로 데려가려고 시도한 적이 있다(년   월경)
 □ 기타(   )

22. 현재 자녀가 부모의 이혼문제로 어려움을 겪고 있다고 생각하십니까?
 □ 그렇다   □ 그렇지 않다
 □ 말수가 적어짐 □ 대화기피 □ 학교생활에 어려움
 □ 학업성적저하
 □ 우울증상 □ 공격적 행동 □ 청소년비행   □ 자살시도
 □ 기타(   )

☞ 위자료 및 재산에 관한 청구가 없는 경우 Ⅳ. 기타 항목으로 이동하여 주시기 바랍니다.

Ⅲ. 재산사항
23. 위자료에 대한 의견 □ 반드시 받아야 한다 □ 다른 협의사항이 원만하게 합의된다면 청구하지 않을 생각이다 □ 기타(   )
24. 피고와 재산분할에 관한 합의가 이루어졌습니까? □ 합의하였다 □ 합의하지 못하였다(그 이유는 :   )
25. 현재 생활비가 지급되고 있습니까? □ 정기적으로 지급되고 있다 　(지급되는 생활비는 평균 금액 월　　　원) □ 부정기적으로 지급되고 있다 　(지급되는 생활비 평균 금액 월　　　원) □ 　　　년　　월부터 지급되지 않고 있다 □ 기타(   )

Ⅳ. 기타
26. 현재 본 소송과 관련하여 긴박한 사정이나 위기상황이 있습니까? □ 있다(구체적으로   ) □ 없다
27. 가정문제의 해결을 위해 법원에서 어떤 도움을 받기를 원하십니까?　(복수응답 가능) □ 보호나 원조 제공 → □ 원조제공 유관기관 연계 □ 쉼터 연계 □ 기타(   ) □ 사실조사 → □파탄원인 □양육환경 □재산형성과정 □ 기타(   ) □ 자녀양육에 관한 안내(부모교육) □ 전문가와의 상담 → □ 부부상담 □ 자녀상담 □ 가족상담

□ 기타(   )
□ 심리치료(심리치료 대상자 :   )
□ 기타(   )

28. 재판 중 어떤 임시적 조치를 희망하십니까?
□ 임시적 조치는 필요 없다
□ 상대방의 접근금지 결정(이유 :   )
□ 자녀와 면접교섭 권고 또는 결정
□ 양육비 지급 권고 또는 결정
□ 기타(   )

29. 피고에게 우편물을 보내면 받아볼 수 있을 것으로 생각하십니까?
□ 있다
□ 없다(그 이유는 :   )

30. 마지막으로, 판사 및 조정위원에게 전달되기 원하는 사항이 있으면 기재하여 주시기 바랍니다.
(   )

〈참고〉

ㅇ 이 기초조사표는 원고가 작성하는 용도이다. 피고가 작성하는 서식은 별도로 있으나 여기에서는 소개를 생략한다. 기초조사표는 재판상 이혼절차에서 원고가 조정신청서 또는 소장을 제출하면 가정법원에서 원고와 피고에게 각각 이 기초조사표를 작성하도록 안내를 한다. 이는 상대방에게는 비밀을 유지한다.

ㅇ 미성년자녀가 있는 경우에는 가정법원이 제공하는 '자녀양육안내'를 받아야만 사건이 신속하게 진행될 수 있다. 가정법원의 안내에 따르면 된다.

〔답변서(이혼, 위자료, 재산분할, 미성년자녀)〕

답 변 서

사건번호	2015드단(또는 드합) 이혼 등		
원고			
피고		전화번호	

청구취지에 대한 답변

1. 이혼청구 → □ 인정함 □ 인정할 수 없음

2. 위자료청구 → □ 인정함 □ 인정할 수 없음
    □ 일부(원) 인정함

3. 재산분할청구 → □ 인정함 □ 인정할 수 없음 □ 일부 인
   정함(인정하는 부분 :   )

4. 친권자 및 양육자 지정청구 → □ 인정함 □ 인정할 수 없
   음(사건본인(들)에 대한 친권자 및 양육자로 □ 원고 / □ 피
   고를 지정한다)
   (기타 :   )

5. 양육비청구 → □ 인정함 □ 인정할 수 없음 □ 일부(월
        원) 인정함
   (기타 :   )

6. 면접교섭청구 → □ 인정함 □ 다른 의견 있음(다음 표와 같음)

	일　자		시　간		
□	매월　　째 주	요일	시부터	요일	시까지
□	매주	요일	시부터	요일	시까지
□	기타 :				

청구원인에 대한 답변

1. 동거 여부 → □ 인정함 □ 인정할 수 없음 □ 일부 인정함
(인정할 수 없거나 일부 인정할 경우 피고의 주장 :　　　　)

2. 이혼청구
   □ 피고에게 책임 있는 사유를 인정할 수 없음
   □ 피고에게 책임 있는 사유를 일부 인정하지만, 그래도 혼인 관계는 계속 유지될 수 있음(인정하는 부분 :　　　　)
   □ 오히려 원고에게 책임 있는 사유가 더 크므로 원고의 청구는 기각되어야 함
   □ 기타 :

3. 위자료청구
   가. 원고의 위자료청구를 인정하지 않는 이유(위자료청구를

147

인정할 수 없음에 체크한 경우)

　□ 피고에게 책임 있는 사유를 인정할 수 없음

　□ 이혼에 대한 원고의 책임이 피고의 책임과 대등하거나
　　더 무거움

나. 원고의 위자료청구를 일부만 인정하는 이유(위자료청구를
　일부 인정함에 체크한 경우)

　□ 피고에게 책임 있는 사유가 과장되어 있음

　□ 원고에게 책임 있는 사유도 있음

　□ 피고의 경제적 사정 등에 비추어 금액이 과다함

　□ 기타 :

4. 재산분할청구

　가. 분할하고자 하는 현재 보유 중인 재산은 별지 "재산내역
　　표"에 기재된 것과 같다.

　나. 다음과 같은 사정(중복체크 가능)을 고려하여 볼 때 위
　　재산에 대한 피고의 기여도는　%이다.

　　□ 피고의 소득활동/특별한 수익

　　□ 피고의 재산관리(가사담당 및 자녀양육 포함)

　　□ 피고의 혼전 재산/부모의 지원/상속

　　□ 피고의 혼전 채무 변제

　　□ 원고의 재산 감소 행위

　　□ 기타 :

5. 친권자 및 양육자 지정에 관한 의견

사건본인(들)에 관하여 청구취지에 대한 답변에 기재된 것과 같은 친권자 및 양육자 지정이 필요한 이유는 다음과 같다(중복 체크 가능).

　□ 과거부터 현재까지 계속하여 양육하여 왔다.

　□ (현재는 양육하고 있지 않으나) 과거에 주된 양육자였다.

　□ 별거 이후 혼자 양육하고 있다.

　□ 사건본인(들)이 함께 살기를 희망한다.

　□ 양육환경(주거환경, 보조양육자, 경제적 안정성 등)이 보다 양호하다.

　□ 사건본인(들)과 보다 친밀한 관계이다.

　□ 기타 :

6. 양육비 산정에 관한 의견

　가. 직업 및 수입에 관한 의견

　원고의 직업은 　　　, 수입은 월　　　원(□ 세금 공제 전 / □ 세금 공제 후)이고, 피고의 직업은 　　　, 수입은 월 원(□ 세금 공제 전 / □ 세금 공제 후)이다.

　나. 기타 양육비 산정에 고려할 사항 :

7. 면접교섭청구에 대한 의견

　가. 면접교섭 일시에 관하여 원고의 주장과 다르게 희망한 이

유 :

나. 희망 인도 장소 : 사건본인을   에서 인도하고 인도받

기를 희망한다.

다. 면접교섭 시 참고사항 :

2015. ○. ○.

피고 ○○○ (인/서명)

○○지방법원(가정법원) 귀중

6. 반소청구(反訴請求)

가소법 제12조(적용법률) 가사소송 절차에 관하여는 이 법에 특별

한 규정이 있는 경우를 제외하고는 민사소송법에 따른다. 다만,

가류 및 다류 가사소송사건에 관하여는 「민사소송법」 제147조 제2

항, 제149조, 제150조 제1항, 제284조 제1항, 제285조, 제349조, 제

350조, 제410조의 규정 및 같은 법 제220조의 규정 중 청구의 인

낙(認諾)에 관한 규정과 같은 법 제288조 중 자백에 관한 규정은

적용하지 아니한다.

> **민소법 제269조(반소)** ① 피고는 소송절차를 현저히 지연시키지 아니하는 경우에만 변론을 종결할 때까지 본소가 계속된 법원에 반소를 제기할 수 있다. 다만, 소송의 목적이 된 청구가 다른 법원의 관할에 전속되지 아니하고 본소의 청구 또는 방어의 방법과 서로 관련이 있어야 한다.
>
> ② 본소가 단독사건인 경우에 피고가 반소로 합의사건에 속하는 청구를 한 때에는 법원은 직권 또는 당사자의 신청에 따른 결정으로 본소와 반소를 합의부에 이송하여야 한다. 다만, 반소에 관하여 제30조의 규정에 따른 관할권이 있는 경우에는 그러하지 아니하다.

> **민소법 제270조(반소의 절차)** 반소는 본소에 관한 규정을 따른다.

> **민소법 제271조(반소의 취하)** 본소가 취하된 때에는 피고는 원고의 동의 없이 반소를 취하할 수 있다.

재판상 이혼사건은 '나류 가사소송사건'이고, 이혼에 따른 친권자의 지정에 관한 사건은 '라류 가사비송사건'에 해당하며, 재산분할청구 및 면접교섭에 관한 사건은 '마류 가사비송사건'에 각각 해당한다. 그리고 위자료(손해배상)의 청구는 민사소송사건이다. <u>이혼소송과 관련한 모든 청구는 가소법에 특별한 규정이 있는 경우를 제외하고는 민소법 또는</u>

비송법의 규정에 따른다.

반소는 상대방이 소를 제기한 경우에 피고가 그 소송절차에 수반하여 함께 소를 제기(별도의 청구)함으로써 쌍방 당사자가 원고 겸 피고의 신분을 유지한 채 재판을 진행하는 절차이다. 즉 피고가 원고의 공격에 대하여 방어만을 하는 것이 아니라 피고도 원고의 신분에서 상대방인 원고를 상대로 독자적인 소를 제기하는 것이다. 가령 원고가 이혼을 청구한 소송에서 피고는 재산분할을 청구하는 경우이다. 피고가 이와 같이 제기하는 소를 '반소'라고 한다.

이 반소는 항소심에서도 제기할 수 있다. 그리고 심리절차는 통상의 소송절차와 동일하다. 다만, 당사자의 호칭은 '원고(반소피고)' 및 '피고(반소원고)'라고 부른다. 재판의 진행은 상대방(본소원고)이 제기한 소송과 반소원고가 제기한 소송은 병합하여 심리절차를 진행한다.

가소법 제12조에서 말하는 '청구의 인낙'은 원고의 청구에 대하여 피고가 모두 옳다고 인정함으로써 원고에게 전부승소라는 결론을 주는 피고의 재판상 자백을 말하고, '자백'은 원고의 청구 중 일부 사실에 대하여만 그렇다고 인정하는 것을 말한다. 민사소송절차에서는 청구의 인낙과 자백은 법원을 구속한다. 그러나 가소법은 가정법원이 이에 구속되지 않도록 하였다. 가사소송은 소송의 당사자뿐만 아니라 제3자에게도 신분상의 효력을 미치기 때문이다.

〔반소장〕

반 소 장

본소 ○○○○드단○○○○ 이혼 등

반소원고(피고)   김○○ (○○○○○○-○○○○○○○)

　　　　　　　　등록기준지 : 서울 서초구 ○○로 ○○-○

　　　　　　　　주소 : 등록기준지와 같은 곳

　　　　　　　　전화번호 : ○○○-○○○○-○○○○

　　　　　　　　전자우편주소 : ○○○○○○@naver.com

반소피고(원고)   이○○ (○○○○○○=○○○○○○○)

　　　　　　　　등록기준지 : 서울 서초구 ○○로 ○○-○

　　　　　　　　주소 : 서울 강남구 ○○길 ○○

　　　　　　　　전화번호 : ○○○-○○○○-○○○○

재산분할청구의 소

반 소 청 구 취 지

1. 반소피고(원고)는 반소원고(피고)에게 이 사건 이혼판결이 확
   정될 것을 조건으로 별지 목록 기재 부동산에 관하여 그 2
   분의 1 지분에 대한 소유권이전등기절차를 이행하라.
2. 소송비용은 반소피고(원고)의 부담으로 한다.
라는 판결을 구합니다.

반 소 청 구 원 인

1.
2.

입 증 방 법

1.
1.

첨 부 서 류

1.
1.

○○○○. ○○. ○○.

위 반소원고(피고)   ○ ○ ○ (서명 또는 기명날인)

○○지방법원 ○○지원 가사 제○단독 귀중

==================================

(별지)

부동산의 표시

1. 1동 건물의 표시

    서울특별시 ○○구 ○○로 ○○○ 진달래아파트 제101동

    철근콘크리트 슬래브지붕 15층 아파트

    1층 내지 15층 각 210.76㎡

    지층 92.05㎡

2. 전유부분 건물의 표시

    건물의 번호 : 101-5-507

    구조 : 철근콘크리트조

    면적 : 95.27㎡

 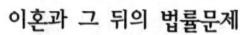

3. 대지권의 목적인 토지의 표시

　서울특별시 ○○구 ○○로 ○○○ 대 41,515.77㎡

4. 대지권의 표시

　소유권대지권 41,515.77분의36.89. 끝.

〈참고사항〉

○ 본소 사건 및 당사자의 표시 : 반소에는 본소의 사건번호와 사건명을 표시한다. 당사자의 호칭은 본소의 원고는 반소의 피고가 되고, 반소의 원고는 본소의 피고가 되므로 위 예시와 같이 표시한다.

○ 반소청구가 가능한 사항 : 반소는 본소와 함께 심판할 수 있는 사항이어야 한다. 따라서 이혼청구의 소에서 반소로 청구할 수 있는 사항은 위자료의 청구, 재산분할의 청구, 친권자지정의 청구, 양육자지정의 청구, 과거 및 장래 양육비의 청구뿐이다.

○ 인지대 및 송달료의 계산 : 본소청구의 방법과 동일하다.

○ 부동산목록의 표시 : 일반적으로 부동산목록은 별지를 이용한다. 이 목록을 작성할 때에는 부동산등기사항증명서에 기재된 내용과 동일한 표시를 하여야 한다. 그리고 그 등기사항증명서를 입증자료로 제출한다. 이는 등기 또는 등록에 의하여 공시되는 것들인 선박, 항공기, 자동차, 건설기계, 특허권, 실용신안권, 디자인권, 상표권 등의 경우에도 같은 요령으로 표시하면 된다.

〔반소답변서〕

답 변 서

반소   ○○○○드단○○○○ 재산분할

반소피고(원고)   김○○ (○○○○○○-○○○○○○○)

등록기준지 : 서울 서초구 ○○로 ○○-○

주소 : 등록기준지와 같은 곳

전화번호 : ○○○-○○○○-○○○○

전자우편주소 : ○○○○○○@naver.com

반소원고(피고)   이○○ (○○○○○○=○○○○○○○)

등록기준지 : 서울 서초구 ○○로 ○○-○

주소 : 서울 강남구 ○○길 ○○

전화번호 : ○○○-○○○○-○○○○

재산분할청구의 소

반소 청구취지에 대한 답변

1. 반소원고(피고)의 청구를 기각한다.
2. 소송비용은 반소원고(피고)의 부담으로 한다.
라는 판결을 구합니다.

반소 청구원인에 대한 답변

1.
2.

입 증 방 법

1.
2.

첨 부 서 류

1. 위 입증방법 각 1통
2. 답변서부본 1통

2015. ○. ○○.

반소피고(원고) ○○○ (날인 또는 서명)

○○지방법원 ○○지원 가사 제○단독(또는 부) 귀중

〈참고〉

○ 입증방법 : 답변서에 첨부하는 증거자료가 없는 경우에는 입증방법의 표시는 생략한다.

○ 비용 : 답변서 및 준비서면의 제출에는 비용의 지출은 필요치 않다.

○ 답변서부본 : 답변서와 준비서면에는 부본 1통을 제출하며, 합의부 사건은 2통을 제출한다. 준비서면은 답변서 이후에 제출하는 공격 또는 방어방법을 기재한 문서의 명칭이며, 작성요령은 문서의 명칭 부분을 제외하면 답변서의 작성 요령을 준용한다. 다만, 청구취지 및 청구원인에 대한 답변 부분은 필요하지 않다. 이들 서류는 모두 우송의 방법으로 제출할 수 있다.

Ⅳ. 재산명시 및 재산조회

1. 제도의 취지

재산명시 및 재산조회 절차 흐름표

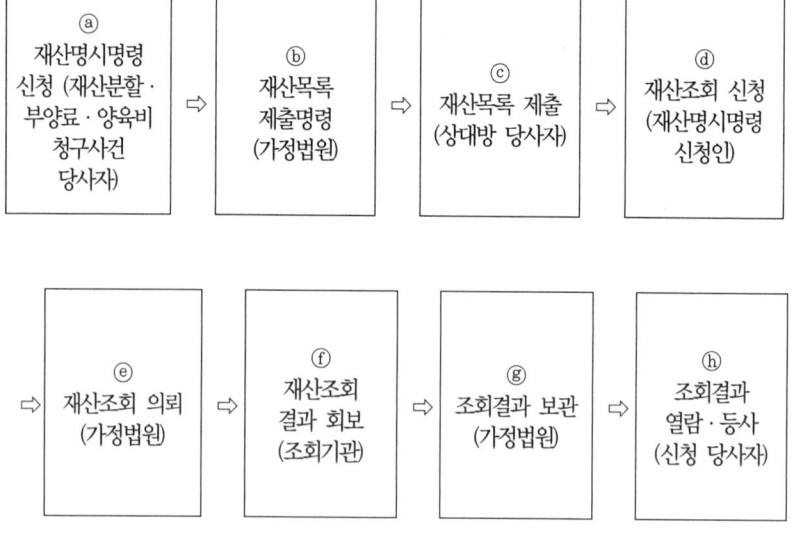

이혼소송을 생각하거나 준비하는 사람의 입장에서는 어린 자녀의 양육자 지정, 양육비 부담 및 친권자의 지정 등에 관한 문제도 고민을 하게 되지만 또 다른 고민을 하는 경우가 많다. 재판상 이혼의 방법에 의하여 이혼을 한다는 것은 당사자 사이에 이혼에 관한 합의, 앞에서

살펴본 것들에 관한 합의 또는 재산의 분할에 관한 합의를 이루지 못하기 때문이다.

이혼이라는 것이 갑자기 결정되는 문제가 아닌 특성상 이혼을 앞둔 당사자는 가기 명의로 된 재산이나 배우자가 알지 못하는 재산을 숨기거나 빼돌리는 경우도 있다. 이러한 경우를 대비하여 법은 그 상대방을 보호하기 위하여 여러 가지의 제도를 마련해 두었다.

이들 제도 중 가소법이 규정하는 가압류 및 가처분은 이혼을 앞둔 배우자가 재산을 처분하지 못하도록 상대방이 해당 재산을 묶어 둘 수 있게 하는 제도이다. 그리고 민법이 규정하는 배우자의 채권자취소권(사해행위취소 및 원상회복청구권)은 배우자가 빼돌린 재산을 그 상대방이 원상으로 회복해 놓은 다음 가압류 등의 조치를 취할 수 있는 기틀을 마련할 수 있게 하는 제도이다.

위와 같은 제도를 이용하려면 배우자가 감추어 두었거나 배우자만 알고 있는 재산을 상대방이 찾을 필요가 있는데, 이를 찾는 일은 쉽지 않다. 사정이 이렇다보니 이러한 재산을 찾기 위하여 심부름센터 등에 의뢰하면서 막대한 비용을 지출하는 경우가 있다. 그러나 그 결과가 좋다는 보장도 없다. 오히려 범죄행위의 공범이 되는 경우도 있다. 이러한 어려움을 해소해 주고자 가소법은 특별한 규정을 마련해두었다. 재산명시 및 재산조회 제도가 그것이다.

2. 재산명시명령 신청

가소법 제48조의2(재산명시) ① 가정법원은 재산분할, 부양료 및 미성년자인 자녀의 양육비 청구사건을 위하여 특히 필요하다고 인정하는 경우에는 직권으로 또는 당사자의 신청에 의하여 당사자에게 재산상태를 구체적으로 밝힌 재산목록을 제출하도록 명할 수 있다.

② 제1항의 재산명시 절차, 방법 등에 대하여 필요한 사항은 대법원규칙으로 정한다.

가소규칙 제95조의2(재산명시신청) ① 법 제48조의2 제1항에 따른 당사자의 재산명시를 요구하는 신청은 신청취지와 신청이유를 적은 서면으로 하여야 한다.

② 가정법원은 제1항의 신청서를 상대방에게 송달하여 의견을 표명할 기회를 주어야 한다.

가소규칙 제95조의3(재산명시명령 등) 이하 생략

가소규칙 제95조의4(재산목록의 제출) 이하 생략

가소규칙 제95조의5(준용규정) 재산조회에 관하여는 법 및 이 규칙에 특별한 규정이 있는 경우를 제외하고는 성질에 반하지 않는한 「민사집행규칙」·「재산조회규칙」의 규정을 준용한다. 다만, 「민

사집행규칙」 제38조, 「재산조회규칙」 제13조, 제14조 제2항, 제15조
의 규정은 그러하지 아니하다.

민집법은 재산명시명령 및 재산조회 제도에 관하여 집행권원을 가진
채권자가 강제집행의 대상인 채무자 소유의 재산을 찾고자 하는 경우
에만 활용이 가능하도록 하였다. 그러나 가소법에서는 재산분할 및 양
육비청구사건의 소송과 관련해서도 이러한 제도를 마련해두었다. 즉 가
사사건에서는 아직 집행권원을 얻지 못한 당사자(잠정적 채권자)에게도
재산명시명령 및 재산조회를 신청할 수 있도록 특별한 규정을 마련한
것이다.

재산명시명령 제도는 법원이 신청인의 상대방에 대하여 일정한 기일
에 법원에 출석하여 선서를 한 다음 법령이 규정하는 사항을 모두 적
은 재산목록을 제출하게 하고, 만약 재산목록의 제출 또는 선서를 거
부하거나 허위의 재산목록을 제출하는 경우에는 과태료, 감치(단기간의
인신구속) 또는 형사상의 처벌을 하는 등 제재를 가하는 방법으로 심
리적 압박을 주어 신청인의 보전처분(가압류 · 가처분) 등을 용이하게
하는 제도이다. 이러한 절차에 의해서도 찾지 못하는 재산을 국가기
관 · 금융기관 등의 후견에 의하여 찾는 제도가 재산조회 제도이다. 재
산조회는 재산명시명령을 신청했던 사람으로서 그에 의해서도 필요한
재산을 찾지 못한 사람만이 신청할 수 있다.

가소법이 민집법의 특칙이라고 할 수 있는 재산명시명령 및 재산조
회 제도를 마련한 취지는 위 소송의 상대방이 소유하는 재산을 찾아내
어 정당한 재산분할을 할 수 있게 하고, 양육비를 결정함에 있어서 반

영하게 하려는 것이다. 이들 제도를 이용하여 상대방의 재산을 찾는다
면 가압류나 가처분 등의 목적물이 될 수도 있을 것이다. <u>가소법의 이
들 제도는 소송 당사자 양쪽이 모두 신청인이 될 수 있도록 규정하고
있는 점도 특별하다.</u> 즉 이혼소송의 원고이든 피고이든 묻지 않고 이
제도의 신청인이 될 수 있다. 그러나 부부 사이에는 상대방 배우자가
소유하는 재산의 내용을 비교적 잘 알고 있어 이 제도의 활용도는 높
지 않은 것으로 보인다.

　상대방이 재산명시기일에 출석하여 재산목록을 제출하면 신청인은
가정법원에서 그 목록을 열람하거나 등사를 할 수 있다.

〔재산명시명령신청서〕

재 산 명 시 명 령 신 청

사건번호   2015느(또는 드) 제○○호
신 청 인   원고 ○○○
상 대 방   피고 ○○○

신 청 취 지

상대방(피고)은 재산상태를 명시한 재산목록을 제출하라.
라는 결정을 구합니다.

신 청 이 유

1. 상대방(피고)의 재산을 파악하는 것이 쉽지 않아 위 사건의
   해결을 위하여 상대방(피고)의 재산목록 제출이 특히 필요
   합니다.
2. 따라서 가사소송법 제48조의2 제1항에 따라 상대방(피고)에
   대한 재산명시명령을 신청합니다.

첨 부 서 류

1. 신청서부본 2통
1. 송달료납부서 1통

2015. ㅇ. ㅇㅇ.

위 신청인(원고)   ㅇㅇㅇ (기명날인 또는 서명)

ㅇㅇ지방법원(가정법원) 귀중

〈참고〉

ㅇ 비용 : 수입인지는 1,000원짜리를 붙인다. 송달료는 당사자의 수에 3
회분을 곱한 금액을 예납하고 송달료납부서를 신청서에 첨부한다.

3. 재산조회 신청

가소법 제48조의3(재산조회) ① 가정법원은 제48조의2의 재산명시 절차에 따라 제출된 재산목록만으로는 재산분할, 부양료 및 미성년자인 자녀의 양육비 청구사건의 해결이 곤란하다고 인정할 경우에 직권으로 또는 당사자의 신청에 의하여 당사자 명의의 재산에 관하여 조회할 수 있다.

② 제1항의 재산조회에 관하여는 그 성질에 반하지 아니하는 범위에서 「민사집행법」 제74조를 준용한다.

③ 재산조회를 할 공공기관, 금융기관, 단체 등의 범위 및 조회절차, 당사자가 내야 할 비용, 조회결과의 관리에 관한 사항, 과태료의 부과절차 등은 대법원규칙으로 정한다.

④ 누구든지 재산조회의 결과를 심판 외의 목적으로 사용하여서는 아니 된다.

민사집행법 제74조(재산조회) ① 재산명시절차의 관할 법원은 다음 각 호의 어느 하나에 해당하는 경우에는 그 재산명시를 신청한 채권자의 신청에 따라 개인의 재산 및 신용에 관한 전산망을 관리하는 공공기관·금융기관·단체 등에 채무자명의의 재산에 관하여 조회할 수 있다. (이하 제4항까지 생략)

가사규칙 제95조의6(재산조회신청 등) ① 법 제48조의3 제1항에 따른 당사자 명의의 재산에 관한 조회를 요구하는 신청은 다음 각 호의 사항을 적은 서면으로 하여야 한다.

1. 조회의 대상이 되는 당사자(다음부터 "조회대상자"라 한다)

2. 조회할 공공기관, 금융기관 또는 단체

3. 조회할 재산의 종류

4. 과거의 재산보유 내역에 대한 조회를 요구하는 때에는 그 취지와 조회기간

5. 신청취지와 신청사유

② 제1항의 신청을 하는 때에는 신청의 사유를 소명하여야 한다.

가소규칙 제95조의7(재산조회비용의 예납 등) 이하 생략

재산조회의 진행 과정을 간략히 소개하면 이렇다. 이혼의 당사자(원고 및 피고)가 재산조회를 신청할 때에는 그 신청서에 가정법원이 조회를 의뢰할 공공기관, 금융기관 또는 단체(다음부터 "공공기관등"이라고 함)를 지정하고, 해당 공공기관마다 가소규칙이 정하는 조회비용을 예납한다. 공공기관으로는 법원행정처, 국토해양부, 지식경제부, 특허청 및 광역자치단체가 있고, 금융기관으로는 은행법에 의한 금융기관은 물론 상호저축은행, 농협·수협과 그 중앙회, 신용협동조합, 신림조합, 새마을금고, 신탁회사, 증권회사 및 보험사업자 등이 있다. 조회비용은 공공기관등에 따라 각각 5,000원 내지 20,000원 정도이다. 가정법원이 당사자의 신청을 받으면 신청인이 지정한 공공기관등에 대하여 전산망

을 이용하여 상대방에 대한 재산 등의 조회를 촉탁하고, 해당 공공기
관등에서는 가정법원에 조회결과를 통보한다. 신청인은 가정법원에 대
하여 조회결과의 열람 및 등사를 신청할 수 있다.

V. 이행의 확보 수단

1. 사전처분

가소법 제62조(사전처분) ① 가사사건의 소의 제기, 심판청구 또는 조정의 신청이 있는 경우에 가정법원, 조정위원회 또는 조정담당판사는 사건을 해결하기 위하여 특히 필요하다고 인정하면 직권으로 또는 당사자의 신청에 의하여 상대방이나 그 밖의 관계인에게 현상(現狀)을 변경하거나 물건을 처분하는 행위의 금지를 명할 수 있고, 사건에 관련된 재산의 보존을 위한 처분, 관계인의 감호(監護)와 양육을 위한 처분 등 적당하다고 인정되는 처분을 할 수 있다.

② 제1항의 처분을 할 때에는 제67조 제1항에 따른 제재를 고지하여야 한다.

③ 급박한 경우에는 재판장이나 조정장은 단독으로 제1항의 처분을 할 수 있다.

④ 제1항과 제3항의 처분에 대하여는 즉시항고를 할 수 있다.

⑤ 제1항의 처분은 집행력을 갖지 아니한다.

가소법 제62조 제1항에서 말하는 "감호"는 관계인, 특히 '사건본인'에 해당하는 사람의 신변안전을 위한 보호조치를 말한다.

가소법 제67조 제1항은 "당사자 또는 관계인이 정당한 이유 없이 제29조, 제63조의2 제1항, 제63조의3 제1항·제2항 또는 제64조의 명령이나 제62조의 처분을 위반한 경우에는 가정법원, 조정위원회 또는 조정담당판사는 직권으로 또는 권리자의 신청에 의하여 결정으로 1천만원이하의 과태료를 부과할 수 있다."고 규정하였다.

위 같은 조 제4항에서 규정하는 "즉시항고"는 사전처분을 받은 사람이 해당 처분을 받은 날로부터 7일 이내에 하는 항고를 말한다. 이 항고장에는 항고의 취지와 이유를 적어야 한다.

위 같은 조 제5항에서 "집행력을 갖지 아니한다."고 표현한 부분은 사전처분에 대하여는 강제집행을 할 수 없다는 의미이다. 즉 1천만 원 이하의 과태료에 해당하는 제재를 받을 수도 있다는 심리적 압박을 주어 이행을 간접적으로만 강제할 수 있다는 뜻이므로, 그 실효성은 의문이다. 실무상으로도 이 사전처분이 결정되는 경우는 드물다.

2. 가압류 · 가처분

가압류절차의 흐름표 : 해방금공탁을 하는 경우

| ⓐ 가압류명령신청 (가압류 목적물 소재지 또는 이혼소송 관할법원) | ⇨ | ⓑ 가압류명령 (신청인의 담보제공) | ⇨ | ⓒ 가압류 집행 (법원의 등기촉탁 또는 신청인이 집행관에게 위임) | ⇨ | ⓓ 해방공탁금 공탁 (채무자) |

| ⇨ | ⓔ 가압류취소 (가정법원) | ⇨ | ⓕ 해방공탁금 출급 (신청인이 본안 소송 승소 후) |

가압류절차의 흐름표 : 해방금공탁을 하지 않는 경우

| ⓐ 가압류명령신청 (가압류 목적물 소재지 또는 이혼소송 관할법원) | ⇨ | ⓑ 가압류명령 (신청인의 담보제공) | ⇨ | ⓒ 가압류 집행 (법원의 등기촉탁 또는 신청인이 집행관에게 위임) |

| ⇨ | ⓓ 가압류 목적물 압류 및 경매신청 〔채권가압류는 압류 및 추심명령 (또는 전부명령)신청〕 | ⇨ | ⓔ 경매 후 배당 〔채권압류는 채권자가 직접 추심(推尋)〕 |

가. 가사소송법의 규정

가소법 제63조(가압류, 가처분) ① 가정법원은 제62조에도 불구하고 가사소송사건 또는 마류 가사비송사건을 본안(本案) 사건으로 하여 가압류 또는 가처분을 할 수 있다. 이 경우 「민사집행법」 제276조부터 제312조까지의 규정을 준용한다.

② 제1항의 재판은 담보를 제공하게 하지 아니하고 할 수 있다.

③ 「민사집행법」 제287조를 준용하는 경우 이 법에 따른 조정신청이 있으면 본안의 제소가 있는 것으로 본다.

가소법 제63조 제1항이 규정하는 가사소송사건은 같은 법 제2조 제1항 제1호 가목부터 다목까지에 해당하는 사건을 말한다. 이혼의 무효, 이혼의 취소, 재판상 이혼, 이혼을 원인으로 하는 손해배상청구(제3자를 포함) 및 재산분할청구권 보전을 위한 사해행위취소 및 원상회복청구의 각 사건이 여기에 해당한다.

위 같은 항에서 규정하는 마류 가사비송사건은 같은 법 제2조 제1항 제2호 나목에서 규정하는 사건을 말한다. 여기에 해당하는 사건으로는 자녀의 양육에 관한 처분과 그 변경, 면접교섭권의 제한 또는 배제, 재산분할에 관한 처분, 친권자의 지정과 변경에 관한 각 사건이 있다.

나. 민사집행법의 규정

1) 가압류

> **민집법 제276조(가압류의 목적)** ① 가압류는 금전채권이나 금전으로 환산할 수 있는 채권에 대하여 동산 또는 부동산에 대한 강제집행을 보전하기 위하여 할 수 있다.
>
> ② 제1항의 채권이 조건이 붙어 있는 것이거나 기한이 차지 아니한 것인 경우에도 가압류를 할 수 있다.
>
> **민집법 제277조(보전의 필요)** 가압류는 가압류할 물건이 있는 곳을 관할하는 지방법원이나 본안의 관할법원이 관할한다.
>
> **민집법 제279조(가압류신청)** ① 가압류신청에는 다음 각 호의 사항을 적어야 한다.
>
> 1. 청구채권의 표시, 그 청구채권이 일정한 금액이 아닌 때에는 금전으로 환산한 금액
> 2. 제277조의 규정에 따라 가압류의 이유가 될 사실의 표시
>
> ② 청구채권과 가압류의 이유는 소명하여야 한다.

가소법과 민집법은 "가압류"라고 하였다. 여기의 "가(假)"는 임시적이라는 뜻이다. 가압류가 '압류', 이른바 '본압류'와 다른 점은 가압류만을 해둔 상태에서는 당장 강제집행을 할 수 없다는 점이다. 그 밖에는 '압

류'와 거의 같은 효력이 있다고 보아도 무방하다.

가압류를 집행하는 목적은 상대방이 가압류의 목적물을 처분하지 못하게 하는 것이다. 즉 본안재판(이혼심판 또는 이혼소송)이 확정될 때까지 목적물의 현상을 유지하게 하는 것을 목적으로 한다.

가압류는 가사사건 외에서도 그 활용도가 매우 높다. 즉 민사소송을 준비 또는 진행하는 당사자(원고가 될 사람 또는 원고)는 그 소송에서 승소할 것을 대비하여 채무자의 재산을 묶어 둘 필요가 있는데, 이는 실무상 활용이 매우 많은 제도이다. 이러한 점을 감안하여 이 책에서는 가압류에 관하여 특히 충분한 내용을 소개하기로 한다.

가) 피보전권리

민집법 제276조 제1항에서는 "가압류는 금전채권이나 금전으로 환산할 수 있는 채권에 대하여"라고 규정하였다. 이 부분은 '피보전권리'를 밀한다. 이 부분 법문 중 "채권에 대히여"를 "채권에 의하어"라고 표현했더라면 피보전권리가 무엇인지 더욱 명료했을 것이다. 즉 가압류는 <u>금전채권에 의하여</u> 또는 <u>금전채권으로 환산할 수 있는 채권에 의하여</u> 동산 또는 부동산에 대한 강제집행을 보전하기 위하여 할 수 있다.

이혼을 앞두고 있거나 이혼조정 또는 이혼소송이 계속 중인 경우에는 신청인(청구인)은 배우자에 대하여 위자료청구권을 갖고 있다. 위자료는 금전으로 지급하여야 한다. 금전에 관하여 재산분할을 할 수도 있다. 또 과거의 양육비청구권도 마찬가지이다. 따라서 신청인(청구인)은 금전채권인 피보전권리를 갖는 경우가 대부분이다.

여기에서 "금전채권으로 환산할 수 있는 채권"이란 현재는 금전채권이 아닌 채권(가령 부동산소유권이전등기청구권과 같은 특정채권)이지만, 이 특정채권이 이행불능이나 집행불능이 되는 경우에는 금전채권(가령 손해배상청구권)으로 바뀌게 될 것이므로, 금전으로 환산할 수 있는 채권이 되는 것을 뜻한다.

〔판례〕 **장래 발생할 채권 및 조건부 채권도 가압류집행의 대상**

장래 발생할 채권이나 조건부 채권은 현재 그 권리의 특정이 가능하고 그 가까운 장래에 발생할 것임이 상당 정도 기대되는 경우 가압류의 대상이 된다고 할 것이다(대법원 2009. 6. 11. 선고 2008다7109 판결).

〔판례〕 **부동산소유권이전등기청구권에 대한 가압류 인정**

가압류는 보전집행의 하나로 일컫는 바이거니와 보전집행은 본집행, 즉 청구권실현을 위한 강제집행이 이룩되기 전에 그 집행에 장애가 될 일이 생김을 미리 막기 위하여 현상을 그대로 보전하려는 목적에서 하는 집행을 말하니 위에서 이미 본 바와 같이 본집행에의 길이 열려 있는 부동산소유권이전등기청구권에 대하여 가히 앞잡이집행이라 할 가압류가 안 된다고 한다면 있을 수 없는 일을 있다고 하는 것이 되리라. 그렇다면 이 사건에서 부동산소유권이전등기청구권은 가압류할 수 없다는 취지로 한 원결정은 가압류에 관한 법리를 오해함으로써 결과에 영향을 준 위법이 있다고

하리니 이 점을 말하는 논지는 이유 있다 하겠고, 원판결은 파기한다. 그리고 원결정에 본이 된 당원 1975. 3. 10. 고지 74마478 결정을 같은 이유를 가지고 폐기한다(대법원 1978. 12. 18. 자 76마381 전원합의체 결정).

나) 보전의 필요성

보전의 필요성을 본안재판에 비유한다면 '권리보호의 이익(필요)'에 해당한다. 권리보전의 필요성이 인정될 수 있는 경우를 구체적으로 살펴보면 재산의 처분 · 훼손 · 은닉 가능성, 다른 사람에 대한 담보권설정 가능성, 채무자의 도망 · 해외이주 가능성 등이 있다.

〔판례〕 장래 받을 수 있는 공무원 명예퇴직수당도 가압류 가능

장래 발생할 채권이나 조건부 채권도 현재 그 권리의 특정이 가능하고 가까운 장래에 발생할 것이 상당 정도 기대되는 경우에는 이를 가압류할 수 있는바(대법원 1982. 12 .26. 선고 82다카508 판결 참조), 20년 이상 근속한 공무원이 그 정년퇴직일 전 1년 이상의 기간 중 자진 퇴직하는 때에는 예산상 부득이하여 그 지급대상범위와 인원이 제한된 경우 및 위 지급규정 제3조 제3항에 정해진 결격사유가 없는 한 명예퇴직수당 지급신청을 하여 그 지급을 받을 수 있으므로, 20년 이상 근속한 지방공무원의 경우에는 명예퇴직수당의 기초가 되는 법률관계가 존재하고 그 발생근거와 제3채무자를 특정할 수 있어 그 권리의 특정도 가능하며 가까운 장래

에 발생할 것이 상당 정도 기대된다고 할 것이어서, 그 공무원이 명예퇴직 및 명예퇴직수당 지급신청을 할지 여부가 불확실하다거나 예산상 부득이한 경우 그 지급대상범위가 제한될 수 있다는 것 때문에 그것이 가까운 장래에 발생할 것이 상당 정도 확실하지 않다고 볼 것은 아니다(대법원 2001. 9. 18. 선고 2000마5252 판결).

〔판례〕 채권자가 집행권원을 확보하고 있는 경우 보전의 필요성 부인

채권자가 피보전권리에 관하여 이미 확정판결이나 그 밖의 집행권원(조정, 화해 등의 조서 또는 집행증서7))을 가지고 있는 때에는 즉시 집행할 수 있는 상태에 있으므로 원칙적으로 보전의 필요성이 없어 가압류신청을 허용할 수 없다고 할 것이다(대법원 2005. 5. 26. 선고 2005다7672 판결).

〔판례〕 선박우선특권자는 보전필요성 부인

선박운송물의 멸실로 인한 손해배상채권이 선박에 대하여 우선특권이 있다 하더라도 그 채권자는 상법 제861조 제2항에 의하여 선박에 대하여 채무명의8) 없이도 경매청구권을 행사하여 그 경매대금에서 위 채권의 우선변제를 받을 수 있으므로 특단의 사정이

---

7) 집행증서 : '집행증서'는 강제집행을 할 수 있다는 취지의 문구가 적힌 공정증서를 말한다. 이는 공증인인 변호사가 작성한다.

8) 채무명의(債務名義) : 2002. 7. 1. 개정된 「민사소송법」이 시행되기 전의 민소법에서는 '집행권원'을 '채무명의'라고 하였다.

없는 한 위 채권을 보전하기 위하여 선박에 대하여 가압류집행을
할 수 없다(대법원 1982. 7. 13. 선고 80다2318 판결).

다) 가압류의 신청

가압류의 목적물은 부동산, 유체동산 및 채권으로 구분하는 것이 실
무이다. 이들 목적물에 따라 신청인이 제공하는 담보도 다르고, 목적물
이 무엇인가에 따라 가압류명령을 집행하는 주체 및 방법도 다르기 때
문이다. 따라서 이들 종류가 서로 다른 목적물을 대상으로 하나의 신
청서에 의해 한꺼번에 가압류를 신청하는 것은 허용되지 않는다. 그러
나 같은 종류라면 여러 개의 목적물을 한꺼번에 가압류신청을 할 수
있다.

〔판례〕 채무자의 예금계좌에 입금될 예금채권의 가압류 인정

가압류명령의 송달 이후에 채무자의 계좌에 입금될 예금채권도
그 발생의 기초가 되는 법률관계가 존재하여 현재 그 권리의 특정이
가능하고 가까운 장래에 예금채권이 발생할 것이 상당한 정도로 기
대된다고 볼만한 예금계좌가 개설되어 있는 경우 등에는 가압류의
대상이 될 수 있다(대법원 2013. 12. 12. 선고 2012다72612 판결).

〔판례〕 예금채권 가압류에서 '가압류할 채권의 표시'의 특정 정도

채권가압류에 있어서 가압류될 채권에 장래에 채무자의 계좌에 입금될 예금채권도 포함되느냐 여부는 가압류명령에서 정한 가압류할 채권에 그 예금채권도 포함되었는지 여부에 따라 결정되는 것이고 이는 곧 가압류명령상의 '가압류할 채권의 표시'에 기재된 문언의 해석에 따라 결정되는 것이 원칙이다. 그런데 제3채무자는 순전히 타인에 의하여 다른 사람들 사이의 법률분쟁에 편입되어 가압류명령에서 정한 의무를 부담하는 것이므로 이러한 제3채무자가 가압류된 채권이나 그 범위를 파악함에 있어 과도한 부담을 가지지 않도록 보호할 필요가 있다. 따라서 '가압류할 채권의 표시'에 기재된 문언은 그 문언 자체의 내용에 따라 객관적으로 엄격하게 해석하여야 하고, 그 문언의 의미가 불명확한 경우 그로 인한 불이익은 가압류 신청채권자에게 부담시키는 것이 타당하므로, 제3채무자가 통상의 주의력을 가진 사회평균인을 기준으로 그 문언을 이해할 때 포함 여부에 의문을 가질 수 있는 채권은 특별한 사정이 없는 한 가압류의 대상에 포함되었다고 보아서는 아니 된다(대법원 2011. 2. 10. 선고 2008다9952 판결).

ㄴ 가압류나 가처분의 절차에서 '제3채무자'라고 함은 채무자에 대한 채무자를 말한다. 가령 채권자인 갑이 을에 대한 채권의 강제집행을 보전하기 위하여 을이 병에 대하여 가지고 있는 채권을 가압류하는 경우에서 갑은 병에 대한 가압류명령을 법원에 신청하게 되는데, 이 경우에서 병을 제3채무자

라고 부른다.

〔판례〕 **예금계좌 종류의 특정 방법**

원심은, 무릇 예금의 종류는 다종다양하여 일반인이 각 금융기관별로 예금의 종류를 모두 파악하기는 어렵고, 은행예금은 특별한 사정이 없는 한 그 비밀이 보장되어 예금주의 채권자는 구체적으로 예금주의 예금의 종류와 금액 등을 상세히 알기 어려운 점 등에 비추어 볼 때, 예금주의 채권자가 예금채권의 가압류 또는 압류를 신청하면서 채무자의 다른 예금채권과 구별할 수 있을 정도로 예금의 종류와 금액을 기재하여 그 동일성을 식별할 수 있을 정도라면 이로써 가압류 또는 압류의 대상이 되는 예금채권은 특정되었다고 할 것이고, 예금주에게 하나의 예금계좌만 있을 때에는 반드시 예금의 종류와 계좌를 밝히지 않더라도 가압류 또는 압류의 대상이 특정된 것으로 볼 수 있다고 판단하고, 나아가 이와 같은 법리를 전제로 하여 이 사건 가압류결정과 채권압류 및 추심명령에서 가압류 또는 압류할 예금채권으로 자유저축예금, 보통예금 등은 명시된 반면 이 사건 예금계좌와 같은 기업자유예금은 명시되어 있지 않으나, 기업자유예금은 자유저축예금, 보통예금 등과 함께 입출금이 자유로운 예금으로서 기본적인 성격이 유사하고, 다만 그 명칭, 예금이율, 가입대상 등에서 일부 차이가 있을 뿐이며, 특히 이 사건 가압류결정이 피고에게 송달될 당시 구자진이 피고에 대하여 가지고 있던 예금채권은 이 사건 예금계좌가 유일

한 것이었으므로, 이 사건 가압류결정과 채권압류 및 추심명령의 효력은 이 사건 예금계좌의 예금채권에 미친다고 봄이 상당하다고 판단하였다.

원심의 인정사실에 의하면 기업자유예금도 넓은 의미에서는 자유저축예금이나 보통예금의 일종으로 볼 수 있는 점, 하나의 예금계좌만이 존재하는 경우에는 가압류 또는 압류의 대상인 예금채권의 특정을 엄격하게 요구하지 않더라도 예금자의 이익에 반하지 않는 점, 피고의 지위 등에 비추어 원심의 위와 같은 사실인정과 판단은 정당한 것으로 수긍할 수 있다(대법원 2007. 11. 15. 선고 2007다56425 판결).

┗ 가압류를 신청함에 있어 예금계좌를 특정하는 요령에 관하여는 뒤에서 자세히 설명한다.

라) 가압류신청진술서

보전처분 신청사건의 사무처리요령(재민 2003-4)
〔재판예규 제1229호, 시행 2008. 07. 01〕

제2조(신청서 양식) 각급 법원은 다음의 보전처분 신청에 관하여 다음 각 호의 서식을 작성·비치하고, 민원인으로 하여금 다음 각 호의 서식을 사용하도록 창구 지도하여야 한다.

5. 가압류신청 진술서

> **제3조(가압류신청 진술서)** 가압류를 신청하는 경우에 제2조 제5호의 가압류신청진술서를 첨부하지 아니하거나, 고의로 진술 사항을 누락하거나 허위로 진술한 내용이 발견된 경우에는 특별한 사정이 없는 한 보정명령 없이 신청을 기각할 수 있다.

법원은 법관의 업무 부담을 덜기 위하여 2006년 「사법보좌관규칙」을 제정하였고, 이때부터 과거 법관의 업무이던 민사집행에 관한 많은 업무를 사법보좌관이 처리하게 하였다. 그러나 보전소송의 심리절차는 여전히 법관이 담당하고 있다.

위 예규에 의하면 가압류를 신청하는 신청인은 의무적으로 '가압류신청 진술서'를 가압류신청서에 첨부하여야 한다. 이 신청서를 제출하게 하는 주된 목적은 가압류신청의 남용을 막는 것으로 풀이된다.

위 예규 제2조에서는 가압류신청 진술서를 제출하게 하는 것은 '창구 지도'에 의한다고 규정하였으나, 제3조에서는 가압류신청 진술서를 첨부하지 아니한 신청은 보정명령 없이도 신청을 기각할 수 있다고 규정하였다. 위 규정이 적정한 규정인지는 별론으로 하고 현행 실무에서는 가압류신청서에는 예외 없이 이 진술서를 덧붙여 제출하고 있다.

이 진술서는 훗날 가압류집행에 따라 채무자에게 손해가 발생하는 경우에는 그 손해발생의 원인 등에 대한 직접적인 증거자료가 될 수도 있다. 따라서 이를 작성할 때에는 신중한 태도가 필요할 것이다.

〔가압류신청 진술서〕

가압류신청 진술서

채권자는 가압류신청과 관련하여 다음 사실을 진술합니다. 다음의 진술과 관련하여 고의로 누락하거나 허위로 진술한 내용이 발견된 경우에는 그로 인하여 보정명령 없이 신청이 기각되거나 가압류이의절차에서 불이익을 받을 것임을 잘 알고 있습니다.

2015. 5. 17.

채권자 ○ ○ ○ (인)

다 음

1. 피보전권리(청구채권)와 관련하여

가. 채무자가 신청서에 기재한 청구채권을 인정하고 있습니까?

　□ 예

　□ 아니요 → 채무자 주장의 요지 :

　□ 기타

나. 채무자의 의사를 언제, 어떠한 방법으로 확인하였습니까?

다. 채권자가 신청서에 기재한 청구금액은 본안소송에서 승소
할 수 있는 금액으로 적정하게 산출된 것입니까?
□ 예   □ 아니요

2. 보전의 필요성과 관련하여

가. 채권자가 채무자의 재산에 대하여 가압류하지 않으면 향
후 강제집행이 불가능해지거나 매우 곤란해질 사유의 내
용은 무엇입니까?

나. 채권자는 신청서에 기재한 청구채권과 관련하여 공정증서
또는 제소전 화해조서가 있습니까?

다. 채권자는 신청서에 기재한 청구채권과 관련하여 취득한
담보가 있습니까?

라. 〔채무자가 (연대)보증인인 경우〕 채권자는 주채무자에 대하
여 어떠한 보전조치를 취하였습니까?

마. 〔다수의 부동산에 대한 가압류신청인 경우〕 각 부동산의
가액은 얼마입니까?

바. 〔유체동산 또는 채권가압류인 경우〕 채무자에게는 가압류할

부동산이 있습니까?

☐ 예   ☐ 아니요 → 채무자의 주소지 소재 부동산등
기부등본 첨부

사. 〔"예"로 대답할 경우〕가압류할 부동산이 있다면 부동산이
아닌 유체동산 또는 채권가압류신청을 하는 이유는 무엇
입니까?

☐ 이미 부동산상의 선순위 담보 등이 부동산가액을 초과
함 → 부동산등기부등본 및 가액 소명자료 첨부

☐ 기타 사유 → 내용 :

아. 〔유체동산가압류신청인 경우〕

① 가압류할 유체동산의 품목, 가액은?

② 채무자의 다른 재산에 대하여 어떠한 보전조치를 취하
였습니까? 그 결과는?

3. 본안소송과 관련하여

가. 채권자는 신청서에 기재한 청구채권과 관련하여 채무자에
대하여 본안소송을 제기한 사실이 있습니까?

☐ 예   ☐ 아니요

나. 〔"예"로 대답할 경우〕

① 본안소송을 제기한 법원 · 사건번호 · 사건명은?

② 현재 진행상황 또는 소송결과는?

다. 〔"아니요"로 대답할 경우〕 채권자는 본안소송을 제기할 예
  정입니까?

  □ 예 → 본안소송 제기 예정일 :

  □ 아니요 → 사유 :

4. 중복가압류와 관련하여

가. 채권자는 신청서에 기재한 청구채권(금액불문)을 원인으로
  이 신청 외에 채무자를 상대로 하여 가압류를 신청한 사
  실이 있습니까?(과거 및 현재 포함)

  □ 예   □ 아니요

나. 〔"예"로 대답할 경우〕

  ① 가압류를 신청한 법원 · 사건번호 · 사건명은?

  ② 현재 진행상황 또는 결과(취하/각하/인용/기각 등)는?(소
    명자료 첨부)

다. 〔다른 가압류가 인용된 경우〕 추가로 이 사건 가압류를
  신청하는 이유는 무엇입니까?(소명자료 첨부)

마) 가압류신청에 첨부하는 인지 등

가압류·가처분의 신청, 가압류·가처분결정에 대한 이의 또는 취소의 신청을 하는 신청서에는 10,000원의 인지를 붙여야 한다(인지법 제9조 제2항).

송달료는 (신청인의 수 + 상대방의 수) × 3회분을 예납하여야 한다(『송달료규칙의 시행에 따른 업무처리요령』). 송달료 1회분은 3,550원이다.

등기나 등록이 필요한 가압류(가처분도 같다)를 신청하는 경우에는 청구금액의 1,000분의1에 해당하는 등록세 및 등록세의 100분의20에 해당하는 지방교육세를 미리 납부하고, 그 영수필통지서 2매를 신청서에 첨부하여야 한다. 이를 수납하는 기관은 기초지방자치단체(시·군·구)이다.

〔부동산가압류명령신청서〕

부동산가압류명령신청

채권자　ㅇ　ㅇ　ㅇ

　　　　ㅇㅇ도 ㅇㅇ시 ㅇㅇ로 ㅇㅇ(우편번호 : ㅇㅇㅇ-ㅇㅇㅇ)

　　　　전화 · 휴대전화번호 :

　　　　팩시밀리번호, 전자우편주소 :

채무자　ㅇ　ㅇ　ㅇ

　　　　ㅇㅇ도 ㅇㅇ시 ㅇㅇ로 ㅇㅇ(우편번호 : ㅇㅇㅇ-ㅇㅇㅇ)

　　　　전화 · 휴대전화번호 :

　　　　팩시밀리번호, 전자우편주소 :

청구채권의 표시

합계 120,000,000원(임차보증금반환청구채권)

가압류할 부동산의 표시

별지 "가압류 할 부동산의 표시"와 같음

신　청　취　지

채권자의 채무자에 대한 임차보증금반환청구채권(소갑 제1호증 부동산임대차계약서상의 임대보증금) 돈 120,000,000원의 집행을 보전하기 위하여 채무자 소유의 별지 목록 기재 부동산을 가압류한다.

라는 결정을 구합니다.

신 청 이 유

1. 채권자는 ○○○○. ○. ○○. ○○광역시 ○○구 ○○로 ○○○-○에 있는 채무자 소유의 상가건물에 관하여 임차보증금 120,000,000원, 임대차기간 ○○개월(만기 ○○○○. ○. ○○.)로 하는 임대차계약을 체결한 뒤 위 임차보증금 전액을 지급하고, 위 부동산을 현재까지 점유·사용하고 있습니다.

2. 채권자는 위 임대차기간이 만료되기 1개월 이전에 임대차기간의 연장을 바라지 않는다는 취지의 통지를 하였고, 채무자에게 위 임차보증금의 반환을 청구하였으나 채무자는 현재까지 정당한 이유 없이 이에 불응하므로 채무자를 상대로 임차보증금반환청구의 소를 제기하기 위하여 준비하고 있습니다.

3. 그런데 채무자의 재산 중 눈에 띄는 것이라고는 별지 기재의 부동산이 유일한 것이어서 만일 채무자가 이를 처분해버

리면 채권자는 위 소송에서 승소 확정판결을 받더라도 그 집행이 불가능하거나 현저히 곤란할 것이 예상됩니다.

4. 채권자도 위 임차보증금이 총재산에 해당할 뿐 다른 재산이 없습니다. 담보의 제공에 관하여는 공탁 없이 가압류를 할 수 있도록 가압류명령 결정을 하여주시기 바랍니다. 만약 그것이 어렵다면 채권자가 채무자를 위하여 담보를 제공함에 있어 ○○보증보험 주식회사와 체결하는 지급보증위탁계약체결문서를 제출하는 방법으로 담보제공을 할 수 있도록 결정하여 주시기 바랍니다.

소 명 방 법

1. 소갑 제1호증 부동산임대차계약서
1. 소갑 제2호증 임차보증금반환청구서(내용증명우편 통고서)

첨 부 서 류

1. 위 소명방법 각 1통
1. 부동산등기사항전부증명서 1통
1. 가압류신청 진술서 1통
1. 송달료납부서 1통

　　　　　　○○○○. ○. ○○.

　　　　　위 채권자　○　○　○ (서명 또는 날인)

○○지방법원 ○○지원 귀중

〔별지〕
가압류 할 부동산의 표시

1. 1동 건물의 표시

　　○○광역시 ○○구 ○○로 ○○○-○

　　철근콘크리트조 슬래브지붕 근린생활시설

　　1층 221.03㎡

　　2층 221.03㎡

　　3층 221.03㎡

　　지하층 198.01㎡

2. 토지의 표시

　　○○광역시 ○○구 ○○로 ○○○-○ 대361.07㎡. 끝.

〔부동산소유권이전등기청구권가압류명령신청서〕

부동산소유권이전등기청구권가압류명령신청

채권자　ㅇ ㅇ ㅇ

　　　　ㅇㅇ도 ㅇㅇ시 ㅇㅇ로 ㅇㅇ(우편번호 : ㅇㅇㅇ-ㅇㅇㅇ)

　　　　전화·휴대전화번호 :

　　　　팩시밀리번호, 전자우편주소 :

채무자　ㅇ ㅇ ㅇ

　　　　ㅇㅇ도 ㅇㅇ시 ㅇㅇ로 ㅇㅇ(우편번호 : ㅇㅇㅇ-ㅇㅇㅇ)

　　　　전화·휴대전화번호 :

　　　　팩시밀리번호, 전자우편주소 :

제3채무자　주식회사 ㅇㅇㅇㅇ(대표이사 홍길동)

　　　　　ㅇㅇ도 ㅇㅇ시 ㅇㅇ로 ㅇㅇ(우편번호 : ㅇㅇㅇ-ㅇㅇㅇ)

　　　　　전화번호 :

　　　　　팩시밀리번호 :

　　　　　전자우편주소 :

청구채권의 표시

돈 50,000,000원(물품대금채권)

가압류할 채권의 표시

별지 제1목록 기재와 같음

신 청 취 지

1. 채무자의 제3채무자에 대한 별지 목록 기재 부동산에 대한 소유권이전등기청구권을 가압류한다.
2. 제3채무자는 채무자에 대하여 위 부동산에 관한 소유권이전 등기절차를 이행하여서는 아니 된다.
3. 채무자는 위 소유권이전등기청구권을 양도하거나 기타 처분을 하여서는 아니 된다.

라는 재판을 구합니다.

신 청 이 유

1. 채권자는 ○○○○. ○. ○○. 채무자에게 별지 제2목록 기재 압출기 등 기계류 및 공구류를 돈 100,000,000원에 매도한 다음 같은 날 돈 500,000,000원을 변제받은 사실이 있습니다. 그러나 채무자는 나머지 매매대금의 변제기일인 ○○○○. ○○. ○.이 도과하였음에도 불구하고 나머지 돈 50,000,000 원에 관하여는 정당한 이유 없이 차일피일 미루기만 하면서 변제를 거절하고 있습니다.

2. 따라서 채권자는 귀원에 대하여 본안소송의 제기를 준비하고 있습니다. 그런데 채무자는 별지 목록 기재 부동산소유권이전등기청구권을 제외하고는 이렇다할만한 다른 재산이 없습니다. 따라서 채무자의 유일한 재산인 별지 목록 기재 부동산소유권이전등기청구권을 가압류하지 않는다면 채권자가 나중에 승소확정판결을 얻는다고 하더라도 강제집행이 불가능 또는 매우 곤란할 것이 예상되므로 이 사건 신청에 이르게 되었습니다.

3. 채권자는 경제적 여유가 없습니다. 따라서 담보제공에 관하여는 보증보험주식회사와 지급보증위탁계약을 맺은 문서를 제출하는 방법으로 담보제공을 할 수 있도록 허가하여 주시기 바랍니다.

소 명 방 법

1. 소갑 제1호증의1, 2 압출기등 납품계약서 및 압출기등 인수증
1. 소갑 제2호증 부동산매매계약서(매수인 채무자와 매도인 제3채무자) 사본

첨 부 서 류

1. 위 소명방법 각 1통
1. 부동산등기사항증명서 1통

1. 가압류신청 진술서 1통
1. 송달료납부서 1통

○○○○. ○. ○.

위 채권자 ○ ○ ○ (날인 또는 서명)

○○지방법원 ○○지원 귀중

〔별지1〕

가압류 할 채권의 목적물인 부동산의 표시

가압류 할 채권 : 채무자의 제3채무자에 대한 아래 부동산에
관한 소유권이전등기청구권

아   래

1. 1동 건물의 표시
  ○○도 ○○시 ○○구 ○○로 ○
  철근콘크리트조 슬래브지붕 15층 아파트 105동

1. 전유부분 건물의 표시

   철근콘크리트조

   5층 505호

   104.56㎡

1. 대지권의 목적인 토지의 표시

   ○○도 ○○시 ○○구 ○○로 ○ 대 15,258.31㎡

1. 대지권의 표시

   소유권대지권 15,258.31분의 39.61. 끝.

〔채권가압류명령신청서〕

채권가압류명령신청

채권자   ○ ○ ○

   ○○도 ○○시 ○○로 ○○(우편번호 : ○○○-○○○)

   전화·휴대전화번호 :

   팩시밀리번호, 전자우편주소 :

채무자   ○ ○ ○

   ○○도 ○○시 ○○로 ○○(우편번호 : ○○○-○○○)

전화 · 휴대전화번호 :

팩시밀리번호, 전자우편주소 :

제3채무자 주식회사 ㅇㅇㅇㅇ(대표이사 ㅇㅇㅇ)

ㅇㅇ도 ㅇㅇ시 ㅇㅇ로 ㅇㅇ(우편번호 : ㅇㅇㅇ-ㅇㅇㅇ)

전화번호 :

팩시밀리번호 :

전자우편주소 :

청구채권의 표시

청구금액 : 돈 20,000,000원

채권자가 채무자에게 ㅇㅇㅇㅇ. ㅇ. ㅇㅇ. 대여기간을 1년으로, 연리 24%로 약정하여 대여한 대여금채권

가압류 할 채권의 표시

돈 20,000,000원

채무자가 제3채무자로부터 매월 수령하는 급여채권(급료, 상여금 기타 이와 비슷한 성질을 가진 임금채권)에서 제세공과금을 뺀 잔액의 2분의1씩 위 청구금액에 이를 때까지의 금액 및 위 청구금액에 달하지 아니한 사이에 퇴직하는 경우에는 퇴직금에서 제세공과금을 뺀 잔액의 2분의1 중 위 청구금액에 이를 때까지의 금액

신 청 취 지

1. 채무자의 제3채무자에 대한 별지 목록 기재의 채권을 가압류
   한다.
2. 제3채무자는 채무자에게 위의 채권에 관한 지급을 하여서는
   아니 된다.
라는 결정을 구합니다.

신 청 원 인

1. 채권자는 채무자에게 ○○○○. ○. ○. 돈 20,000,000원을 대
   여함에 있어 변제기는 대여일로부터 1년으로, 이자는 연24%
   로 각 약정하고 위 돈을 대여한 사실이 있습니다.
2. 그런데 채무자는 위 대여금의 변제기가 지났음에도 정당한
   이유 없이 위 돈을 변제하지 않고 있으므로, 채권자는 채무
   자를 상대로 대여금청구의 소를 제기하기 위하여 준비하고
   있습니다.
3. 채무자는 제3채무자가 경영하는 위 주식회사○○○○의 총무
   과장으로 근무하고 있는데, 만약 채무자가 위 회사에서 퇴직
   하는 경우에는 채권자가 채무자를 상대로 위 소송에서 승소
   확정판결을 받더라도 청구채권의 집행이 불가능하거나 매우
   곤란할 염려가 있습니다. 게다가 채무자는 이민을 준비하고
   있다는 소문마저 떠돌고 있습니다.

199

소 명 방 법

1. 소갑 제1호증 차용증서
1. 소갑 제2호증 법인등기부등본
1. 소갑 제3호증 재직증명서

첨 부 서 류

1. 위 소명방법 각 1통
1. 가압류신청 진술서 1통
1. 송달료납부서 1통

ㅇㅇㅇㅇ. ㅇㅇ. ㅇ.

위 채권자   ㅇ ㅇ ㅇ (서명 또는 날인)

ㅇㅇ지방법원 귀중

〈참고〉

임금채권은 원칙적으로 채무자가 수령하는 금액의 절반을 초과해서는 가
압류나 압류를 하지 못한다. 여기에서 말하는 임금채권이란 정기적 급여

에 해당하는 월급, 상여금, 각종 정액(定額)인 수당 및 퇴직급여를 말한다. 즉 통상임금과 퇴직금을 말한다.

〔가압류 할 채권의 표시방법 예시〕

(임차보증금반환청구채권)

청구금액 : 돈 50,000,000원

채무자가 제3채무자로부터 ○○○○. ○. ○○. 대구 ○○구 ○○로 ○○에 있는 ○○아파트 ○○○동 ○○○호를 임차함에 있어 제3채무자에게 지급한 임대차보증금의 반환채권 중 위 청구금액

다만, 「주택임대차보호법」 제8조 및 같은 법 시행령의 규정에 따라 제3자가 우선변제를 받을 수 있는 금액이 있을 경우 이를 제외한 금액

(공사대금청구채권)

청구금액 : 돈 50,000,000원

채무자와 제3채무자 사이의 ○○○○. ○○. ○○.자 서울 강남구 ○○로 소재 택지조성공사에 따른 채무자의 제3채무자에 대한 공사대금채권 돈 150,000,000원 중 위 청구금액

(대여금청구채권)

청구금액 : 돈 50,000,000원

채무자가 제3채무자에게 ○○○○. ○. ○. 대여한 돈 70,000,000원
의 반환청구채권 중 위 청구금액

(매매대금청구채권)

청구금액 : 돈 50,000,000원

채무자가 제3채무자에게 ○○○○. ○. ○○. 매도한 다음 물건에
대한 돈 100,000,000원의 매매대금청구채권 중 위 청구금액 (다음은
생략함)

(수용보상금 - 현금)

청구금액 : 돈 50,000,000원

채무자가 제3채무자로부터 받을 아래 부동산에 대한 수용보상금(또
는 손실보상금)청구채권 중 위 청구금액에 이를 때까지의 금액

(수용보상금 – 채권)

청구금액 : 돈 50,000,000원

채무자가 제3채무자로부터 아래 부동산에 대한 수용보상(또는 손실보상)으로 지급받을 유가증권 중 위 청구금액에 이를 때까지의 유가증권에 대한 인도청구권

(약속어음금청구채권)

청구금액 : 돈 50,000,000원

채무자가 제3채무자에 대하여 갖고 있는 아래 표시의 약속어음에 관한 약속어음금청구채권 중 위 청구금액

약속어음의 표시

발행인   홍길동

액면금   100,000,000원

지급일   ○○○○. ○. ○○.

지급지   서울특별시

(공탁금출급청구권)

청구금액 : 돈 50,000,000원

채무자가 제3채무자에 대하여 갖는 ○○○○. ○. ○.자 공탁금(공탁자 ○○○가 채무자를 피공탁자로 하여 매매대금으로 공탁한 공탁금)인 ○○지방법원 ○○○○년 금제○○○호 공탁금출급청구권(공탁 이후 발생한 이자 전부 포함) 중 위 청구금액

(공탁금회수청구권)

청구금액 : 돈 50,000,000원

채무자가 ○○지방법원 ○○지원 ○○○○카단(합) 제○○○호 가처분신청사건의 담보로써 ○○지방법원 ○○지원 ○○○○년 금제○○호로 공탁한 돈 70,000,000원의 회수청구권(공탁 이후 발생한 이자 전부 포함) 중 위 청구금액

(예금반환청구채권 – 예금계좌번호를 아는 경우)

청구금액 : 돈 50,000,000원

채무자가 제3채무자(○○지점)에 대하여 갖는 보통예금채권(계좌번

호 : ○○○-○○-○○○○)에 남아있는 돈 및 ○○○○. ○. ○○.
자 만기가 되는 정기예금채권(계좌번호 : ○○-○○-○) 돈
25,000,000원 중 위 청구금액

(예금반환청구채권 - 예금계좌번호를 모르는 경우)

청구금액 : 돈 50,000,000원

채무자가 제3채무자에 대하여 갖는 보통예금, 정기예금, 정기적
금, 당좌예금, 별단예금 중 적힌 순서에 따라, 같은 종류의 예금에
있어서는 만기가 빠른 것부터 순차로 청구채권에 달할 때까지(장래
입금되는 예금을 포함). 다만, 압류나 가압류가 되어 있는 경우에는
그것들이 되어 있지 아니한 것부터 순차로 청구금액에 이를 때까지
의 금액

〔자동차가압류명령신청서〕

자동차가압류명령신청

채권자 ㅇ ㅇ ㅇ

ㅇㅇ도 ㅇㅇ시 ㅇㅇ로 ㅇㅇ(우편번호 : ㅇㅇㅇ-ㅇㅇㅇ)

전화 · 휴대전화번호 :

팩시밀리번호 :

전자우편주소 :

채무자 ㅇ ㅇ ㅇ

ㅇㅇ도 ㅇㅇ시 ㅇㅇ로 ㅇㅇ(우편번호 : ㅇㅇㅇ-ㅇㅇㅇ)

전화 · 휴대전화번호 :

팩시밀리번호 :

전자우편주소 :

청구채권의 표시

돈 50,000,000원

채권자와 채무자 사이에서 발생한 채무자의 매매계약상의 위약행위로 인한 채권자의 채무자에 대한 위약금청구채권

가압류 할 자동차의 표시

별지 목록 기재 "자동차의 표시"와 같음

신 청 취 지

채권자가 채무자에 대하여 가지고 있는 위 청구채권의 집행을 보전하기 위하여 채무자 소유의 별지 목록 기재 자동차를 가압류한다.
라는 결정을 구합니다.

신 청 이 유

1. 채권자는 채무자에 대하여 별지 매매계약서에 터 잡은 위약금의 청구채권을 가지고 있습니다.

2. 채권자는 채무자에 대하여 위약금의 변제를 하도록 여러 차례에 걸쳐 촉구한 사실이 있으나 채무자는 정당한 이유 없이 이에 응하지 않고 있습니다.

3. 따라서 채권자는 채무자를 상대로 소를 제기하고자 준비를 하고 있는데, 채무자에게는 위 자동차 외에는 다른 재산도 발견되지 않고 있습니다.

4. 담보의 제공에 관하여는 보증보험회사와 체결한 지급보증위

탁계약체결문서로 제공할 수 있도록 결정하여 주시기 바랍
니다.

소 명 방 법

1. 소갑 제1호증 매매계약서
1. 소갑 제2호증 지불각서

첨 부 서 류

1. 위 소병방법 각 1통
1. 자동차등록원부등본 1통
1. 가압류신청 진술서 1통
1. 송달료납부서 1통

2015. . .

위 채권자 ○ ○ ○ (날인 또는 서명)

○○지방법원 귀중

〔별지〕

가압류 할 자동차의 표시

1. 자동차등록번호 : 경기○○오○○○○호

1. 형식승인번호 : ○-○○○○-○○○-○○○

1. 자동차명 : ○○○○

1. 차종 : 승용자동차

1. 차대번호 : ○○○○○○○

1. 원동기형식 : ○○○○○

1. 등록연월일 : ○○○○. ○. ○○.

1. 최종소유자 : ○○○

1. 사용본거지 : ○○도 ○○군 ○○길 ○○. 끝.

〔가압류 할 목적물의 표시방법 예시〕

(구분건물)

부동산의 표시

1. 동 건물의 표시

서울특별시 ○○구 ○○로 ○○○ 진달래아파트 제101동

철근콘크리트조 슬래브지붕 15층 아파트

1층 내지 15층 각 210.76㎡

지층 92.05㎡

2. 전유부분 건물의 표시

건물의 번호 : 101-5-507

구조 : 철근콘크리트조

면적 : 95.27㎡

3. 대지권의 목적인 토지의 표시

서울특별시 ○○구 ○○로 ○○○ 대 41,515.77㎡

4. 대지권의 표시

소유권대지권 41,515.77분의36.89. 끝.

(건설기계)

가압류 할 건설기계의 표시

건설기계등록번호 : 서울○○-○○○○호

건설기계명 : 굴삭기

형식 : SE○○

규격 : 4.3톤

건설기계차대일련번호 : ○○S○○○○

원동기명 및 형식 : ○○TL-DB(○○○○)

등록일자 : ○○○○. ○. ○.

사용본거지 : 부산광역시 ○○구 ○○로 ○

소유자 : ○○○. 끝.

(선박)

선박의 표시

선박의 종류 및 명칭 : 기선 제○○○○호

선적항 : ○○항

총톤수 : 150톤

순톤수 : 105톤

기관의 종류 및 수 : 디젤발동기 2기

추진기의 종류 및 수 : 나선추진기 2기

진수연월일 : ○○○○. ○. ○.

정박항 : ○○항

소유자 : ○○해운 주식회사

(특허권)

특허권의 표시

1. 출원인 : ○○○

1. 출원일 : ○○○○. ○○. ○○.

1. 출원번호 : ○○○○년 특허원 제○○○호

1. 등록일 : ○○○○. ○. ○.

1. 발명의 명칭 :

끝.

(도메인)

도메인의 표시

도메인(domain)이름 : www.○○○○.co.kr

등록인 : ○○○

등록인의 주소 : 서울 ○○구 ○○길 ○○

사용종료일 : ○○○○. ○. ○.

도메인 등록대행자 :   . 끝.

바) 가압류의 심리절차 및 담보의 제공

민집법 제280조(가압류명령) ① 가압류신청에 대한 재판은 변론 없이 할 수 있다.

② 청구채권이나 가압류의 이유를 소명하지 아니한 때에도 가압류로 생길 수 있는 채무자의 손해에 대하여 법원이 정한 담보를 제공한 때에는 법원은 가압류를 명할 수 있다.

③ 청구채권과 가압류의 이유를 소명한 때에도 법원은 담보를 제공하게 하고 가압류를 명할 수 있다.

④ 담보를 제공한 때에는 그 담보의 제공과 담보제공의 방법을 가압류에 적어야 한다.

민사집행규칙 제204조(담보제공 방식에 관한 특례) 채권자가 부동산·자동차 또는 채권에 대한 가압류신청을 하는 때에는 은행 등과 지급보증위탁계약을 맺은 문서를 제출하고 이에 대하여 법원의 허가를 받는 방법으로 민사소송규칙 제22조의 규정에 따른 담보제공을 할 수 있다.

민소법 제134조(변론의 필요성) ① 당사자는 소송에 대하여 법원에서 변론하여야 한다. 다만, 결정으로 완결될 사건에 대하여는 법원이 변론을 열 것인지 아닌지를 정한다.
② 제1항 단서의 규정에 따라 변론을 열지 아니할 경우에 법원은 당사자와 이해관계인, 그 밖의 참고인을 심문할 수 있다.

민소법 제299조(소명의 방법) ① 소명은 즉시 조사할 수 있는 증거에 의하여야 한다.
② 법원은 당사자 또는 법정대리인으로 하여금 보증금을 공탁하게 하거나 그 주장이 진실하다는 것을 선서하게 하여 소명에 갈음하게 할 수 있다.

가압류의 심리는 신속한 결정이 필요하기 때문에 변론절차를 생략한 채 대부분 서면심리에 의하는 것이 실무의 관행이다. 따라서 채무자에게 손해가 발생할 것을 대비하여 채권자에게 담보를 제공하게 하는 것도 실무이다. 담보의 제공방법과 그 금액의 결정은 법원의 재량에 따른다.

　'소명(疏明)'은 증명보다는 낮은 정도의 개연성으로서 법관으로 하여금 일응 확실할 것이라는 추측을 얻게 한 상태 또는 그와 같은 상태에 이르도록 증거를 제출하는 당사자의 노력을 말한다.

　가압류는 피보전권리가 있고 없음에 관한 확정적 판단 없이 소명만으로 사실을 인정하고 채무자에게 재산의 처분행위 등을 금지시키는 것이다. 경우에 따라서는 채무자가 아무런 의무도 없이 손해를 입을 수도 있다. 따라서 간단한 절차에 의해 채권자에게 채권보전수단을 마련해주는 대신 채무자가 입게 될 수도 있는 손해에 대한 담보를 제공하게 함으로써 형평을 도모하고자 한다.

　법 제280조의 담보는 채무자가 입게 되는 손해를 직접 담보하는 것으로써 채무자는 부적당한 보전처분으로 인해 입은 손해의 배상청구권에 관하여 질권자로서의 권리를 갖게 되는 성격의 담보이다. 이에 비하여 민소법 제299조 제2항에서 말하는 담보는 소명의 진실성을 법원에 대해 보증하게 하려는 것이므로, 그 진술이 거짓인 때에는 법원이 그 담보를 몰취할 수는 있어도 그 거짓진술로 인하여 채무자가 입게 될 손해를 담보하지는 않는다는 점에서 양자는 차이가 있다.

　제280조 제2항은 "청구채권이나 가압류의 이유를 소명하지 아니한 때에도 가압류로 생길 수 있는 채무자의 손해에 대하여 법원이 정한 담보를 제공한 때에는 법원은 가압류를 명할 수 있다."고 규정하고 있다. 그러나 다음에 소개하는 대법원의 견해는 이와는 다름을 알 수 있다. 아래의 판례는 '가처분'에 관한 것이지만, 가처분에 관한 해당 법규인 법 제301조는 가압류에 관한 규정인 위 제280조 제2항의 규정을 준용한다. 따라서 아래의 판례는 가압류에도 똑같이 적용된다고 해석된다.

채권자가 법원에 가압류명령신청을 하면 법원은 가압류명령결정을 하기 전에 채권자에게 담보를 제공하도록 요구한다. 가압류의 명령과 집행절차는 신속을 요하는 절차이므로, 법원은 채권자가 미리 은행이나 보증보험회사와 지급보증위탁계약을 체결하고, 그 계약체결문서를 가압류신청서와 함께 제출하면 담보를 제공한 것으로 인정하는 것이 실무이다. 이와 관련하여 재판예규(제1231호)에서 규정하고 있는 구체적인 내용은 다음과 같다. 채권자가 <u>부동산·자동차·건설기계 또는 금전채권에 대한 가압류신청을 하는 경우에 위 예규가 적용되며, 급여채권과 영업자예금채권을 가압류 할 때에는 지급보증위탁계약체결문서를 미리 제출하는 방식으로는 가압류신청을 할 수 없다.</u> 위 문서는 각 채권자별, 각 채무자별로 작성하여야 하며, 가압류신청서에는 허가신청의 의사표시를 기재하여야 한다(예 : 담보제공은 공탁보증보험증권(○○보험주식회사, 증권번호 제○○○-○○○-○○○호)를 제출하는 방법에 의할 수 있도록 허가하여 주시기 바랍니다.). 보증금액은 다음 각 호의 기준에 의한다.

1. <u>부동산·자동차·건설기계에 대한 가압류신청사건 : 청구금액(원금만을 기준으로 하고, 이자·지연손해금 등은 포함하지 않는다)의 10분지1(10,000원 미만은 버림)</u>

2. <u>금전채권에 대한 가압류신청사건 : 청구금액의 5분지2(다만, 법원의 지역 사정 등을 고려하여 별도의 기준을 정한 경우에는 그 금액)</u>

가압류를 신청하고자 하는 사람이 보증보험회사 등과 위 예규가 규정하는 가압류 대상별로 정해진 담보비율에 해당하는 지급보증위탁계

약을 체결할 때에는 보증보험회사 등은 위 비율에 따른 금액에 대하여 일정한 수수료만을 받는다. 그 수수료액은 대부분 몇 만원 내지 몇 십만원 정도이다.

〔판례〕「민사집행법」제280조 제2항의 해석(대법원 2010. 4. 8. 자 2009마1026 판결)

　가처분신청에 있어서는 피보전권리나 가처분의 이유를 소명하여야 하고, 그 소명이 없을 때에도 법원은 가처분으로 인한 채무자의 손해에 대하여 채권자에게 담보를 제공케 하고 가처분을 명할 수 있으나(민사집행법 제301조, 제280조 제2항), 단지 그 소명이 없을 뿐 아니라 오히려 반대로 피보전권리 또는 가처분 이유 없음이 소명된 경우에는 법원으로서는 가처분을 명할 수는 없다고 해석함이 상당하다고 할 것이다(대법원 1965. 7. 27. 선고 65다1021 판결 참조).

사) 가압류의 재판절차 및 가압류해방금 공탁

민집법 제282조(가압류해방금액) 가압류명령에는 가압류의 집행을 정지시키거나 집행한 가압류를 취소시키기 위하여 채무자가 공탁할 금액을 적어야 한다.

가압류를 명하는 결정에는 피보전권리(채권자의 권리), 청구금액, 채권자가 제공할 담보에 관한 사항, 가압류 할 목적 재산을 표시하고 가압류명령을 한다. 여기에는 채무자가 가압류로부터 벗어나려면 공탁하여야 할 공탁금의 액수도 함께 표시하는데, 이를 '해방공탁금'이라고 한다.

가압류는 금전적 청구권의 보전을 목적으로 하는 수단이므로 집행목적 대신 채무자가 상당한 담보를 공탁한다면 굳이 가압류집행을 하지 않더라도 채권보전의 목적을 달성할 수 있기 때문에 인정된 공탁제도이다. 채무자가 가압류명령에서 정한 금액을 공탁한 때에는 법원은 결정으로 집행한 가압류를 취소하여야 한다(민집법 제299조 제1항).

해방공탁금은 가압류의 집행정지나 취소로 인하여 채권자가 입게 될 손해를 담보하는 것이 아니라 가압류의 목적재산에 갈음하는 것이다. 즉 소송비용의 담보가 아니기 때문에 채권자는 이 공탁금에 대하여 우선변제권을 갖지는 못한다. 즉 질권자와 동일한 우선변제권을 갖지는 못한다.

〔판례〕 가압류해방공탁은 현금공탁만 가능

<u>민사소송법 제702조9)</u>의 가압류해방금액은 채무자가 입을 수 있는 손해를 담보하는 취지의 이른바 소송상의 담보와는 달리 가압류의 목적물에 갈음하는 것으로서 금전에 의한 공탁만이 허용되고, 유가증권에 의한 공탁은 그 유가증권이 실질적 통용가치가 있는 것이라고 하더라도 허용되지 않는 것이다.

위 견해와 달리 가압류해방금액은 금전뿐만 아니라 그 금액 이상의 실질적 통용가치가 있는 유가증권으로도 공탁할 수 있다는 취지로 판시한 당원 1957. 8. 8. 자 4290민재항고 제58호 결정은 이를 변경하기로 한다(대법원 1996. 10. 1. 자 96마162 전원합의체 결정).

〔판례〕 가압류의 효력은 가압류해방공탁금 자체가 아니라 채무자의 공탁금회수청구권에 미치는 것이고, 채권자에게는 가압류해방공탁금의 우선변제권이 인정되지 아니함

<u>가압류집행의 목적물에 갈음하여 가압류해방금이 공탁된 경우에 그 가압류의 효력은 공탁금 자체가 아니라 공탁자인 채무자의 공탁금회수청구권에 대하여 미치는 것이므로</u> 채무자의 다른 채권자가 위 가압류해방공탁금 회수청구권에 대하여 압류명령을 받은 경우에는 가압류채권자의 가압류와 다른 채권자의 압류는 그 집행대상이 같아 서로 경합하게 된다 할 것이다. 한편 압류된 금전채권

---

9) 민사소송법 제702조 : 이는 현행 「민사집행법」 제299조에 해당한다.

에 대하여 배당요구가 있어 채권자가 경합하게 된 경우에 제3채무자가 그 권리로서 채무액을 공탁할 수 있음을 규정한 <u>민사소송법 제581조 제1항[10]</u>은 제3채무자가 각 채권자의 변제수령권의 유무나 채무액의 배분 등에 있어서 판단을 잘못함으로써 이중변제의 책임을 지게 되는 위험을 제거하고 집행절차의 적정을 도모하는 데 그 취지가 있으며, 위와 같은 제3채무자 보호 및 집행절차의 적정이라는 이념은 중복압류(가압류를 포함한다)에 의하여 채권자가 경합된 경우에도 역시 요청되는 것이므로 제3채무자가 그 권리로서 채무액을 공탁할 수 있음을 규정한 민사소송법 제581조 제1항은 중복압류의 경우에도 유추적용 된다고 할 것이다.

채무자의 가압류해방공탁금 회수청구권이 가압류채권자의 본안소송에서의 패소확정 등을 정지조건으로 하는 조건부 채권이라고 하더라도 가압류해방공탁금은 가압류 목적물에 갈음하는 것으로서 이를 공탁하게 하는 목적이 가압류의 집행과 마찬가지로 피보전채권의 강제집행을 보전하는 데 있고, <u>가압류채권자가 가압류목적물에 대하여 우선변제를 받을 권리가 없는 것과 마찬가지로 가압류해방공탁금에 대하여도 우선변제권이 없으므로 집행력 있는 채무명의를 가진 다른 채권자가 가압류해방공탁금 회수청구권에 대하여 강제집행절차를 밟는다고 하여 가압류채권자에게 별다른 손해를 주는 것도 아니다.</u> 만일 가압류채권자가 다른 채권자의 채권이 허위채권이라거나 청구채권액이 부당히 과다하다고 판단한다면 이

---

10) 민사소송법 제581조 제1항 : 이는 현행 「민사집행법」 제248조 제1항에서 규정한다.

를 이유로 배당이의를 하여 다른 채권자에 대한 배당을 보류시키면 되는 것이므로, 가압류채권자의 배당이의가 있다고 하여 배당절차의 개시 자체가 위법하게 되는 것은 아니다(대법원 1996. 11. 11. 자 95마252 결정).

아) 가압류재판에 대한 즉시항고 및 이의신청

(1) 즉시항고

민집법 제281조(재판의 형식) ① 가압류신청에 대한 재판은 결정으로 한다.

② 채권자는 가압류신청을 기각하거나 각하하는 결정에 대하여 즉시항고를 할 수 있다.

③ 담보를 제공하게 하는 재판, 가압류신청을 기각하거나 각하하는 재판과 제2항의 즉시항고를 기각하거나 각하하는 재판은 채무자에게 고지할 필요가 없다.

민소법 제444조(즉시항고) ① 즉시항고는 재판이 고지된 날부터 1주 이내에 하여야 한다.

② 제1항의 기간은 불변기간으로 한다.

민소법 제445조(항고제기의 방식) 항고는 항고장을 원심법원에 제출함으로써 한다.

> **민집법 제15조(즉시항고)** ① 집행절차에 관한 집행법원의 재판에 대하여는 특별한 규정이 있어야만 즉시항고(即時抗告)를 할 수 있다.
>
> ② 항고인(抗告人)은 재판을 고지받은 날부터 1주의 불변기간 이내에 항고장(抗告狀)을 원심법원에 제출하여야 한다.
>
> ③ 항고장에 항고이유를 적지 아니한 때에는 항고인은 항고장을 제출한 날부터 10일 이내에 항고이유서를 원심법원에 제출하여야 한다.
>
> ④ 항고이유는 대법원규칙이 정하는 바에 따라 적어야 한다.
>
> ⑤ 항고인이 제3항의 규정에 따른 항고이유서를 제출하지 아니하거나 항고이유가 제4항의 규정에 위반한 때 또는 항고가 부적법하고 이를 보정(補正)할 수 없음이 분명한 때에는 원심법원은 결정으로 그 즉시항고를 각하하여야 한다.

민집법은 제15조에서 즉시항고에 관하여 규정하였다. 그리고 다시 가압류에 관하여는 제281조에서 즉시항고에 관한 별도의 규정을 두었다. 아래의 판례는 이들 두 개의 즉시항고의 차이점을 설명하고 있다.

> **〔판례〕 민사집행법 제15조 및 제281조에서 규정하는 즉시항고의 차이점**
> 가압류이의신청에 대한 재판은 집행절차에 관한 집행법원의 재판에 해당하지 아니하므로 그에 대한 즉시항고에는 민사집행법 제15조가 적용될 수 없고, 민사소송법의 즉시항고에 관한 규정이 적용된다고 할 것인바, 민사소송법상 항고법원의 소송절차에는 항소

에 관한 규정이 준용되는데, 민사소송법은 항소이유서의 제출기한에 관한 규정을 두고 있지 아니하다.

따라서 재항고인이 즉시항고이유서를 제출하지 아니하였다거나 그 이유를 적어내지 아니하였다는 이유로 그 즉시항고를 각하할 수는 없다고 할 것이다(대법원 2008. 2. 29. 선고 2008마145 판결).

(2) 이의신청

민집법 제283조(가압류결정에 대한 채무자의 이의신청) ① 채무자는 가압류결정에 대하여 이의를 신청할 수 있다.

② 제1항의 이의신청에는 가압류의 취소나 변경을 신청하는 이유를 밝혀야 한다.

③ 이의신청은 가압류의 집행을 정지하지 아니한다.

민집법 제284조(가압류이의신청사건의 이송) 법원은 가압류이의신청사건에 관하여 현저한 손해 또는 지연을 피하기 위한 필요가 있는 때에는 직권으로 또는 당사자의 신청에 따라 결정으로 그 가압류사건의 관할권이 있는 다른 법원에 사건을 이송할 수 있다. 다만, 그 법원이 심급을 달리하는 경우에는 그러하지 아니하다.

민집법 제285조(가압류이의신청의 취하) ① 채무자는 가압류이의신청에 대한 재판이 있기 전까지 가압류이의신청을 취하할 수 있다.

② 제1항의 취하에는 채권자의 동의를 필요로 하지 아니한다.

③ 가압류이의신청의 취하는 서면으로 하여야 한다. 다만, 변론기일 또는 심문기일에서는 말로 할 수 있다.

④ 가압류이의신청서를 송달한 뒤에는 취하의 서면을 채권자에게 송달하여야 한다.

⑤ 제3항 단서의 경우에 채권자가 변론기일 또는 심문기일에 출석하지 아니한 때에는 그 기일의 조서등본을 송달하여야 한다.

민집법 제286조(이의신청에 대한 심리와 재판) ① 이의신청이 있는 때에는 법원은 변론기일 또는 당사자 쌍방이 참여할 수 있는 심문기일을 정하고 당사자에게 이를 통지하여야 한다.

② 법원은 심리를 종결하고자 하는 경우에는 상당한 유예기간을 두고 심리를 종결할 기일을 정하여 이를 당사자에게 고지하여야 한다. 다만, 변론기일 또는 당사자 쌍방이 참여할 수 있는 심문기일에는 즉시 심리를 종결할 수 있다.

③ 이의신청에 대한 재판은 결정으로 한다.

④ 제3항의 규정에 의한 결정에는 이유를 적어야 한다. 다만, 변론을 거치지 아니한 경우에는 이유의 요지만을 적을 수 있다.

⑤ 법원은 제3항의 규정에 의한 결정으로 가압류의 전부나 일부를 인가·변경 또는 취소할 수 있다. 이 경우 법원은 적당한 담보를 제공하도록 명할 수 있다.

⑥ 법원은 제3항의 규정에 의하여 가압류를 취소하는 결정을 하는 경우에는 채권자가 그 고지를 받은 날부터 2주를 넘지 아니하는 범위 안에서 상당하다고 인정하는 기간이 경과하여야 그 결정

의 효력이 생긴다는 뜻을 선언할 수 있다.

⑦ 제3항의 규정에 의한 결정에는 즉시항고를 할 수 있다 이 경우 민사사송법 제447조의 규정을 준용하지 아니한다.

민소법 제447조(즉시항고의 효력) 즉시항고는 집행을 정지시키는 효력을 가진다.

가압류결정(가처분결정도 같다)에 대하여 이의신청을 할 수 있는 사유에는 제한이 없다. 신청기간에도 제한이 없다. 이의신청서에는 2,000원짜리 인지를 붙이고, 송달료는 (당사자의 수 × 8회분 × 3,550원)에 해당하는 금액을 납부하여야 한다.

〔가압류결정에 대한 이의신청서〕

가압류결정에 대한 이의신청

신청인   김 ○ ○

               서울 종로구 ○○로 ○○

               전화번호 : 02)111-1111, 010-1111-1111

피신청인   이 ○ ○

               서울 강남구 ○○길 ○○

               전화번호 : 010-2222-2222

제3채무자 박 ○ ○

               서울 강동구 ○○로 ○○

               전화번호 : 02)333-3333

위 당사자 사이의 귀원 ○○○○카단 제○○○호 채권가압류 신청사건에 관하여 채무자는 다음과 같이 이의신청을 합니다.

신 청 취 지

1. ○○○○. ○. ○○.자 ○○지방법원의 채권가압류결정 ○○ ○○카단 제○○○호는 이를 취소한다.
2. 채권자의 위 채권가압류신청은 이를 기각한다.

3. 소송비용은 채권자의 부담으로 한다.

4. 제1항은 가집행 할 수 있다.

라는 결정을 구합니다.

신 청 이 유

1. 채권자는 채무자에 대하여 돈 55,000,000원의 채권이 있다고 주장하면서 위 채권의 집행보전을 위하여 채무자의 제3채무자에 대한 근저당권부 채권에 대한 채권가압류명령을 귀원에 신청하였고, 귀원에서는 위 가압류명령을 발령하였습니다.

2. 채권자가 주장하는 위 채권(대여금)은 ○○○○. ○. ○○. 신청인이 채권자로부터 위 채권을 양수한 신청외 ○○○에게 전액 변제하였습니다. 따라서 위 채권가압류신청은 기각되었어야 할 것이었으므로 이의를 신청합니다.

소 명 방 법

1. 채권가압류결정정본

1. 무통장입금증

첨 부 서 류

1. 위 소명방법 각 1통
1. 송달료납부서 1통
1. 이의신청서부본 1통

2015. ㅇ. ㅇㅇ.

위 신청인(채무자) ㅇ ㅇ ㅇ (서명 또는 날인)

ㅇㅇ지방법원 귀중

자) 가압류의 집행절차

(1) 집행의 일반원칙

① 강제집행에 관한 규정의 준용

민집법 제291조(가압류집행에 대한 본집행의 준용) 가압류의 집행에 대하여는 강제집행에 관한 규정을 준용한다. 다만, 아래의 여러 조문과 같이 차이가 나는 경우에는 그러하지 아니하다.

민집규칙 제218조(보전처분집행에 대한 본집행의 준용) 보전처분의 집행에 관하여는 특별한 규정이 없으면 강제집행에 관한 규정을 준용한다.

민집법 제291조는 가압류의 집행에 관하여는 강제집행에 관한 규정을 준용한다고 하면서 아래의 여러 조문과 같이 차이가 나는 경우에는 준용하지 않는다고 규정하였다. 위 규정에서 말하는 아래의 여러 조문은 제292조(집행개시의 요건), 제293조(부동산가압류집행), 제294조(가압류를 위한 강제관리), 제295조(선박가압류집행), 제296조(동산가압류집행), 제297조(제3채무자의 공탁), 제298조(가압류취소결정의 취소와 집행) 및 제299조(가압류집행의 취소)에 관한 규정을 말한다.

위 제291조의 규정에도 불구하고 강제집행에 관한 규정 중 제44조 청구이의의 소 및 제45조 집행문부여에 대한 이의의 소와 관련한 규정은 보전처분의 성질상 준용할 수 없다고 해석된다.

② 집행기관

가압류의 집행에 관하여는 강제집행에 관한 규정을 준용하므로 부동산·선박·항공기·자동차·건설기계 등 등기·등록이 필요한 것들의 집행 및 채권과 그 밖의 재산권에 대한 집행기관은 원칙적으로 집행법원이다. 다만, 선박·항공기의 경우에 선박국적증서 등을 제출하는 방법에 의한 집행에서는 집행관이 집행기관으로 된다. 동산의 집행은 집행관이 집행기관이다.

③ 집행신청

보전처분도 강제집행절차와 마찬가지로 집행권원을 부여하는 절차(가압류명령 또는 가처분명령)와 집행절차로 구분이 된다. 그러나 보전처분절차의 경우에는 판결절차와는 달라서 집행권원을 받아 놓고서도 집

229

행을 일단 보류하는 것은 상정하기 어렵다. 따라서 집행법원이 집행기관이 되는 경우에는 일반적으로 보전처분을 신청함과 동시에 보전처분의 인용재판에 상응하는 집행신청도 함께 신청하는 경우가 있다는 점이 강제집행절차와 다른 점이다. 즉 채권가압류나 부동산가압류 등에서는 보전처분의 발령과 함께 집행절차가 개시된다. 보전처분은 긴급을 요하는 절차라는 특성 때문이다. 다만, 집행관이 집행기관이 되는 동산에 대한 가압류집행에서는 채권자가 별도로 집행관에게 집행신청을 하여야 한다.

④ 집행착수와 집행기간 및 채무자에 대한 송달

> **민집법 제292조(집행개시의 요건)** ① 가압류에 대한 재판이 있은 뒤에 채권자나 채무자의 승계가 이루어진 경우에 가압류의 재판을 집행하려면 집행문을 덧붙여야 한다.
>
> ② 가압류에 대한 재판의 집행은 채권자에게 재판을 고지한 날부터 2주를 넘긴 때에는 하지 못한다.
>
> ③ 제2항의 집행은 채무자에게 재판을 송달하기 전에도 할 수 있다.

보전처분은 그 명령이 성립되는 순간 확정이 되는 것이므로 그 명령이 채권자에게 고지됨으로써 집행력이 생긴다. 따라서 확정을 기다릴 것도 없고, 가집행선고를 붙일 필요도 없다. 그리고 집행을 착수하기 전에는 채무자에게는 통지도 하지 않는다. 밀행성의 요구이다.

가압류명령이 채무자에게 통지되는 시기를 살펴보면, 집행법원이 집행기관인 경우에는 제3채무자에 대한 송달통지서가 법원에 도착한 뒤 또는 부동산에 대한 가압류집행의 사실이 기재된 등기필통지서가 법원에 도착하는 등 집행이 완료되었음이 확인된 뒤에 채무자에게 가압류명령을 통지한다.

집행관이 집행기관으로 되는 경우에는 채권자가 집행관에게 집행을 위임하면 당해 집행관은 법원사무관등에게 자신이 위임을 받았다는 사실을 통지하게 되고, 이 때 법원사무관등은 그 집행관으로 하여금 재판서정본을 채무자에게 송달하도록 한다.

보전처분의 집행기간 2주를 계산함에 있어서는 즉시 집행이 가능한 경우와 그렇지 아니한 경우를 구분하여 살펴보아야 한다. 가압류명령에서의 집행기간은 집행이 가능한 때부터 진행하므로, 즉시 집행할 수 있는 가압류명령은 그 명령이 채권자에게 고지된 때부터 진행한다.

2주 안에 집행하여야 한다고 하는 의미는 집행에 착수할 때까지의 기간을 말한다. 따라서 집행에 착수한 이상 그에 수반되는 절차(가령 보관방법의 변경)는 2주 후에 이루어지더라도 무방하다고 해석된다.

집행에 착수한 때에 관하여 각 사례별로 살펴보면, 부동산가압류의 경우에는 가압류사실을 등기부에 기입함으로써 집행하는 것이므로 법원사무관등이 등기촉탁서를 등기소로 발송한 때에 착수한 것으로 보고, 채권가압류의 경우에는 가압류명령을 제3채무자에게 발송한 때에 집행의 착수가 있는 것이며, 어음·수표 등 배서에 의하여 이전할 수 있는 것으로서 배서가 금지된 증권채권은 집행관이 그 증권을 빼앗아 점유를 개시한 때에 집행을 착수한 것이 된다.

채권자가 집행을 게을리하여 집행기간이 도과하면 가압류명령은 효력을 잃는다. 이러한 경우에는 다시 신청을 하여 가압류명령을 받아야만 가압류집행을 할 수 있다. 집행기간이 지난 뒤에 집행을 하는 경우에 있어서 채무자는 집행에 관한 이의절차에 의해 구제받을 수 있다.

채권자가 임의로 가압류집행을 해제한 경우에 그 가압류명령의 효력은 어떠한가? 그 가압류명령은 유효하게 존속한다. 따라서 채권자는 다시 집행을 할 수 있는 것이다. 그리고 집행기간이 지날 때까지 집행에 착수하지 않더라도 보전처분 자체의 효력이 상실되는 것은 아니므로, 채무자가 보전처분 자체의 효력을 제거하려면 보전처분에 대한 이의신청이나 사정변경에 따른 취소신청을 하여야 한다. 사정변경에 따른 취소신청에 관하여는 뒤에서 검토한다.

(2) 부동산에 대한 집행

> **민집법 제293조(부동산가압류집행)** ① 부동산에 대한 가압류의 집행은 가압류재판에 관한 사항을 등기부에 기입하여야 한다.
> ② 제1항의 집행법원은 가압류재판을 한 법원으로 한다.
> ③ 가압류등기는 법원사무관등이 촉탁한다.

민집법 제293조는 등기된 부동산에 대한 가압류집행에 관하여 규정하였다. 등기가 되지 아니한 부동산, 이른바 미등기부동산도 가압류집행을 할 수 있는데, 이는 강제집행에 관한 규정을 준용하게 된다. 부동산강제경매에 관하여 규정하는 민집법 제81조 제1항 제2호에서는 채무

자의 소유로 등기되지 아니한 부동산에 대하여는 즉시 채무자명의로 등기할 수 있다는 것을 증명할 서류를 요구하며, 그 부동산이 미등기 건물인 경우에는 그 건물이 채무자의 소유임을 증명할 서류, 그 건물 의 지번·구조·면적을 증명할 서류 및 그 건물에 관한 건축허가 또는 건축신고를 증명할 서류를 첨부하라고 요구하였다.

미등기부동산에 관하여 소유권보존등기를 할 수 있는 자는 「부동산 등기법」 제65조에서 규정하였고, 미등기부동산의 처분제한에 관한 등기 에 관한 등기관의 직권보존등기 절차에 관하여는 같은 법 제66조에서 규정하였다.

(3) 선박·항공기에 대한 집행

민집법 제295조(선박가압류집행) ① 등기할 수 있는 선박에 대한 가압류를 집행하는 경우에는 가압류등기를 하는 방법이나 집행관 에게 선박국적증서등을 선장으로부터 받아 집행법원에 제출하도록 명하는 방법으로 한다. 이들 방법은 함께 사용할 수 있다.

② 가압류등기를 하는 방법에 의한 가압류집행은 가압류명령을 한 법원이, 선박 국적증서등을 받아 제출하도록 명하는 방법에 의 한 가압류집행은 선박이 정박하여 있는 곳을 관할하는 지방법원이 집행법원으로서 관할한다.

③ 가압류등기를 하는 방법에 의한 가압류의 집행에는 제293조 제3항의 규정을 준용한다.

민집법 제187조(자동차등에 대한 강제집행) 자동차 · 건설기계 · 소형선박(「자동차 등 특정동산저당법」 제3조 제2호에 따른 소형선박을 말한다) 및 항공기에 대한 강제집행절차는 제2절 내지 제4절의 규정에 준하여 대법원규칙으로 정한다).

민집규칙 제209조(항공기에 대한 가압류) 항공기에 대한 가압류는 선박에 대한 가압류의 예에 따라 실시한다. 이 경우에는 제106조 후문의 규정을 준용한다.

민집규칙 제106조(강제집행의 방법) 이하 생략

집행관이 선장으로부터 선박국적증서등을 받아서 집행법원에 제출하는 방법으로 집행하는 경우란 국내에 등기되지 아니한 외국선박 등의 경우가 될 것이다.

민집법 제291조에 의하여 준용되는 제178조 제1항은 "법원은 채권자의 신청에 따라 선박을 감수(監守)하고 보존하기 위하여 필요한 처분을 할 수 있다."고 규정하였다. 이는 선박에 대한 정박명령 등의 조치를 염두에 둔 규정이라고 새겨진다.

항공기에 대한 가압류의 집행은 선박에 관한 규정에 따른다.

(4) 자동차 · 건설기계에 대한 집행

민집법 제187조(자동차등에 대한 강제집행) 자동차 · 건설기계 · 소형선박(「자동차 등 특정동산 저당법」 제3조 제2호에 따른 소형선박을 말한다) 및 항공기에 대한 강제집행절차는 제2절 내지 제4절의 규정에 준하여 대법원규칙으로 정한다).

민집규칙 제211조(건설기계 · 소형선박에 대한 가압류) 건설기계 · 소형선박에 대한 가압류에는 제210조의 규정을 준용한다. 이 경우 제210조 제1항에서 준용하는 제108조 후문의 규정 중 "자동차등록원부"는 각 "건설기계등록원부", "선박원부 · 어선원부 · 수상레져등록원부"로 보며, "특별시장 · 광역시장 또는 도지사"는 소형선박에 대하여는 "지방해양항만청장"이나 "시장 · 군수 또는 구청장"으로 본다.

민집규칙 제210조(자동차에 대한 가압류) ① 자동차에 대한 가압류는 아래 제2항 내지 제4항에서 정하는 사항 외에는 부동산에 대한 가압류(강제관리의 방법은 제외한다)의 예에 따라 실시한다. 이 경우에는 제108조 후문의 규정을 준용한다.

② 가압류법원은 채권자의 신청에 따라 채무자에 대하여 자동차를 집행관에게 인도할 것을 명할 수 있다.

③ 제2항의 규정에 따라 집행관이 자동차를 인도받은 경우에는 제111조 제3항, 제112조, 제114조, 제115조, 제117조, 제118조 제1

항 및 법 제296조 제5항의 규정을 준용한다.

④ 자동차의 공유지분에 대한 가압류에는 제129조의 규정을 준용한다.

「건설기계관리법」에 의하여 등록한 건설기계는 자동차의 집행방법을 준용한다. 자동차 및 건설기계에 대한 가압류의 집행은 부동산과 마찬가지로 목적물의 등록사무소에 법원사무관등이 그 가압류의 기입등록을 촉탁하는 방법으로 한다. 가압류절차에서는 그 성질상 현금화를 할 수 없으나, 예외적으로 즉시 매각하지 아니하면 값이 크게 떨어질 염려가 있거나 그 보관에 지나치게 많은 비용이 드는 경우에는 집행관이 자동차 또는 건설기계를 매각하여 그 매각대금을 공탁할 수 있다(민집규칙 제210조 제3항, 법 제296조 제5항).

(5) 유체동산 및 채권에 대한 집행

민집법 제296조(동산가압류집행) ① 동산에 대한 가압류의 집행은 압류와 같은 원칙에 따라야 한다.

② 채권가압류의 집행법원은 가압류명령을 한 법원으로 한다.

③ 채권의 가압류에는 제3채무자에 대하여 채무자에게 지급하여서는 아니 된다는 명령만을 하여야 한다.

④ 가압류한 금전은 공탁하여야 한다.

⑤ 가압류물은 현금화를 하지 못한다. 다만, 가압류물을 즉시 매각하지 아니하면 값이 크게 떨어질 염려가 있거나 그 보관에 지

나치게 많은 비용이 드는 경우에는 집행관은 그 물건을 매각하여 매각대금을 공탁하여야 한다.

> **민집법 제297조(제3채무자의 공탁)** 제3채무자가 가압류 집행된 금전채권액을 공탁한 경우에는 그 가압류의 효력은 그 청구채권액에 해당하는 공탁금액에 대한 채무자의 출급청구권에 대하여 존속한다.

① 유체동산에 대한 집행

민법은 부동산(토지 및 그 정착물)이 아닌 것은 모두 동산으로 취급한다. 그러나 민집법에서 말하는 동산은 민법과는 그 범위가 다르다. 그렇기 때문에 특별히 '유체동산'이라는 표현을 사용하고 있다.

강제집행에 관하여 특별법이 규정하는 것으로는 광업재단, 공장재단, 입목(立木) 등이 있고, 이 법에 의한 강제집행의 종류로는 부동산·선박·항공기·자동차·건설기계, 채권 및 그 밖의 재산권이 있으며, 앞에서 열거한 것들의 범주에 포함되지 않는 것은 모두 유체동산으로 분류된다.

민집법 제189조 제2항은 유체동산의 범위에 관하여 "등기할 수 없는 토지의 정착물로서 독립하여 거래의 객체가 될 수 있는 것", "토지에서 분리하기 전의 과실로서 1월 이내에 수확할 수 있는 것" 및 "유가증권으로서 배서가 금지되지 아니한 것"이라고 규정하였다.

등기할 수 없는 토지의 정착물로서 독립하여 거래의 객체가 될 수 있는 것으로는 정원석(庭園石), 송신용 철탑, 유류저장탱크, 컨테이너, 입목법의 적용을 받지 않는 식재된 수목(樹木) 등이 있다. 그러나 등기

237

되지 아니한 건물일지라도 기둥, 지붕 및 주벽(主壁)이 있어 건물로 볼 수 있는 것은 부동산에 대한 집행방법으로 집행하게 된다.

유가증권으로서 배서가 금지되지 아니한 것에 해당하는 것으로는 어음·수표·주권(株券)·국채·공채·사채(社債)·지시채권·양도성예금증서·창고증권·선하증권·화물상환증 등이 있다. 면책증권인 은행예금증서나 차용증서·지불각서는 채권의 집행방법으로 집행하고, 예탁유가증권은 그 밖의 재산권에 관한 집행방법에 따른다.

② 지명채권에 대한 집행

지명채권의 가압류집행은 제3채무자(채무자에 대한 채무자)에게 채무자에 대한 지급을 금지하는 명령이 적힌 가압류명령결정정본을 송달함으로써 한다. 이 송달은 법원이 채권자의 신청을 기다리지 않고 하며, 제3채무자에 대한 송달불능이 된 경우에는 채권자가 2주의 집행기간 이내에 주소를 보정하기만 하면 재송달로 인하여 2주의 기간이 경과하더라도 유효한 집행으로 처리하고 있다.

채권에 대한 가압류집행신청이 취하되거나 법원이 가압류집행절차를 취소하는 결정이 확정되면 법원사무관등은 가압류명령을 송달받은 제3채무자에게 그 사실을 통지한다(민집규칙 제218조 및 제160조 제1항). 그리고 가압류신청이 취하된 때에는 가압류명령을 송달받은 채무자에게도 그 사실을 통지한다(민집규칙 제16조).

③ 예금채권에 대한 집행

예금채권에 대하여 가압류집행을 하기 위해서는 원칙적으로 예금자

의 성명·거래지점·계좌번호·예금의 종류·예금액 등을 명확히 기재하여 가압류를 신청하여야 한다. 그러나 금융실명제가 시행된 이후에는 채권자가 채무자에 관한 위와 같은 정보를 모두 입수하여 특정한다는 것은 사실상 불가능하다. 따라서 법원도 예금채권과 같은 지명채권을 집행함에 있어서는 엄격한 기준을 적용하는 것은 사실상 어렵다는 점을 고려하지 아니할 수 없다. 아래의 판례가 그 특정의 정도에 관한 기준을 설명하고 있다.

은행 등 금융기관에 대한 채무자의 예금채권을 가압류함에 있어 여러 종류의 제3채무자(은행 등)가 있거나 같은 제3채무자인 경우에도 여러 종류의 예금을 가압류하고자 할 때 실무상으로는 그 특정의 방법에 관하여 혼선을 겪는 것으로 보인다. 결론부터 말하자면, 제3채무자가 여럿인 경우에는 각 제3채무자마다 가압류신청서를 별도로 작성하여야 한다. 그리고 같은 제3채무자에 대하여 가압류신청을 하는 경우에는 예금의 종류를 특정하여야 하는데, 실무에서는 일반적으로 "정기예금, 정기적금, 보통예금, 당좌예금, 별단예금"이라고 적은 다음 장래에 입금되는 예금을 포함해달라는 취지를 기재하고 있다.

〔판례〕 **장래 발생할 예금채권도 가압류의 대상이 됨**

채권에 대한 압류 및 전부명령이 유효하기 위하여 채권압류 및 전부명령이 제3채무자에게 송달될 당시 반드시 피압류 및 전부채권이 현실적으로 존재하고 있어야 하는 것은 아니고, 장래의 채권이라도 채권 발생의 기초가 확정되어 있어 특정이 가능할 뿐 아니

라 권면액이 있고, 가까운 장래에 채권이 발생할 것이 상당한 정도로 기대되는 경우에는 채권압류 및 전부명령의 대상이 될 수 있다(대법원 2002. 12. 8. 선고 2002다7527 판결).

④ 배서금지 지시채권에 대한 집행

민집법 제233조(지시채권의 압류) 어음·수표 그 밖에 배서로 이전할 수 있는 증권으로서 배서가 금지된 증권채권의 압류는 법원의 압류명령으로 집행관이 그 증권을 점유하여야 한다.

지시채권 중 배서가 금지되지 아니한 지시채권은 유체동산에 대한 가압류의 집행 방법에 의하고, 배서가 금지된 지시채권은 채권에 대한 집행의 방법에 의한다. 따라서 배서금지 지시채권은 제291조의 규정에 의하여 준용되는 제233조에 의하여 집행하게 되는데, 여기의 집행에는 법원의 압류명령만으로는 부족하고, 압류명령이 있은 후에 채권자의 위임을 받은 집행관이 채무자 또는 제3채무자로부터 그 지시채권을 빼앗아 점유를 해야만 집행이 종료한다는 특징이 있다. 따라서 배서가 금지된 지시채권(어음·수표·채권·선하증권·창고증권·화물상환증 등)에 대한 가압류신청서의 신청취지는 일반적인 채권에 대한 신청취지와는 달리 기재하여야 한다. 그 예시는 다음과 같다.

신 청 취 지

1. 채무자의 제3채무자에 대한 별지 기재 약속어음에 따른 채권을 가압류한다.
2. 제3채무자는 채무자에게 위 채무의 지급을 하여서는 아니 된다.
3. 채권자의 위임을 받은 집행관은 채무자로부터 위 약속어음을 빼앗아 점유하고, 위 어음의 권리보전에 필요한 적당한 조치를 취하여야 한다.

라는 결정을 구합니다.

(6) 부동산 등의 인도 및 권리이전청구권에 대한 집행

민집법 제242조(유체물인도청구권 등에 대한 집행) 부동산 · 유체동산 · 선박 · 자동차 · 건설기계 · 항공기 등 유체물의 인도나 권리이전의 청구권에 대한 강제집행에 대하여는 제243조 내지 제245조의 규정을 우선 적용하는 것을 제외하고는 제227조 내지 제240조의 규정을 준용한다.

민집법 제244조(부동산청구권에 대한 압류) ① 부동산에 관한 인도청구권의 압류에 대하여는 그 부동산소재지의 지방법원은 채권자 또는 제3채무자의 신청에 의하여 보관인을 정하고 제3채무자에 대

하여 그 부동산을 보관인에게 인도할 것을 명하여야 한다.

② 부동산에 관한 권리이전청구권의 압류에 대하여는 그 부동산 소재지의 지방법원은 채권자 또는 제3채무자의 신청에 의하여 보관인을 정하고 제3채무자에 대하여 그 부동산에 관한 채무자명의의 권리이전등기절차를 보관인에게 이행할 것을 명하여야 한다.

③ 제2항의 경우에 보관인은 채무자명의의 권리이전등기신청에 관하여 채무자의 대리인이 된다.

④ 채권자는 제3채무자에 대하여 제1항 또는 제2항의 명령의 이행을 구하기 위하여 법원에 추심명령을 신청할 수 있다.

채무자가 제3채무자에 대하여 부동산인도청구권 또는 부동산에 대한 권리이전청구권(소유권이전등기청구권 등)을 갖고 있는 경우의 가압류 집행에 관한 문제이다. 채권자로서는 채무자가 갖는 위와 같은 권리를 강제집행하려면 우선 채무자의 수중으로 또는 채무자의 명의로 점유나 등기명의를 이전할 필요가 있다. 그 다음에 가서야 비로소 경매 등의 강제집행(현금화) 또는 강제관리를 할 수 있으므로, 이러한 것들의 집행은 결국 2단계의 집행절차를 거치게 된다. 이러한 집행대상의 가압류에 관하여는 강제집행에 관한 민집법 제242조 및 제244조의 규정을 준용한다. 이들 가압류의 신청취지는 다음 표와 같다.

채무자 소유의 부동산을 제3자가 점유하는 경우에도 강제집행이나 강제관리는 가능하다. 따라서 부동산을 제3자가 점유하는 경우에는 부동산인도청구권을 가압류할 필요성은 희박하지만, 부동산의 소유권이전등기의 경우에는 여기에서 말하는 2단계의 집행을 하게 된다. 선박·

항공기 · 자동차 · 건설기계 · 광업권 · 어업권 등의 경우는 부동산에 관한 강제집행을 준용하므로, 이들은 여기에서 말하는 권리이전청구권의 가압류에 관하여도 같은 방법을 적용한다.

부동산인도청구권에 대한 가압류신청

1. 채무자의 제3채무자에 대한 ○○○○. ○○. ○○.자 임대차 계약의 기간만료로 인한 별지 목록 기재 부동산의 인도청구 권을 가압류한다.
2. 제3채무자는 채무자에게 위 부동산을 인도하여서는 아니 된다.
3. 채무자는 위 인도청구권에 대하여 처분과 영수를 하여서는 아니 된다.

라는 결정을 구합니다.

부동산권리이전청구권 가압류신청

1. 채무자의 제3채무자에 대한 별지 목록 기재 부동산의 소유 권이전등기청구권을 가압류한다.
2. 제3채무자는 채무자에게 위 부동산에 관한 소유권이전등기절 차를 이행하여서는 아니 된다.
3. 채무자는 위 소유권이전등기청구권을 양도하거나 그 밖의 처

분을 하여서는 아니 된다.

라는 재판을 구합니다.

(7) 지식재산권(그 밖의 재산권)에 대한 집행

민집법 제251조(그 밖의 재산권에 대한 집행) ① 앞의 여러 조문에 규정된 재산권 외에 부동산을 목적으로 하지 아니한 재산권에 대한 강제집행은 이 관의 규정 및 제98조 내지 제101조의 규정을 준용한다.

② 제3채무자가 없는 경우에 압류는 채무자에게 권리처분을 금지하는 명령을 송달한 때에 효력이 생긴다.

민집규칙 제175조(등기 또는 등록이 필요한 그 밖의 재산권에 대한 집행) ① 권리 이전에 등기 또는 등록(다음부터 이 조문 안에서 "등기등"이라 한다)이 필요한 그 밖의 재산권에 대한 압류명령신청서에는 집행력 있는 정본 외에 권리에 관한 등기사항증명서 또는 등록원부의 등본이나 초본을 붙여야 한다.

② 제1항의 그 밖의 재산권에 대한 강제집행에 관하여는 그 등기등을 하는 곳을 관할하는 지방법원을 법 제251조 제1항에서 준용하는 법 제224조 제2항의 집행법원으로 한다.

③ 제1항의 그 밖의 재산권에 관하여 압류의 등기등이 압류명령의 송달 전에 이루어진 경우에는 압류의 효력은 압류등이 된 때에

발생한다. 다만, 그 밖의 재산권으로 권리 처분의 제한에 관하여 등기등을 하지 아니하면 효력이 생기지 아니하는 것에 대한 압류의 효력은 압류등이 압류명령의 송달 뒤에 된 때에도 압류의 등기 등이 된 때에 발생한다.

⑤ 제1항의 그 밖의 재산권에 대한 강제집행에는 법 제94조 내지 법 제96조, 법 제141조 및 법 제144조의 규정을 준용한다.

민집규칙 제213조(채권과 그 밖의 재산권에 대한 가압류) ① 권리이전에 등기 또는 등록이 필요한 그 밖의 재산권에 대한 가압류는 등기 또는 등록을 하는 곳을 관할하는 지방법원이나 본안의 관할법원이 관할한다.

② 채권과 그 밖의 재산권에 대한 가압류에는 제159조, 제160조 제1항, 제167조 제4항, 제172조, 제174조, 제175조 제1항·제3항, 법 제94조 내지 법 제96조 및 법 제141조의 규정을 준용한다.

특허권·실용신안권·디자인권·상표권·저작권 등 지식재산권은 법 제251조에서 규정한 그 밖의 재산권에 대한 집행의 방법으로 집행한다. 특허권 등은 원칙적으로 제3채무자가 없지만, 공유지분에 대한 집행에서는 다른 공유자를, 전용실시권의 집행에서는 특허권자를 각각 제3채무자로 특정하여 집행한다.

특허권·실용신안권·디자인권 및 상표권은 등록이 효력발생요건이다. 따라서 이들 권리의 가압류에는 법원사무관에 의한 등록촉탁이 필요하므로 가압류신청서에 등록원부의 등본 또는 초본을 붙여야 한다.

245

그리고 등록절차에 필요한 비용도 납부하여야 한다.

저작권은 위에서 검토한 지식재산권들과는 달리 등록을 할 수는 있으나 그 등록은 단지 공시(公示)의 기능이 있을 뿐 효력발생요건은 아니다. 실무에서 저작권에 대하여 가압류신청을 하는 경우에는 일반적으로 가압류사실을 기입등록 할 수 있도록 하기 위하여 등록원부의 등본을 제출하고 있다. 이러한 절차를 거쳐 가압류기입등록이 되는 경우에는 그 등록과 채무자에의 송달 중 빠른 것을 기준으로 가압류의 효력이 발생한다(민집규칙 제213조 제2항 및 제175조 제3항).

(8) 주권·주식에 대한 집행

> **민집법 제251조(그 밖의 재산권에 대한 집행)** ① 앞의 여러 조문에 규정된 재산권 외에 부동산을 목적으로 하지 아니한 재산권에 대한 강제집행은 이 관의 규정 및 제98조 내지 제101조의 규정을 준용한다.

① 권리주에 대한 집행

주식회사를 설립할 때 또는 신주를 발행할 때 주주로 되기 전까지 주식인수인이 갖는 권리를 '권리주'라고 한다. 권리주의 양도는 회사에 대하여 효력이 없다(상법 제319조 및 제452조 제1항). 따라서 권리주는 가압류의 대상이 되지 않음이 원칙이다.

그러나 주식인수인은 회사의 설립등기 후 또는 납입기일 후 회사가 발행할 주권에 대한 교부청구권을 갖고 있으므로, 주식인수인을 채무자

로 하고 회사를 제3채무자로 하여 주권교부청구권을 가압류 할 수는 있다. 채무자가 장래에 주권을 교부받게 되면 현금화가 가능하기 때문이다.

② 주식에 대한 집행

주식에 대한 가압류에서는 주권이 발행되기 전인 주식과 주권발행 후의 주식을 나누어 살펴보아야 한다. 상법의 규정에 의하면 회사성립 후 또는 신주납입기일 후 6개월이 경과했는가 그렇지 아니한가에 따라 주식 양도의 효력을 달리한다. 따라서 가압류의 방법도 달리해야 하기 때문이다.

회사성립 후 또는 신주납입기일 후 6개월이 되기 전의 주권의 양도는 회사에 대하여 효력이 없다(상법 제335조 제2항). 따라서 이 경우에는 채무자인 주주가 회사에 대하여 갖는 주권교부청구권을 가압류의 대상으로 하여야 한다.

회사성립 후 또는 신주납입기일 후 6개월이 경과했음에도 회사가 주권을 발행하지 아니한 경우에는 주권 없이도 주식을 양도할 수 있으며, 그 주식의 양수인은 회사에 대하여 양수인의 이름으로 명의개서(名義改書)를 한 다음 양수인에게 주권을 발행해줄 것을 청구할 수 있으므로, 주식 자체를 가압류의 대상으로 할 수 있다.

주권이 발행된 경우에는 그 주권이 무기명이든 기명이든 불문하고 주식의 양도는 주권의 교부를 요건으로 한다(상법 제336조 제1항). 따라서 이 경우에는 주권 자체가 유체동산이므로 유체동산에 대한 가압류집행 절차에 의하면 된다.

③ 예탁유가증권에 대한 집행

예탁유가증권의 집행에 관한 「민사집행규칙」의 규정

제176조(예탁유가증권집행의 개시) 「자본시장과 금융투자업에 관한 법률」 제309조 제2항의 규정에 따라 한국예탁결제원(다음부터 "예탁결제원"이라 한다)에 예탁된 유가증권(같은 법 제310조 제4항의 규정에 따라 예탁결제원에 예탁된 것으로 보는 경우를 포함한다. 다음부터 "예탁유가증권"이라 한다)에 대한 강제집행(다음부터 "예탁유가증권집행"이라 한다)은 예탁유가증권에 관한 공유지분(다음부터 "예탁유가증권지분"이라 한다)에 대한 법원의 압류명령에 따라 개시한다.

제177조(압류명령) 법원이 예탁유가증권지분을 압류하는 때에는 채무자에 대하여는 계좌대체청구·「자본시장과 금융투자업에 관한 법률」 제312조 제2항에 따른 증권반환청구, 그 밖의 처분을 금지하고, 채무자가 같은 법 제309조 제2항에 따른 예탁자(다음부터 "예탁자"라 한다)인 경우에는 예탁결제원에 대하여, 채무자가 고객인 경우에는 예탁자에 대하여 계좌대체와 증권의 반환을 금지하여야 한다.

제178조(예탁원 또는 예탁자의 진술의무) 압류채권자는 예탁결제원 또는 예탁자로 하여금 압류명령의 송달을 받은 날부터 1주 안에 서면으로 다음 각 호의 사항을 진술하게 할 것을 법원에 신청할 수 있다.

1. 압류명령에 표시된 계좌가 있는지 여부

2. 제1호의 계좌에 압류명령에 목적물로 표시된 예탁유가증권지분이 있는지 여부 및 있다면 그 수량

3. 위 예탁유가증권지분에 관하여 압류채권자에 우선하는 권리를 가지는 사람이 있는 때에는 그 사람의 표시 및 그 권리의 종류와 우선하는 범위

4. 위 예탁유가증권지분에 관하여 다른 채권자로부터 압류·가압류 또는 가처분의 집행이 되어 있는지 여부 및 있다면 그 명령에 관한 사건의 표시·채권자의 표시·송달일과 그 집행의 범위

5. 위 예탁유가증권지분에 관하여 신탁재산인 뜻의 기재가 있는 때에는 그 사실

증권예탁원은 주식 등 증권대체결제업무를 관장하는 기관으로서 주식의 보관대체업무를 행하고, 증권회사·은행 등은 예탁자로서의 업무를 행하며, 일반투자자는 고객으로서 위탁자가 된다.

증권대체결제제도에서는 증권의 소유자가 고객으로서 그가 소유하는 증권을 예탁자인 증권회사 등에 예탁하고, 예탁자로부터 투자자계좌부를 개설 받는다. 이른바 증권계좌인 투자자계좌부에는 투자자(고객)의 성명·주소, 예탁유가증권의 종류·수 및 그 발행인의 명칭 등이 기재된다(자본시장법 제310조 제1항). 예탁자인 증권회사 등은 고객으로부터 예탁받은 증권을 다시 증권예탁원에 예탁한다. 증권예탁원에서는 예탁자별로 예탁자계좌부를 작성·비치하고, 이 예탁계좌부에는 예탁된 증권에 관하여 예탁자(증권회사 등)의 소유분과 고객예탁분을 구분하여

예탁자의 명칭·주소, 예탁 받은 증권의 종류·수 및 그 발행인의 명칭 등이 기재된다(자본시장법 제309조 제3항). 그리고 투자자계좌부 및 예탁자계좌부에 기재된 자는 해당 증권을 점유하는 것으로 본다(자본시장법 제311조 제3항).

증권의 소유자인 고객은 증권회사의 고객계좌부에, 증권회사는 증권예탁원의 예탁계좌부에 각각 계좌를 개설하면 예탁된 증권의 이전 또는 담보권의 설정은 증권의 교부 없이 양도인의 계좌에서 양수인의 계좌로 해당 증권을 대체하는 방식으로 이루어지고, 이는 증권의 교부와 동일한 효력이 있다.

예탁자의 고객(투자자)과 예탁자(증권회사)는 장부에 기재된 유가증권의 종류, 종목 및 수량에 따라 예탁유가증권의 공유지분을 소유하는 것으로 추정한다(자본시장법 제312조). 따라서 예탁된 유가증권의 양도는 공유지분의 양도이므로, 이러한 예탁유가증권에 대한 가압류 등 강제집행은 위 공유지분을 대상으로 하는 것이다.

고객이 채무자인 경우에는 예탁자인 증권회사 등이 제3채무자가 되고, 예탁유가증권을 가압류하는 경우에는 증권예탁원이 제3채무자로 된다(민집규칙 제177조).

가압류의 효력은 제3채무자인 예탁자 또는 증권예탁원에 가압류명령이 송달된 때에 발생한다. 가압류명령이 예탁자 또는 증권예탁원에 송달이 되면 고객계좌부 또는 예탁계좌부에 가압류 사실을 기재하게 된다. 가압류신청취지는 다음과 같이 표시한다.

예탁유가증권 공유지분 가압류신청

1. 채무자의 제3채무자에 대한 별지 목록 기재 예탁유가증권에 관한 공유지분을 가압류한다.
2. 채무자는 위 예탁유가증권에 관한 공유지분에 대하여 계좌대체의 청구나 증권반환의 청구 기타 일체의 처분행위를 하여서는 아니 된다.
3. 제3채무자는 위 예탁유가증권에 관한 공유지분에 대하여 계좌대체를 하거나 이를 반환하여서는 아니 된다.

라는 결정을 구합니다.

---

(9) 부동산수익권에 대한 집행

민집법 제294조(가압류를 위한 강제관리) 가압류의 집행으로 강제관리를 하는 경우에는 관리인이 청구채권액에 해당하는 금액을 지급받아 공탁하여야 한다.

강제관리는 차임(借賃) 등 부동산의 수익으로써 채권자의 채권에 만족을 주기 위한 제도인데, 가압류는 그 성질상 수익을 채권자에게 지급 또는 배당하는 것이 아니라 공탁하여야 한다. 가압류를 위한 강제관리는 제294조를 제외하고는 강제집행에 관한 강제관리의 규정들이 준용된다.

관리인은 부동산의 수익에서 당해 부동산이 부담하는 조세, 그 밖의 공과금을 뺀 다음 관리비용을 변제하고 나머지는 공탁하여야 한다(민집규칙 제92조 제1항). 이렇게 공탁한 총액이 가압류 청구채권액에 달하면 법원은 직권으로 강제관리의 취소결정을 하고, 그 결정이 확정되면 법원사무관등은 가압류등기의 말소등기를 촉탁한다(제291조 및 제171조). 이 때 가압류의 효력은 채무자가 갖는 그 공탁금의 회수청구권에 미친다. 이 제도의 활용도는 매우 낮다. 신청취지는 다음 표와 같이 기재한다.

가압류를 위한 강제관리신청

1. 채무자 소유의 부동산에 대한 강제관리절차를 개시하고 채권자를 위하여 이를 가압류한다.

2. 채무자는 관리인의 사무에 간섭하거나 위 부동산의 수익을 처분하여서는 아니 된다.

3. 제3채무자는 위 부동산의 수익을 관리인에게 지급하여야 한다.

4. 아래 사람을 이 사건 관리인으로 임명한다.

　성명 : ○○○　주민등록번호 : ○○○○○○-○○○○○○○

5. 채무자는 아래의 청구금액을 공탁하고 가압류집행의 정지 또는 취소를 신청할 수 있다.

청구금액 : 50,000,000원

차) 가압류집행의 효력 및 집행채권자의 책임

가압류의 효력은 집행권원이 없다는 성질상 가압류의 대상에 대하여 현금화를 할 수 없다는 점을 제외하고는 압류의 효력과 크게 다르지 않다. 가압류가 압류와 다른 점과 그 효력에 관하여는 다음에서 대법원의 입장을 소개하는 것으로 설명을 대신한다.

금전채권의 압류 및 가압류와 관련하여 민집법이 규정하는 이들의 차이점을 보자면, 압류(본압류)에 관하여 규정하는 제227조 제1항에서는 "금전채권을 압류할 때에는 법원은 제3채무자에게 채무자에 대한 지급을 금지하고, 채무자에게 채권의 처분과 영수를 금지하여야 한다."고 규정하였다. 이와는 달리 가압류에 관하여 규정하는 제296조 제3항에서는 "채권의 가압류에는 제3채무자에 대하여 채무자에게 지급하여서는 아니 된다는 명령만을 하여야 한다."고 규정하였다.

가압류의 집행은 채무자의 재산권처분을 제한하는 것을 그 본질로 한다. 이에 따라 채권자로서는 사법적 절차보다 더 빨리 채권의 목적을 달성하려는 목적 또는 채무자에게 어떤 타격을 가하려는 목적으로 가압류제도를 남용할 우려도 있다. 이러한 경우에는 가압류채권자에게 고의 또는 과실에 대한 책임을 묻는 것은 당연하다고 할 것이다. 보전처분 절차는 판결절차와는 달리 엄격한 심리 등의 절차에 의하기보다는 채권자의 주장 자체에 근거하여 신속히 처리되는 절차이기 때문이다. 이와 관련해서도 뒤에서 대법원의 입장을 소개하는 것으로 설명을 대신한다.

〔판례〕 채권가압류의 효력

채권가압류가 된 경우, 제3채무자는 채무자에 대하여 채무의 지급을 하여서는 안 되고, 채무자는 추심, 양도 등의 처분행위를 하여서는 안 되지만, 이는 이와 같은 변제나 처분행위를 하였을 때에 이를 가압류채권자에게 대항할 수 없다는 것이며, 채무자가 제3채무자를 상대로 이행의 소를 제기하여 채무명의를 얻는 것까지 금지하는 것은 아니라 할 것이고, 다만 채무자가 채무명의를 얻더라도 이에 기하여 제3채무자에 대하여 강제집행을 할 수는 없다고 보아야 할 것이다(대법원 1989. 11. 24. 선고 88다카25038 판결).

┗ 위 판례에서 "변제나 처분행위를 하였을 때 이를 가압류채권자에게 대항할 수 없다"고 표현한 부분에서 말하는 "대항"의 의미는 이렇다. 가압류명령을 받은 제3채무자가 가압류의 목적물을 채무자에게 변제하거나 처분하는 경우에도 그 변제 또는 처분행위는 유효하지만 채권자에 대한 관계에서는 그 변제나 처분행위의 유효를 주장할 수 없으므로, 그로 인하여 채권자에게 손해가 발생하면 제3채무자는 그 손해를 배상하여야 할 책임이 있다는 뜻이다.

그리고 "채무자가 채무명의를 얻더라도 이에 기하여 제3채무자에 대하여 강제집행을 할 수 없다"고 표현한 부분의 의미는 이렇다. 채권자가 제3채무자에 대하여 채권가압류를 한 뒤에도 채무자로서는 제3채무자를 상대로 소를 제기하여 판결을 받는 등의 방법으로 집행권원을 확보하는 것 자체는

가능하지만, 가압류집행의 효력이 계속되고 있는 동안에는 그 집행권원을 이용하여 강제집행은 할 수 없다는 것이다. '채무명의'는 '집행권원'의 옛말이다.

〔판례〕 가압류 목적물은 압류와는 달리 점유이전에 의해 유치권 취득 가능

부동산에 가압류등기가 경료되면 채무자가 당해 부동산에 관한 처분행위를 하더라도 이로써 가압류채권자에게 대항할 수 없게 되는바, 여기서 처분행위라 함은 당해 부동산을 양도하거나 이에 대해 용익물권, 담보물권 등을 설정하는 행위를 말하고, 특별한 사정이 없는 한 점유의 이전과 같은 사실행위는 이에 해당하지 않는다. 다만 부동산에 경매개시결정의 기입등기가 경료되어 압류의 효력이 발생한 후에 채무자가 제3자에게 당해 부동산의 점유를 이전함으로써 그로 하여금 유치권을 취득하게 하는 경우 그와 같은 점유의 이전은 처분행위에 해당한다는 것이 당원의 판례이다(대법원 2005. 8. 19. 선고 2005다22688 판결, 대법원 2006. 8. 25. 선고 2006다22050 판결 참조). 이는 어디까지나 경매개시결정의 기입등기가 경료되어 압류의 효력이 발생한 후에 채무자가 당해 부동산의 점유를 이전함으로써 제3자가 취득한 유치권으로 압류채권자에게 대항할 수 있다고 한다면 경매절차에서의 매수인이 매수가격 결정의 기초로 삼은 현황조사보고서나 매각물건명세서 등에서 드러나지 않는 유치권의 부담을 그대로 인수하게 되어 경매절차의

공정성과 신뢰를 현저히 훼손하게 될 뿐만 아니라, 유치권신고 등을 통해 매수신청인이 위와 같은 유치권의 존재를 알게 되는 경우에는 매수가격의 즉각적인 하락이 초래되어 책임재산을 신속하고 적정하게 환가하여 채권자의 만족을 얻게 하려는 민사집행제도의 운영에 심각한 지장을 줄 수 있으므로, 위와 같은 상황하에서는 채무자의 제3자에 대한 점유이전을 압류의 처분금지효에 저촉되는 처분행위라고 봄이 상당하다는 취지이다.

따라서 이와 달리 부동산에 가압류등기가 경료되어 있을 뿐 현실적인 매각절차가 이루어지지 않고 있는 상황하에서는 채무자의 점유이전으로 인하여 제3자가 유치권을 취득하게 된다고 하더라도 이를 처분행위로 볼 수는 없다(대법원 2011. 11. 24. 선고 2009다19246 판결).

〔판례〕 **가압류의 처분금지적 효력이 미치는 범위는 청구금액에 한정**

가압류의 처분금지적 효력이 미치는 객관적 범위는 가압류결정에 표시된 청구금액에 한정되므로 가압류의 청구금액으로 채권의 원금만이 기재되어 있다면 가압류채권자가 가압류채무자에 대하여 원금채권 외에 그에 부대하는 이자 또는 지연손해금채권을 가지고 있다고 하더라도 가압류의 청구금액을 넘어서는 부분에 대하여는 가압류채권자가 처분금지의 효력을 주장할 수 없다(대법원 1998. 11. 10. 선고 98다143441 판결 등 참조) - (대법원 2006. 11 .24. 선고 2006다35223 판결).

〔판례〕 **가압류와 가처분 또는 가압류 상호간에는 선후의 우열 없음**

소유권이전등기청구권에 대한 가압류가 있기 전에 가처분이 있었다고 하여도 가처분이 뒤에 이루어진 가압류에 우선하는 효력이 없으므로 가압류는 가처분채권자와의 관계에서도 유효할 뿐만 아니라(대법원 1998. 4. 14. 선고 96다47104 판결 참조), 가압류 상호간에도 그 결정이 이루어진 선후에 따라 뒤에 이루어진 가압류에 대하여 처분금지적 효력을 주장할 수도 없다(대법원 1999. 2. 9. 선고 98다42615 판결).

〔판례〕 **제3채무자의 채권소멸행위도 합리적 이유 있으면 가능**

채무자와 제3채무자가 아무런 합리적 이유 없이 채권의 소멸만을 목적으로 하는 계약관계를 합의해제 한다는 등의 특별한 경우를 제외하고는, 제3채무자는 채권에 대한 가압류가 있은 후라고 하더라도 채권의 발생원인인 법률관계를 합의해제하고, 이로 인하여 가압류채권이 소멸되었다는 사유를 들어 가압류채권자에게 대항할 수 있다(대법원 2001. 6. 1. 선고 98다17930 판결).

〔판례〕 가압류명령 받은 제3채무자가 채무자와 상계할 수 있는 요건

가압류명령을 받은 제3채무자가 가압류채무자에 대한 반대채권을 가지고 있는 경우에 가압류채권자에게 상계로써 대항하기 위하여는 가압류의 효력발생 당시에 양채권이 상계적상에 있거나 반대채권이 압류 당시 변제기에 달하지 아니할 경우에는 피압류채권인 수동채권의 변제기와 동시에 또는 보다 먼저 변제기에 도달하는 경우이어야 한다(대법원 1987. 7. 7. 선고 86다카2762 판결).

└ 위 판례가 설명하는 취지를 정리하면 이렇다. 채권자 갑이 채무자 을의 제3채무자 병에 대한 채권을 가압류집행한 경우에서 병도 을에 대하여 같은 종류의 채권을 가지고 있어 병이 을과 상계를 하려면 병이 을에게 변제하여야 할 채무(병의 입장에서는 '수동채권')의 변제기보다 을이 병에게 변제하여야 할 채무(병의 입장에서는 '자동채권' : 위 판례에서는 "반대채권"이라고 표현함)의 변제기가 더 빠르거나 양채권의 변제기가 같아야 한다.

〔판례〕 유체동산 가압류집행과 소멸시효중단

민법 제168조에서 가압류를 시효중단사유로 정하고 있는 것은 가압류에 의하여 채권자가 권리를 행사하였다고 할 수 있기 때문인데, 가압류에 의한 집행보전의 효력이 존속하는 동안은 가압류채권자에 의한 권리행사가 계속되고 있다고 보아야 할 것이므로 가압류에 의한 시효중단의 효력은 가압류의 집행보전의 효력이 존

속하는 동안은 계속된다(대법원 2000. 4. 25. 선고 2000다11102 판결, 대법원 2006. 7. 27. 선고 2006다32781 판결 등 참조). 따라서 유체동산에 대한 가압류결정을 집행한 경우 가압류에 의한 시효중단의 효력은 가압류의 집행보전의 효력이 존속하는 동안 계속된다. 그러나 유체동산에 대한 가압류의 집행절차에 착수하지 않은 경우에는 시효중단의 효력이 없고, 그 집행절차를 개시하였으나 가압류할 동산이 없기 때문에 집행불능이 된 경우에는 집행절차가 종료된 때로부터 시효가 새로이 진행된다(대법원 2011. 5. 13. 선고 2011다10044 판결).

〔판례〕 **가압류신청을 취하하면 소멸시효중단의 효과도 소급하여 소멸**

금전채권의 보전을 위하여 채무자의 금전채권에 대하여 가압류가 행하여진 경우에 그 후 채권자의 신청에 의하여 그 집행이 취소되었다면, 다른 특별한 사정이 없는 한 가압류에 의한 소멸시효중단의 효과는 소급적으로 소멸한다고 할 것이다. 민법 제175조는 가압류가 "권리자의 청구에 의하여 취소된 때에는" 소멸시효중단의 효력이 없다고 정한다. 가압류의 집행 후에 행하여진 채권자의 집행취소 또는 집행해제의 신청은 실질적으로 집행신청의 취하에 해당하고, 이는 다른 특별한 사정이 없는 한 가압류 자체의 신청을 취하하는 것과 마찬가지로, 그에게 권리행사의 의사가 없음을 객관적으로 표명하는 행위로서 위 법규정에 의하여 시효중단의 효력이 소멸한다고 봄이 상당하다. 이러한 점은 위와 같은 집행취소

의 경우 그 취소의 효력이 단지 장래에 대하여만 발생한다는 것에
의하여 달라지지 아니한다(대법원 2010. 10. 14. 선고 2010다53273
판결).

〔판례〕 소유권이전등기청구권에 대한 가압류는 채권자, 채무자 및 제
3채무자에게만 효력 미침

소유권이전등기청구권에 대한 압류나 가압류는 채권에 대한 것
이지 등기청구권의 목적물인 부동산에 대한 것이 아니고, 채무자
와 제3채무자에게 그 결정을 송달하는 외에 현행법상 등기부에 이
를 공시하는 방법이 없는 것으로서 당해 채권자와 채무자 및 제3
채무자 사이에만 효력을 갖는 것이고, 압류나 가압류와 관계가 없
는 제3자에 대하여는 압류나 가압류의 처분금지적 효력을 주장할
수 없는 것이다.

따라서 소유권이전등기청구권의 압류나 가압류는 청구권의 목적
물인 부동산 자체의 처분을 금지하는 대물적 효력은 없다고 할 것
이고, 제3채무자나 채무자로부터 소유권이전등기를 넘겨받은 제3
자에 대하여는 그 취득한 등기가 원인무효라고 주장하여 그 말소
를 청구할 수 없다고 보아야 할 것이다.

부동산소유권이전등기청구권의 가압류는 채무자 명의로 소유권
을 이전하여 이에 대하여 강제집행을 할 것을 전제로 하고 있는
것이므로, 소유권이전등기청구권을 가압류하였다 하더라도 어떠한
경로로 제3채무자로부터 채무자 명의로 소유권이전등기가 마쳐졌

다면 채권자는 이 부동산 자체를 가압류하거나 압류하면 될 것이지 이 등기를 말소할 필요는 없을 것이고, 만일 위와 같은 등기를 원인무효로 보고 말소한다면 가압류채권자는 이를 말소하고 다시 동일한 등기를 한다는 이상한 결과를 가져올 것이다.

일반적으로 채권에 대한 가압류가 있더라도 이는 채무자가 제3채무자로부터 현실로 급부를 추심하는 것만을 금지하는 것이므로, 채무자는 제3채무자를 상대로 그 이행을 구하는 소송을 제기할 수 있고, 법원은 가압류가 되어 있음을 이유로 이를 배척할 수 없는 것이 원칙이다(당원 1989. 11. 24. 선고 88다카25038 판결 참조).

왜냐하면 채무자로서는 제3채무자에 대한 그의 채권이 가압류되어 있다 하더라도 채무명의를 취득할 필요가 있고, 또는 시효를 중단할 필요가 있는 경우도 있을 것이며, 특히 소송계속중에 그의 채권에 대한 가압류가 행하여진 경우에는 이를 이유로 청구가 배척된다면 장차 가압류가 취소된 후 다시 소를 제기하여야 하는 불편함이 있는데 반하여 제3채무자로서는 이행을 명하는 판결이 있더라도 집행단계에서 이를 저지하면 될 것이기 때문이다.

그러나 소유권이전등기를 명하는 판결은 의사의 진술을 명하는 판결로서 이것이 확정되면 채무자는 일방적으로 이전등기를 신청할 수 있고 제3채무자는 이를 저지할 방법이 없으므로 위와 같이 볼 수 없고, 이와 같은 경우에는 가압류의 해제를 조건으로 하지 아니하는 한 법원은 이를 인용하여서는 안 되고, 제3채무자가 임의로 이전등기의무를 이행하고자 한다면 민사소송법 제577조[11]에 의하여 정하여진 보관인에게 권리이전을 하여야 할 것이고, 이 경

우 보관인은 채무자의 법정대리인의 지위에서 이를 수령하여 채무
자 명의로 소유권이전등기를 마치면 될 것이다(대법원 1992. 11.
10. 선고 92다4680 전원합의체 판결).

〔판례〕 가압류채권자의 고의·과실에 따른 손해배상책임

가압류신청에서 채권액보다 지나치게 과다한 가액을 주장하여
그 가액대로 가압류결정이 된 경우 본안판결에서 피보전권리가 없
는 것으로 확인된 범위 내에서는 고의·과실이 추정되고, 다만 특
단의 사정이 있으면 고의·과실이 부정된다고 보아야 할 것이다
(대법원 1995. 12. 12. 선고 95다34095,34101 판결 참조) - (대법원
1999. 9. 3. 선고 98다3757 판결).

〔판례〕 가압류채권자가 본안소송에서 패소 확정된 경우와는 달리 조
정에 갈음하는 결정을 거친 경우에는 고의·과실 책임 달라

가압류나 가처분 등 보전처분은 법원의 재판에 의하여 집행되는
것이기는 하나 그 실체상 청구권이 있는지 여부는 본안소송에 맡
기고 단지 소명에 의하여 채권자의 책임 아래 하는 것이므로, 그
집행 후에 집행채권자가 본안소송에서 패소 확정되었다면 그 보전
처분의 집행으로 인하여 채무자가 입은 손해에 대하여는 특별한
반증이 없는 한 집행채권자에게 고의 또는 과실이 있다고 추정되

---

11) 민사소송법 제577조 : 이는 현행 「민사집행법」 제242조에서 규정한다.

고, 따라서 부당한 집행으로 인한 손해에 대하여 이를 배상할 책임이 있다고 할 것이나(대법원 1999. 4. 13. 선고 98다52513 판결 참조), 이 사건과 같이 가압류신청을 한 후 채권자가 본안의 소를 제기하고 이에 대하여 채무자가 반소를 제기한 끝에 법원의 조정에 갈음하는 결정을 쌍방 당사자가 받아들여 확정된 경우, 비록 그 결정의 내용이 채권자가 채무자로부터 지급받을 금액은 없는 것으로 하고 오히려 채권자로 하여금 채무자에게 채무자가 반소로서 구하는 금원의 일부를 지급할 것을 명하는 것이라 하더라도, 이로써 집행채권자가 그 집행 후의 본안소송에서 패소 확정된 경우와 같이 볼 것은 아니다. 왜냐하면 법원이 조정절차에서 당사자 사이에 합의가 성립되지 아니하는 경우에 조정에 갈음하는 결정을 하는 것은 당사자의 이익 기타 제반사정을 참작하여 사건의 공평한 해결을 도모하고자 하는 것으로서, 반드시 청구채권의 존재 유무만을 판단한 것이라고 볼 수 없기 때문이다(대법원 2001. 9. 25. 선고 2001다39947 판결).

〔판례〕 부동산 가압류집행과 당해 부동산 처분 지연 사이의 상당인과관계

부동산에 대한 가압류의 집행이 이루어졌다고 하더라도 채무자가 여전히 목적물의 이용 및 관리의 권한을 보유하고 있을뿐더러(민사집행법 제83조 제2항), 가압류의 처분금지적 효력은 상대적인 것에 불과하기 때문에 부동산이 가압류되었더라도 채무자는 그 부

동산을 매매하거나 기타의 처분행위를 할 수 있고, 다만 가압류채권자에 대한 관계에서만 처분행위의 유효를 주장할 수 없을 뿐이며, 다른 한편 가압류는 언제든지 해방공탁에 의하여 그 집행취소를 구할 수 있는 것이므로, 부동산에 대한 가압류의 집행이 부당하게 유지되었다고 하더라도 다른 특별한 사정이 없는 한, 그 가압류는 부동산을 처분함에 있어서 법률상의 장애가 될 수는 없다고 할 것이고, 다만 가압류가 집행된 부동산을 매수하려는 자로서는 그 부동산의 소유권을 완전하게 취득하지 못하게 될 위험을 고려하여 당해 부동산의 매수를 꺼리게 됨으로써 결과적으로 가압류가 집행된 부동산의 처분이 곤란하게 될 사실상의 개연성은 있을 수 있다고 할 것인데, 만일 어떤 부동산에 관한 가압류집행이 있었고, 그 가압류집행이 계속된 기간 동안 당해 부동산을 처분하지 못하였으며, 나아가 주위 부동산들의 거래상황 등에 비추어 그와 같이 부동산을 처분하지 못한 것이 당해 가압류의 집행으로 인한 것이라는 점이 입증된다면, 달리 당해 부동산의 처분 지연이 가압류의 집행 이외의 사정 등 가압류채권자 측에 귀책사유 없는 다른 사정으로 인한 것임을 가압류채권자 측에서 주장·입증하지 못하는 한, 그 가압류와 당해 부동산의 처분 지연 사이에는 상당인과관계가 있다(대법원 2002. 9. 6. 선고 2000다71715 판결).

카) 가압류 및 가압류집행의 취소

(1) 의의

가압류의 취소 또는 가압류의 집행취소는 이미 실시한 집행처분의 일부나 전부를 실효시키는 집행기관의 행위를 말한다. 실무상으로는 '집행해제'라고 부르기도 하는데, 이는 채권자 또는 채무자의 신청에 의하는 경우도 있고, 집행법원이 직권으로 취소하는 경우도 있다. 실무상으로는 취하와 취소 그리고 가압류의 취소와 가압류집행의 취소를 명확히 구별하지는 않는 것으로 보인다. 가압류나 가압류집행을 취소하는 사유는 여러 가지가 있으므로, 이를 사례별로 나누어 살펴보기로 한다.

(2) 취소의 사유

① 채권자의 자발적 취소신청

채권자는 보전처분의 집행상태가 계속중인 동안에는 언제든지 그 집행취소를 신청할 수 있다. 이를 실무에서는 '집행해제신청' 또는 '집행신청의 취하'라는 용어를 사용하기도 한다. 이러한 집행취소는 채무자에게는 아무런 불이익이 없으므로 채무자의 동의를 필요로 하지 않는다.

집행취소신청은 당해 가압류사건의 집행기관에 하여야 하므로, 부동산가압류나 채권가압류의 경우에는 집행법원에 대하여, 동산가압류의 경우에는 집행관에 대하여 각각 취소신청을 하여야 한다.

〔가압류(가처분)집행 해제신청서〕

가압류집행 해제신청

사건번호   ○○○○카합○○○○호 부동산가압류

채권자   ○○○ (○○○○○○-○○○○○○○)
       ○○도 ○○군 ○○길 ○
       ○○○-○○○○-○○○○

채무자   ○○○ (○○○○○○-○○○○○○○)
       ○○광역시 ○○구 ○○○로 ○○

　　위 당사자 사이의 귀원 ○○○○카합 제○○○○호 부동산 가압류신청사건에 관하여 당사자 쌍방이 원만히 합의를 하였으므로 별지 목록 기재 부동산에 대한 가압류집행을 해제하여 주시기 바랍니다.

○○○○. ○. ○○.

위 채권자　○ ○ ○ (날인 또는 서명)

○○○○지방법원 귀중

② 본안의 제소명령에 따른 취소

민집법 제287조(본안의 제소명령) ① 가압류법원은 채무자의 신청에 따라 변론 없이 채권자에게 상당한 기간 이내에 본안의 소를 제기하여 이를 증명하는 서류를 제출하거나 이미 소를 제기하였으면 소송계속사실을 증명하는 서류를 제출하도록 명하여야 한다.

② 제1항의 기간은 2주 이상으로 정하여야 한다.

③ 채권자가 제1항의 기간 이내에 제1항의 서류를 제출하지 아니한 때에는 법원은 채무자의 신청에 따라 결정으로 가압류를 취소하여야 한다.

④ 제1항의 서류를 제출한 뒤에 본안의 소가 취하되거나 각하된 경우에는 그 서류를 제출하지 아니한 것으로 본다.

⑤ 제3항의 신청에 대한 결정에는 즉시항고를 할 수 있다. 이 경우 민사소송법 제447조의 규정은 준용하지 아니한다.

채권자가 가압류만을 해 둔 상태에서 본안(本案)의 소를 제기하지 않는다면 채무자는 가압류의 목적물에 대한 처분을 하지 못하는 등의 곤란을 겪는다. 따라서 채무자로 하여금 법원에 대하여 소제기명령을 해 줄 것을 신청할 권리를 인정하고 있다.

민집법 제287조 제1항은 제소명령을 신청할 수 있는 자를 '채무자'라고 표현하였다. 아래에서 소개하는 대법원 판례에 의하면 위 채무자에는 대위채권자 및 가압류 목적물의 특정승계인도 포함이 된다. 그리고 중재절차도 '본안의 소'에 포함하는 것으로 해석한다.

민집법 제287조 제5항 단서에서 말하는 "민사소송법 제447조의 규정을 준용하지 아니한다."는 것은 이 즉시항고에는 집행정지의 효력이 없음을 뜻한다.

제소명령신청서에는 당사자 1인당 2회분의 송달료(1회분은 3,550원임)를 납부한 후 송달료납부서를 첨부하고, 인지는 2,000원짜리를 붙인다. 송달료수납은행이 지정되지 아니한 시·군법원의 경우에는 송달료를 우편으로 납부하여야 한다.

〔판례〕제소명령신청은 대위채권자도 신청 가능

민사소송법 제715조에 의하여 가처분절차에도 준용되는 같은 법 <u>제705조 제1항[12]</u>에 따라 가압류·가처분결정에 대한 본안의 제소명령을 신청할 수 있는 권리나 같은 조 제2항에 따라 제소기간의 도과에 의한 가압류·가처분의 취소를 신청할 수 있는 권리는 가압류·가처분신청에 기한 소송을 수행하기 위한 소송절차상의 개개의 권리가 아니라, 제소기간의 도과에 의한 가압류·가처분의 취소신청권은 가압류·가처분에 기한 소송절차와는 별개의 독립된 소송절차를 개시하게 하는 권리이고, 본안제소명령의 신청권은 제소기간의 도과에 의한 가압류·가처분의 취소신청권을 행사하기 위한 전제요건으로 인정된 독립된 권리라고 할 것이므로, <u>본안제소명령의 신청권이나 제소기간의 도과에 의한 가압류·가처분의</u>

---

12) 같은 법 제705조 제1항 : 구 민사소송법 제70조 제1항은 현행 「민사집행법」 제287조 제1항에 해당하는 규정이다.

취소신청권은 채권자대위권의 목적이 될 수 있는 권리라고 봄이 상당하다고 할 것이다(대법원 1993. 12. 27. 자 93마1655 결정).

〔판례〕 중재판결절차도 본안소송에 해당

가압류이의소송은 가압류결정의 취소·변경을 구하는 절차라는 면에서 제소기간 도과로 인한 가압류취소소송과 다를 바 없고, 소송경제적 측면과 보전소송의 긴급성의 요청에 비추어 볼 때 제소명령기간 내에 본안소송을 제기하지 아니한 때에 그 기간이 도과되었다는 것도 가압류이의 사유로 주장할 수 있으며, 제소기간의 도과 여부를 판단함에 있어서 제소명령에 응하여 채권자가 제기한 본안의 소송이나 중재판결절차가 취하되거나 당사자의 불출석으로 인하여 취하간주 또는 종료선언 되거나 소송요건의 흠결을 이유로 한 소각하 판결이 확정되었을 때에는 본안의 소제기나 중재신청을 하지 아니한 것과 같이 보아야 할 것이다(대법원 2000. 2. 11. 선고 99다50064 판결).

〔제소명령신청서〕

제 소 명 령 신 청

사건번호 ○○○○카합○○○○호 부동산가압류

채권자 ○○○ (○○○○○○-○○○○○○○)
　　　　○○도 ○○군 ○○길 ○
　　　　○○○-○○○○-○○○○

채무자 ○○○ (○○○○○○-○○○○○○○)
　　　　○○광역시 ○○구 ○○○로 ○○

위 당사자 사이에 ○○○○. ○. ○. 내려진 ○○지방법원 ○○○○카합○○○○호 부동산가압류결정에 대하여 채권자는 현재까지 본안소송을 제기하지 않고 있으므로 피신청인에게 상당한 기간 내에 본안소송을 제기할 것을 명령하여 주시기 바랍니다.

소명자료 및 첨부서류

1. 가압류결정사본 1통

1. 송달료납부서 1통

○○○○. ○. ○○.

위 신청인(채무자 또는 대위채권자) ○ ○ ○ (날인 또는 서명)

○○지방법원 귀중

③ 사정변경에 따른 취소

민집법 제288조(사정변경에 따른 가압류취소) ① 채무자는 다음 각
호의 어느 하나에 해당하는 사유가 있는 경우에는 가압류가 인가
된 뒤에도 그 취소를 신청할 수 있다. 제3호에 해당하는 경우에는
이해관계인도 신청할 수 있다.

1. 가압류이유가 소멸되거나 그 밖에 사정이 바뀐 때

2. 법원이 정한 담보를 제공한 때

3. 가압류가 집행된 뒤에 3년간 본안의 소를 제기하지 아니한 때

② 제1항의 규정에 의한 신청에 대한 재판은 가압류를 명한 법
원이 한다. 다만, 본안이 이미 계속된 때에는 본안법원이 한다.

③ 제1항의 규정에 의한 신청에 대한 재판에는 제286조 제1항
내지 제4항 · 제6항 및 제7항을 준용한다.

민집법 제288조 제1항 제2호에서 말하는 "법원이 정한 담보를 제공한 때"가 말하는 "담보"는 '가압류해방금'과는 다른 것이다. 이는 채무자가 법원에 대하여 가압류취소를 신청하였을 때 법원이 정하는 적당한 담보를 제공하는 경우를 말하며, 이 담보에는 채권자에게 우선변제권이 인정된다. 즉 채권자는 이 담보에 관하여는 질권자와 같은 권리를 갖는다. 그러나 이 담보를 활용하는 경우는 드문 것으로 보인다.

위 제1호에서 규정하고 있는 "가압류이유가 소멸되거나 그 밖에 사정이 바뀐 때"와 관련하여 대법원의 입장을 정리하면 다음과 같다.

강제집행절차에서는 <u>청구이의13)</u>의 사유에 해당하는 것들로서 변제, 상계, 소멸시효 완성 등이 여기에서 말하는 사유에 해당하고, 처음부터 피보전권리가 없거나 가압류의 목적 채권이 존재하지 아니한 사실이 뒤에 밝혀진 경우에도 여기에 해당하는 사유이다.

채권자가 소를 제기한 뒤에 생긴 사유들을 살펴보면, 채권자가 패소확정판결을 받은 경우에는 재심의 소를 제기한 경우에도 사정변경에 의한 가압류의 취소에는 영향이 없다. 그러나 채권자의 패소판결이 아직 확정되기 전이면 그 판결이 상소심에서 뒤집힐 가능성이 없어야만 사정변경이 있다고 본다. 채권자가 여러 개의 피보전권리를 주장하여 보전명령을 얻은 다음에 그 중 일부의 피보전권리에 관하여 채권자가 패소한 경우에도 사정변경이 있는 것으로 본다. 그러나 채권자의 패소원인이 장래이행을 청구했거나 조건부 권리를 청구했다가 그러한 이유

---

13) 청구이의 : 민집법 제44조가 규정하는 집행절차상의 소를 말한다. 즉 채무자 또는 제3자의 입장에서 강제집행을 받아야 할 정당한 이유가 없음에도 불구하고 강제집행을 받았을 때에 그 채무자 또는 제3자가 제기하는 집행절차상의 소이다.

로 기각이 된 경우, 소송법상의 이유(소송요건의 불비)로 소각하를 받은 경우 등에는 사정변경으로 취급하지 않는다. 원고의 불출석에 의한 소의 취하간주도 같이 본다.

위 법문에서는 '취소'라고 표현하였으나, 이는 '철회'의 의미로 사용되었다. 따라서 위 취소에는 소급효는 인정되지 않는다(대법원 2009다20 참조). 아래에서 소개하는 판례들은 가압류와 가처분에 공통적으로 적용되는 것들이다.

> 〔판례〕 가압류 · 가처분 채권자가 패소하고 상급심에서 변경 가능성 없으면 사정변경에 해당
>
> 가처분결정 후 그 본안소송에서 가처분채권자가 패소하고 그 판결이 상급심에서 변경될 염려가 없다고 인정되는 경우 그 가처분결정은 사정변경을 이유로 취소될 수 있다고 할 것인바, 본안소송에서의 가처분채권자의 패소판결이 상소심에서 변경될 가능성이 있는지 여부는 사정변경을 이유로 한 가처분취소신청사건의 사실심 변론종결시를 기준으로 하여 그때까지 제출된 당사자의 주장과 증거방법을 기초로 판단하여야 할 것이다(대법원 2008. 11. 27. 자 2007마1470 결정).

> 〔판례〕 피보전권리 없는 가압류 · 가처분명령도 취소되기까지는 유효
>
> 피보전권리가 없음에도 불구하고 그 권리보전이라는 구실 아래 처분금지가처분 결정을 받아 이를 집행한 경우에는 그 가처분 후

에 그 가처분에 반하여 한 행위라도 그 행위의 효력은 그 가처분에 의하여 무시될 수 없는 것이고(대법원 1994. 4. 29. 선고 93다60434 판결, 대법원 1995. 10. 13. 선고 94다44996 판결 참조), 피보전권리가 없다는 것은 가처분결정에 대한 이의사유로 할 수 있으나 또한 피보전권리 없음이 분명히 되었다는 것은 사정변경으로 보아 민사집행법 제301조, 제288조에 의한 사정변경으로 인한 가처분취소신청을 할 수 있다고 해석되며(대법원 1967. 9. 19. 선고 67다1057 판결 참조), 가처분 목적물의 양수인 또한 사정변경으로 인한 가처분취소신청을 할 수 있다(대법원 2006. 9. 22. 선고 2004다50235 판결 참조) - (대법원 2010. 8. 26. 자 2010마818 결정).

〔판례〕 장래에 확정될 권리는 그 권리의 미확정을 이유로 채권자가 본안소송에서 패소한 경우에도 사정변경으로 단정 못해

가압류의 본안소송에서 피보전권리에 기한 청구를 기각한 판결이 선고되어 확정되었다면 이를 민사집행법 제288조 제1항 소정의 사정변경으로 보아 가압류를 취소할 사유가 되는 것이 보통일 것이다. 그러나 장래에 성립할 권리를 피보전권리로 하여 가압류가 이루어진 이후 본안소송에서 그 장래 청구권의 기초적 법률관계의 존재는 인정되나 아직 그 청구권 자체의 발생이 확정되었다고 할 수 없다는 이유로 위 가압류의 본안청구를 기각하는 판결이 확정된 데 불과한 경우에는 그 가압류의 기초적 법률관계가 상존(常存)하고 있는 피보전권리의 부존재가 아직 확정된 것이 아니므로

274

위와 같은 확정판결이 있다는 것만으로 가압류를 취소할 사정의 변경이 생겼다고 단정할 수 없는 것이다(대법원 2003. 6. 24. 선고 2003다18005 판결).

〔판례〕 쌍방불출석에 따른 소취하간주는 사정변경에 해당 안 됨

채권자가 보전명령이 있은 후 그 보전의 의사를 포기하였다고 볼 만한 사정이 있는 경우에는 보전명령 취소사유인 사정변경에 해당한다고 보아야 한다. 그런데 소의 <u>의제적 취하</u>14)는 여러 가지 동기와 원인에서 이루어지고, 보전명령에 대한 본안소송이 쌍방불출석으로 취하된 것으로 간주되었다고 하더라도 통상의 소취하와 마찬가지로 본안에 대한 종국판결이 있기 전이라면 피보전권리에 영향을 주는 것이 아니어서 다시 같은 소송을 제기할 수도 있는 것이므로(<u>민사소송법 제240조 제2항)</u>15), 그 취하의 원인, 동기, 그 후의 사정 등에 비추어 채권자가 보전의 의사를 포기하였다고 인정되지 아니하는 이상 보정명령에 대한 본안소송이 취하된 것으로 간주되었다는 사실 자체만으로 보전명령 취소사유인 사정변경에 해당한다고 볼 수는 없다(대법원 1998. 5. 21. 선고 97다47637 전원합의체 판결).

---

14) 의제적 취하 : 현행 「민사소송법」에서는 '취하 간주'라고 한다.

15) 민사소송법 제240조 제2항 : 현행 「민사소송법」 제268조 제2항을 뜻한다.

〔사정변경에 의한 가압류취소신청서〕

가 압 류 취 소 신 청

사건번호 ○○○○카단○○○○호 부동산가압류

채권자 ○○○ (○○○○○○-○○○○○○)

　　　　○○도 ○○군 ○○길 ○

　　　　○○○-○○○○-○○○○

채무자 ○○○ (○○○○○○-○○○○○○)

　　　　○○광역시 ○○구 ○○○로 ○○

　　　　○○○-○○○○-○○○○

신 청 취 지

1. 위 당사자 사이의 ○○지방법원 ○○○○카단○○○○호 부
   동산가압류신청 사건에 관하여 ○○지방법원이 ○○○○.
   ○. ○. 명한 가압류결정은 이를 취소한다.
2. 소송비용은 피신청인의 부담으로 한다.
라는 재판을 구합니다.

신 청 이 유

1. 피신청인은 ○○○○. ○○. ○○. 귀원 ○○○○카단○○○
   ○호 부동산가압류결정을 받아 같은 해 ○. ○○. 신청인 소
   유 부동산에 대하여 가압류집행을 하였습니다.

2. 신청인은 피신청인에게 지급하여야 할 채무의 원금이
   50,000,000원이며, 피신청인이 가압류신청을 함에 있어 청구
   한 채권액도 이와 같습니다.

3. 이에 따라 신청인은 피신청인에게 위 청구금액과 그에 대한
   지연손해금 등을 합하여 변제하고자 현실제공을 하였지만,
   피신청인은 부당한 요구를 하면서 그 수령을 거절하였습니
   다. 이에 신청인은 위 원금과 이자 등을 합하여 돈
   52,150,000원을 ○○○○. ○○. ○. 피신청인 앞으로 변제공
   탁을 하였습니다.

4. 따라서 이 사건 가압류는 그 결정 뒤에 사정이 변경되었으
   므로 더 이상 유지되어야 할 이유가 없다고 생각하여 이 신
   청에 이른 것입니다.

소 명 자 료

1. 소갑 제1호증 부동산가압류명령결정 등본
1. 소갑 제2호증 변제공탁서

첨 부 서 류

1. 위 소갑호증 각 1통
1. 송달료납부서 1통

ㅇㅇㅇㅇ. ㅇㅇ. ㅇㅇ.

위 신청인(채무자)　ㅇ　ㅇ　ㅇ　(서명 또는 날인)

ㅇㅇ지방법원 귀중

〈참고〉

　이 신청사건에는 (당사자의 수 × 8회분 × 3,550원)에 해당하는 송달료
를 납부한다. 인지대는 10,000원이다.

④ 해방금공탁을 원인으로 한 채무자의 신청

　민집법 제299조(가압류집행의 취소) ① 가압류명령에 정한 금액
을 공탁한 때에는 법원은 결정으로 집행한 가압류를 취소하여야
한다.
　② 삭제

③ 제1항의 취소결정에 대하여는 즉시항고를 할 수 있다.

④ 제1항의 취소결정에 대하여는 제17조 제2항의 규정을 준용하지 아니한다.

가압류명령에는 가압류해방금을 반드시 적어야 하고, 채무자가 이 해방금을 공탁하면 법원은 반드시 가압류를 취소하여야 한다. 이 해방공탁금은 채권자의 손해를 담보하려는 것이 아니라 가압류의 목적물에 갈음하는 것이고, 이는 반드시 현금공탁만이 허용된다는 점에 관하여는 앞에서 언급하였다.

채무자가 이 해방금의 일부만을 공탁하고 가압류의 일부만에 대하여 취소를 구하는 것은 허용되지 않고, 채무자 아닌 제3자의 공탁도 허용되지 않는다. 만약 제3자의 공탁을 허용한다면 채권자가 나중에 집행권원을 얻더라도 강제집행을 할 근거가 없기 때문이다.

가압류채권자가 가압류를 취하하거나 그 집행을 해제하면 채무자는 그를 증명하는 서류를 첨부하여 해방공탁금을 회수할 수 있다. 그 방법은 채무자의 공탁금회수청구권을 압류함과 아울러 추심명령이나 전부명령을 받으면 된다. 또 채무자가 본안소송에서 승소확정판결을 받으면 이를 이유로 사정변경에 의한 가압류취소신청을 하여 가압류취소결정을 받음으로써 해방공탁금을 회수할 수 있다.

제299조 제4항에서 "제17조 제2항의 규정을 준용하지 아니 한다"는 것은 확정을 기다리지 않고 효력이 생긴다는 뜻이다.

 이혼과 그 뒤의 법률문제

〔판례〕 채무자 아닌 자의 가압류해방공탁 불허

　해방금액의 공탁에 의한 가압류집행취소 제도의 취지에 비추어 볼 때, 가압류채권자의 가압류에 의하여 누릴 수 있는 이익이 가압류집행취소에 의하여 침해되어서는 아니 될 것이다. 그러므로 가압류채무자에게 해방공탁금의 용도로 금원을 대여하여 가압류집행을 취소할 수 있도록 한 자는 비록 가압류채무자에 대한 채권자라 할지라도 특별한 사정이 없는 한 가압류채권자에 대한 관계에서 가압류해방공탁금 회수청구권에 대하여 위 대여금채권에 의한 압류 또는 가압류의 효력을 주장할 수는 없다고 보아야 할 것이다 (대법원 1998. 6. 26. 선고 97다30820 판결).

〔해방금공탁에 의한 가압류취소신청서〕

가 압 류 취 소 신 청

　사건번호　　○○○○카단○○○○호 채권가압류

　채권자　○○○ (○○○○○○-○○○○○○○)

　　　　○○도 ○○군 ○○길 ○

　　　　○○○-○○○○-○○○○

채무자   ○○○ (○○○○○○-○○○○○○○)

　　　　○○광역시 ○○구 ○○길 ○○○

　　　　○○○-○○○○-○○○○

신 청 취 지

　위 당사자 사이의 ○○지방법원 ○○○○카단○○○○호 채권가압류신청 사건에 관하여 ○○지방법원이 ○○○○. ○. ○. 명한 가압류결정은 이를 취소한다.

라는 재판을 구합니다.

신 청 이 유

1. 피신청인은 ○○○○. ○○. ○○. 귀원 ○○○○가단○○○○호 채권가 압류결정을 받아 같은 해 ○. ○○. 신청인 소유 채권에 대하여 가압류집행을 하였습니다.

2. 신청인은 위 가압류명령에서 정한 해방금 75,000,000원을 ○○○○. ○. ○○. 귀원 ○○○○년 금제○○○호로 공탁을 하였으므로 위 가압류집행을 취소하여 주시기 바랍니다.

소명방법 및 첨부서류

1. 가압류명령결정등본 1통
1. 해방금공탁서 1통

ㅇㅇㅇㅇ. ㅇ. ㅇㅇ.

위 신청인(채무자)   ㅇㅇㅇ (날인 또는 서명)

ㅇㅇ지방법원 ㅇㅇ지원 귀중

⑤ 보전처분 신청취하를 원인으로 한 채무자의 집행취소신청

보전처분을 발령한 법원이 집행기관인 경우에는 보전처분신청이 취하되면 별도의 집행취소의 결정 없이 즉시 집행취소절차를 밟는다. 그러나 집행관이 집행기관인 경우에는 사정이 다르다. 실무에서는 집행관이 별도의 집행해제신청을 받아서 집행취소절차를 진행한다. 따라서 후자의 경우에는 채무자의 집행취소신청이 필요한 것이다.

그리고 법원이 집행기관인 경우에도 별도의 집행취소신청이 필요한 경우도 있는데, 그 이유는 다음에 소개하는 판례에 의하여 알 수 있다.

〔판례〕 채권가압류결정이 이미 집행된 경우에는 그 취하통지서가 제3채무자에게 송달되어야 가압류집행의 효력이 상실됨

채권가압류에 있어서 채권자가 가압류신청을 취하하면 채권가압

류결정은 그로써 효력이 소멸되지만, 채권가압류결정정본이 제3채무자에게 이미 송달되어 채권가압류결정이 집행되었다면 그 취하통지서가 제3채무자에게 송달되었을 때에 비로소 그 가압류집행의 효력이 장래를 향하여 소멸되는 것인바(대법원 2001. 10. 12. 선고 2000다19373 판결 참조), 이러한 법리는 그 취하통지서가 제3채무자에게 송달되기 전에 제3채무자가 집행법원 사무관등의 통지에 의하지 아니한 다른 방법으로 가압류신청취하 사실을 알게 된 경우에도 마찬가지라 할 것이다. 채권가압류는 가압류명령이 제3채무자에게 송달되어야 효력이 생기고(민사집행법 제291조, 제227조 제3항), 가압류명령의 신청이 취하된 때에는 법원사무관등은 가압류명령을 송달받은 제3채무자에게 그 사실을 통지하여야 하는데(민사집행규칙 제213조 제2항, 제160조 제1항), 만약 제3채무자의 주관적 인식이나 가압류 당사자들의 특수한 사정에 따라 채권가압류집행의 효력 소멸 여부를 달리 판단한다면 이해관계 있는 제3자의 이익을 보호하고 법적 안정성을 도모할 수 없기 때문이다(대법원 2008. 1. 17. 선고 2007다73828 판결).

⑥ 집행이의 등 재판에 따른 집행취소

채무자나 제3자는 부당한 집행에 대하여는 이의할 수 있고, 제3자이의의 소를 제기할 수 있다. 여기에서의 승소재판은 민집법 제49조 제1호에서 규정하는 '강제집행을 허가하지 아니할 것을 명하는 집행력 있는 재판의 정본'에 해당한다. 따라서 채무자 또는 제3자는 이 재판의 정본을 집행기관에 제출하여 집행취소를 신청할 수 있다.

(3) 취소의 절차

① 집행취소의 실시기관

집행을 취소하는 기관은 집행법원이 되는 경우도 있지만 경우에 따라서는 집행기관이 집행취소를 실시한다. 가령 집행법원이 집행취소결정을 하더라도 그 집행기관이 집행관이라면 채무자는 그 결정정본을 집행관에게 제출하여 집행취소를 위임하여야 한다. 또 보전처분취소결정에 대하여 즉시항고가 제기됨에 따라 사건기록이 항고심법원으로 송부된 경우에도 집행취소사건의 관할법원은 보전명령을 발령한 법원이 된다.

② 집행취소의 방법

(a) 등기 · 등록을 필요로 하는 경우

부동산 · 선박 · 항공기 · 자동차 · 건설기계 · 특허권 · 실용신안권 · 디자인권 · 상표권 등과 같이 등기나 등록을 하는 방법으로 가압류집행을 한 경우에는 집행법원의 법원사무관등이 가압류기입등기 · 등록의 말소를 촉탁한다(제293조 제3항).

(b) 채권집행의 경우

채권에 대한 가압류집행의 경우에는 당사자 외에 제3채무자가 존재하므로, 제3채무자에게 집행이 취소되었다는 사실이 통지되어야 비로소 집행취소의 효력이 발생한다는 점에 관하여는 앞에서 살펴보았다. 따라서 이 경우에는 집행법원의 법원사무관등이 집행취소결정정본 또는 가압류취소결정정본을 첨부하여 집행취소통지서를 제3채무자에게 송달한

다(민집규칙 제218조 및 제160조 제1항). 이때 별도의 집행취소결정 등이 없는 경우에는 가압류에 대한 취하서·취하신청서·취소신청서의 부본을 덧붙여 송달하는 것이 실무이다.

ⓒ 집행관이 하는 집행의 경우

집행관이 채무자의 점유를 빼앗아 점유하는 물건의 경우에는 집행관이 그 점유를 채무자에게 반환하는 절차를 밟는다.

(4) 취소의 효과

집행이 취소되면 채무자는 가압류의 구속으로부터 벗어난다. 따라서 법원이 가압류의 목적물에 대하여 이미 현금화를 해둔 경우에는 그 금전을 채무자에게 지급하여야 한다. 즉 현금화의 효력을 번복하여 가압류 목적물의 원상회복을 하여야 하는 것은 아니다.

차) 가압류취소결정의 효력정지 및 취소

(1) 가압류취소결정의 효력정지

민집법 제289조(가압류취소결정의 효력정지) ① 가압류를 취소하는 결정에 대하여 즉시항고가 있는 경우에, 불복의 이유로 주장한 사유가 법률상 정당한 사유가 있다고 인정되고 사실에 대한 소명이 있으며, 그 가압류를 취소함으로 인하여 회복할 수 없는 손해가 생길 위험이 있다는 사정에 대한 소명이 있는 때에는, 법원은 당

사자의 신청에 따라 담보를 제공하게 하거나 담보를 제공하지 아니하게 하고 가압류취소결정의 효력을 정지시킬 수 있다.

② 제1항의 규정에 의한 소명은 보증금을 공탁하거나 주장이 진실함을 선서하는 방법으로 대신할 수 없다.

③ 재판기록이 원심법원에 있는 때에는 원심법원이 제1항의 규정에 의한 재판을 한다.

④ 항고법원은 항고에 대한 재판에서 제1항의 규정에 의한 재판을 인가·변경 또는 취소하여야 한다.

⑤ 제1항 및 제4항의 규정에 의한 재판에 대하여는 불복할 수 없다.

채무자의 신청에 의하여 가압류가 취소된 경우에 그 취소가 정당하지 않다고 주장하는 채권자는 7일 이내에 즉시항고를 할 수 있다. 이와 같은 즉시항고를 한 채권자의 신청이 있으면 그 즉시항고에 대한 재판(결정)을 하기 전에도 가압류취소 그 자체의 효력을 일시적으로 정지케 할 수 있다.

(2) 가압류취소결정의 취소와 집행

민집법 제298조(가압류취소결정의 취소와 집행) ① 가압류의 취소결정을 상소법원이 취소한 경우로서 법원이 그 가압류의 집행기관이 되는 때에는 그 취소의 재판을 한 상소법원이 직권으로 가압류를 집행한다.

② 제1항의 경우에 그 취소의 재판을 한 상소법원이 대법원인 때에는 채권자의 신청에 따라 제1심 법원이 가압류를 집행한다.

여기의 취소는 가압류결정에 대하여 채무자가 이의신청을 하자 그에 따라 가압류명령이 취소되었고, 그 취소에 대하여 채권자가 즉시항고를 한 결과 항고법원이 가압류명령을 취소한 결정을 다시 취소한 경우를 말한다.

2) 가처분

민집법 제300조(가처분의 목적) ① 다툼의 대상에 관한 가처분은 현상이 바뀌면 당사자가 권리를 실행하지 못하거나 이를 실행하는 것이 매우 곤란할 염려가 있을 경우에 한다.

② 가처분은 다툼이 있는 권리관계에 대하여 임시의 지위를 정하기 위하여도 할 수 있다. 이 경우 가처분은 특히 계속하는 권리관계에 끼칠 현저한 손해를 피하거나 급박한 위험을 막기 위하여, 또는 그 밖의 필요한 이유가 있을 경우에 하여야 한다.

민집법 제301조(가압류절차의 준용) 가처분절차에는 가압류절차에 관한 규정을 준용한다. 다만, 아래의 여러 조문과 같이 차이가 나는 경우에는 그러하지 아니하다.

민집법 제302조 삭제

민집법 제303조(관할법원) 가처분의 재판은 본안의 관할법원 또는 다툼의 대상이 있는 곳을 관할하는 지방법원이 관할한다.

민집법 제304조(임시의 지위를 정하기 위한 가처분) 제300조 제2항의 규정에 의한 가처분의 재판에는 변론기일 또는 채무자가 참석할 수 있는 심문기일을 열어야 한다. 다만, 그 기일을 열어 심리하면 가처분의 목적을 달성할 수 없는 사정이 있는 때에는 그러하지 아니하다.

민집법 제305조(가처분의 방법) ① 법원은 신청목적을 이루는 데 필요한 처분을 직권으로 정한다.

② 가처분으로 보관인을 정하거나, 상대방에게 어떠한 행위를 하거나 하지 말도록, 또는 급여를 지급하도록 명할 수 있다.

③ 가처분으로 부동산의 양도나 저당을 금지한 때에는 법원은 제293조의 규정을 준용하여 등기부에 그 금지한 사실을 기입하게 하여야 한다.

민집법 제306조부터 제312조까지 생략

이혼과 관련하여 재산분할청구권의 보전 등을 위한 가처분을 활용할 가능성은 거의 없다고 보아야 한다. 이혼을 앞둔 배우자 사이에 어떤 계약관계가 있었을 가능성이 희박하기 때문이다. 따라서 이러한 제도가 있다는 사실을 소개하는 것만으로 나머지의 설명은 생략한다.

3. 양육비 직접지급명령

가소법 제63조의2(양육비직접지급명령) ① 가정법원은 양육비를 정기적으로 지급할 의무가 있는 사람(이하 "양육비채무자"라 한다)이 정당한 사유 없이 2회 이상 양육비를 지급하지 아니한 경우에 정기금 양육비 채권에 관한 집행권원을 가진 채권자(이하 "양육비채권자"라 한다)의 신청에 따라 양육비채무자에 대하여 정기적 급여채무를 부담하는 소득세원천징수의무자(이하 "소득세원천징수의무자"라 한다)에게 양육비채무자의 급여에서 정기적으로 양육비를 공제하여 양육비채권자에게 직접 지급하도록 명할 수 있다.

② 제1항에 따른 지급명령(이하 "양육비 직접지급명령"이라 한다)은 「민사집행법」에 따라 압류명령과 전부명령을 동시에 명한 것과 같은 효력이 있고, 위 지급명령에 관하여는 전부명령에 관한 「민사집행법」을 준용한다. 다만, 「민사집행법」 제40조 제1항과 관계 없이 해당 양육비 채권 중 기한이 되지 아니한 것에 대하여도 양육비 직접지급명령을 할 수 있다.

③ 가정법원은 양육비 직접지급명령의 목적을 달성하지 못할 우려가 있다고 인정할 만한 사정이 있는 경우에는 양육비 채권자의 신청에 의하여 양육비 직접지급명령을 취소할 수 있다. 이 경우 양육비 직접지급명령은 장래에 향하여 그 효력을 잃는다.

④ 가정법원은 제1항과 제3항의 명령을 양육비채무자와 소득세원천징수의무자에게 송달하여야 한다.

⑤ 제1항과 제3항의 신청에 관한 재판에 대하여는 즉시항고를 할 수 있다.

⑥ 소득세원천징수의무자는 양육비채무자의 직장 변경 등 주된 소득원의 변경사유가 발생한 경우에는 그 사유가 발생한 날부터 1주일 이내에 가정법원에 변경사실을 통지하여야 한다.

민집법 제40조(집행개시의 요건) ① 집행을 받을 사람이 일정한 시일에 이르러야 그 채무를 이행하게 되어 있는 때에는 그 시일이 지난 뒤에 강제집행을 할 수 있다.

가. 의의(전부명령의 특칙)

이혼 과정에서 당사자 사이에 협의가 성립한 경우이든 법원의 판결에 의한 경우이든 불문하고 이미 성립한 양육비의 채권자가 양육비를 받지 못하는 경우가 80%를 넘는다는 통계가 있다. 이에 따라 가소법에서는 양육비채권자가 양육비를 확보할 수 있는 여러 가지의 수단을 마련해두고 있다. 양육비 직접지급명령은 그 중 하나의 제도이다.

앞에서는 이혼절차에서의 문제들을 검토하였다. 여기서부터는 이혼이 성립한 뒤에 양육비채권자가 취할 수 있는 조치들을 검토한다. 물

론 이혼 과정에서 발생한 채권의 이행확보와 관련한 문제들이다.

협의상 이혼의 절차에서는 당사자가 법원에 출석하여 이혼의사확인을 받는 과정에서 미성년자녀의 양육비에 관하여 협의가 성립한 경우에는 법원은 양육비의 협의에 따라 '양육비부담조서'를 작성한다. 재판상 이혼에서는 우선 조정절차를 거치게 되는데, 이 절차에서 당사자 사이에 협의가 성립하면 '조정조서'가 작성된다. 조정이 성립하지 아니하면 '조정을 갈음하는 결정'을 하거나 판결절차로 이행하게 되는데, 판결절차에서도 당사자의 협의가 성립하지 아니하면 자녀의 양육비는 법원이 '판결'로써 정한다.

위와 같은 절차에서 만들어진 '양육비부담조서', '조정조서', '조정을 갈음하는 결정' 및 '판결'은 그것이 확정되면 모두 '집행권원'이 된다. 집행권원을 가진 채권자는 이미 이행기가 도과한 채권의 확보를 위하여 채무자의 재산에 대한 '압류'를 할 수 있고, 채무자가 제3자에 대하여 갖는 채권도 그 압류의 대상이 되며, 이러한 재산(채무자가 제3자에 대하여 갖는 채권)은 법원으로부터 전부명령을 받아 그 채권자 자체를 채무자로부터 채권자로 변경을 할 수 있다. 이를 '전부명령'이라고 한다. 즉 '전부명령'은, 가령 채무자 을이 제3자인 병("제3채무자"라고 한다)에 대하여 100만 원의 채권을 가지고 있고, 채권자 갑은 채무자 을에 대하여 60만 원의 채권을 가지고 있는 경우에서, 갑이 병을 상대로 압류 및 전부명령을 받아 그 전부명령이 확정되면 을의 병에 대한 채권 60만 원은 채권자가 을에서 갑으로 변경된다. 결국 병은 을과 갑에게 각각 40만 원 및 60만 원의 채무를 부담하게 되는 것이다. 이것이 전부명령의 효력이다.

실무상으로는 채권압류와 전부명령은 동시에 신청하고 법원도 동시에 명령을 한다(이미 가압류가 되어 있는 대상 채권인 경우에는 '가압류를 본압류로 이전하는 전부명령'). 그런데 이러한 전부명령은 장래이행채무에는 적용할 수 없다(민집법 제40조 제1항). 즉 아직 이행기가 도래하지 아니한 채무는 전부의 대상이 되지 않는다. 장래의 양육비는 아직 이행기가 도래하지 않았다. 따라서 가소법 제63조의2 제1항은 민집법 제40조 제1항의 예외를 규정한 특칙이다. 그리고 '양육비 직접지급명령'은 「압류+전부명령」과 동일한 효력이 있다(가소법 제63조의2 제2항).

양육비 직접지급명령은 채무자의 채권을 채권자가 대신 추심하는 절차인 '추심명령'과는 달리 채권 자체를 채무자로부터 채권자에게로 이전한다. 이에 따라 채권자는 전부명령의 효력이 발생한 뒤에는 전부명령에서 특정한 금액에 대하여는 그 전부명령에 의하여 만족을 얻을 수 없는 경우에도 채무자의 다른 재산에 대하여 강제집행을 할 수 없다. 즉 위 사례에서 제3채무자의 무자력(無資力) 등의 사유로 채권자가 제3채무자로부터 60만 원을 추심하지 못하는 경우에도 채무자 을의 채권자 갑에 대한 채무 60만 원은 소멸한다. 이러한 경우(이를테면 채무자의 퇴직)를 대비하여 가소법 제63조의2 제3항에서는 양육비 직접지급명령(전부명령에 해당함)을 취소할 수 있는 특칙을 마련하였다. 그러나 민집법상의 전부명령은 취소가 허용되지 않는다. 즉 민집법상의 전부명령은 채권자가 제3채무자로부터 채권을 추심하지 못하는 사유가 있어도 일단 발령된 전부명령을 취소할 수 없다.

나. 요건 및 절차

양육비 직접지급명령은 특정한 일터에서 정기적인 급여를 받는 사람이 양육비채무자인 경우에만 적용할 수 있다. 그리고 양육비채무자가 정당한 사유 없이 그 채무를 2회 이상 지급하지 않아야 한다. 2회는 매월 지급하기로 되어 있는 경우에는 2개월, 매분기마다 지급하여야 할 경우에는 2분기를 말한다.

위와 같은 요건이 갖추어진 경우에 양육비채권자는 가정법원에 양육비 직접지급명령신청을 할 수 있다. 이 명령을 받는 자는 채무자에게 급여를 지급하는 자(법문에서는 "소득세원천징수의무자"라고 하였음)이다. 이 명령을 받은 제3채무자는 채무자의 급여에서 양육비를 공제하여 채권자에게 양육비를 직접 지급하게 된다.

〔양육비 직접지급명령신청서〕

양육비 직접지급명령신청

채권자 ○ ○ ○

　　　　부산 ○○구 ○○로 ○○-○

　　　　○○○-○○○○-○○○○

채무자 ○ ○ ○

　　　　경남 ○○시 ○○○○로 ○○○-○

　　　　○○○-○○○○-○○○○

소득세원천징수의무자

　　　　○○○○주식회사(대표이사 ○○○)

　　　　경남 ○○시 ○○길 ○○-○

　　　　051)○○○○-○○○○

신청채권 및 금액 : 별지 목록 신청채권의 표시와 같음

신 청 취 지

1. 채무자의 소득세원천징수의무자에 대한 별지 신청채권 목록 기재 채권을 압류한다.

2. 소득세원천징수의무자는 채무자에게 위 채권에 관한 지급을 하여서는 아니 된다.

3. 소득세원천징수의무자는 매월 20일에 위 채권에서 별지 신청 채권 목록 기재의 양육비 상당액의 금원을 채권자에게 직접 지급하라.

라는 결정을 구합니다.

신 청 원 인

1. 양육비채권의 내용

가. 채권자는 채무자에 대하여 귀원 ○○○○가단○○○○호 이혼등 확정판결에 의하여 신청외 ○○○의 양육비 정기금채권을 가지고 있습니다.

나. 위 채권의 내용을 요약하자면, 채무자는 채권자에게 위 ○○○이 성년에 이를 때까지 매월 20일 돈 500,000원을 위 ○○○의 양육비로 지급하여야 하는 것입니다.

2. 채무자의 채무불이행

채무자는 과거 약 1년 동안은 매월 위 양육비채무를 비교적 성실히 갚았으나, ○○○○. ○. ○○.부터 같은 해 ○. ○○.까지 3회에

걸쳐 정당한 이유 없이 이를 이행하지 않고 있으면서 채권자의 전화마저도 받아주지 않고 있습니다.

3. 채무자의 급여 등

채무자는 소득세원천징수의무자에게 고용되어 현재 ○○○○ 주식회사 내 총무부에 과장으로 재직하고 있습니다. 채무자가 매월 지급받는 급여는 약 6,000,000원 정도가 되는 것으로 알고 있습니다.

소 명 자 료

1. 판결정본 및 판결확정증명서
1. 재직증명서

첨 부 서 류

1. 위 소명자료 각 1통
1. 신청서부본 1통
1. 송달료납부서 1통

○○○○. ○. ○○.

위 신청인(양육비채권자) ○ ○ ○ (기명날인 또는 서명)

○○○○지방법원(가정법원) 귀중

(별지)

신 청 채 권 목 록

1. 지급기 및 지급금액

  ○○○○. ○. ○○.부터 ○○○○. ○. ○○.까지 매월 20일

돈 500,000원

2. 채권의 내용

  채권자가 채무자로부터 매월 20일 지급받아야 할 양육비지급

채권. 끝.

〈참고〉

○ 송달료 : 당사자의 수(3) × 2회분 × 3,550원에 해당하는 금액을 수
   납은행(법원 구내에 있는 은행출장소)에 납부하고, 그 영수증인 송달
   료납부서는 신청서에 첨부한다.

○ 신청수수료 : 2,000원이다.

4. 담보제공명령·일시금지급명령

담보제공명령 및 일시금지급명령 절차 흐름표

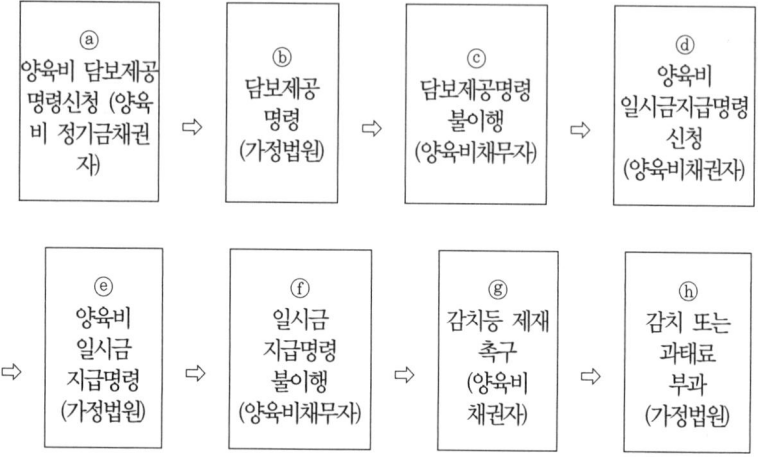

가소법 제63조의3(담보제공명령 등) ① 가정법원은 양육비를 정기금으로 지급하게 하는 경우에 그 이행을 확보하기 위하여 양육비채무자에게 상당한 담보의 제공을 명할 수 있다.

② 가정법원은 양육비채무자가 정당한 사유 없이 그 이행을 하지 아니하는 경우에는 양육비채권자의 신청에 의하여 양육비채무자에게 상당한 담보의 제공을 명할 수 있다.

③ 제2항의 결정에 대하여는 즉시항고를 할 수 있다.

④ 제1항이나 제2항에 따라 양육비채무자가 담보를 제공하여야 할 기간 이내에 담보를 제공하지 아니하는 경우에는 가정법원은 양육비채권자의 신청에 의하여 양육비의 전부 또는 일부를 일시금으로 지급하도록 명할 수 있다.

⑤ 제2항과 제4항의 명령에 관하여는 제64조 제2항을 준용한다.

⑥ 제1항과 제2항의 담보에 관하여는 그 성질에 반하지 아니하는 범위에서 민사소송법 제120조 제1항, 제122조, 제123조, 제125조 및 제126조를 준용한다.

가소법 제63조의3은 양육비채무자가 정당한 사유 없이 그 채무를 이행하지 아니할 때 제1차적으로는 양육비채권자의 신청에 의하여 가정법원이 담보제공명령을 하고, 제2차적으로는 위 명령에도 불구하고 담보를 제공하지 아니하면 양육비의 전부나 일부를 일시금으로 지급할 것을 명령할 수 있도록 규정하였다. 그리고 이 명령에 불응하는 경우에는 1천만 원 이하의 과태료나 30일 이내의 감치(監置)의 제재를 규정하고 있다(가소법 제64조 제2항, 제67조 제1항, 제68조). 가정법원이 위 명령을 할 때에는 양육비채무자에게 감치의 제재를 받을 수 있다는 사실을 고지한다. 그럼에도 불구하고 양육비채무자가 위 명령에 불응하는 경우에는 실제로 감치재판을 통하여 감치의 제재를 가한다. 양육비채무자가 감치의 제재를 받는다고 하여 그 채무가 소멸하는 것은 아니므로, 양육비채권자는 양육비의 이행을 확보하는 수단들, 즉 가소법과 민집법에서 규정하는 모든 수단을 다시 이용하여 양육비채권을 가지고 양육비채무자의 재산에 대하여 강제집행을 할 수 있다.

양육비채무자가 담보를 제공하는 방법으로는 금전, 법원이 정하는 유가증권 또는 금융기관 등과 체결한 지급보증위탁계약체결문서(이른바 "보증보험증권")에 의하고, 채권자는 이 담보에 관하여 질권자와 동일한 권리를 갖는다. 질권자와 동일한 권리를 갖는다는 것은 양육비채무자에 대한 다른 채권자보다 우선변제권을 갖는다는 의미이다.

만약 양육비채무자가 일시금지급명령을 받고도 그 이행을 하지 않는다면 신청인(양육비채권자)는 가정법원에 대하여 양육비채무자를 제재할 것을 촉구할 수 있다. 그리고 민집법이 규정하는 여러 가지의 강제집행 수단, 즉 가소법에서 규정하는 이행확보의 수단 외에도 민집법이 규정하는 채권압류 및 추심명령, 채권압류 및 전부명령, 강제경매 등을 신청하는 방법으로 양육비채무자의 다른 재산에 대한 강제집행을 할수 있다.

〔양육비 담보제공명령신청서〕

양육비 담보제공명령신청

신청인　　○○○ (○○○○○○-○○○○○○○)

　　　　　서울 ○○구 ○○○○길 ○○○

　　　　　02)○○○○-○○○○

피신청인　○○○ (○○○○○○-○○○○○○○)

　　　　　경기 ○○시 ○○○로 ○○○-○ 삼성래미안아파트

　　　　　○○○동 ○○○○호

　　　　　031)○○○-○○○○

신 청 취 지

　피신청인은 ○○○○지방법원에서 작성하고 ○○○○. ○. ○○. 확정된 양육비부담조서에 기재된 신청인에 대한 정기금 양육비채무 중 ○○○○. ○○. ○○.부터 ○○○○. ○. ○○. 까지의 양육비채무 돈 25,000,000원의 담보를 위하여 (○○○○ 지방법원이 정하는) 담보를 제공하라.

라는 결정을 구합니다.

신 청 이 유

1. 신청인은 피신청인에 대하여 위 신청취지 기재와 같은 정기금 양육비채권이 있습니다. 그런데 피신청인은 정당한 이유 없이 ○○○○. ○. ○.부터 ○○○○. ○. ○○.까지 그 지급기가 도래한 위 양육비채무의 이행을 하지 않고 있습니다.

2. 따라서 신청인은 위 양육비채권의 담보를 제공받고자 이 신청에 이르렀습니다.

첨 부 서 류

1. 양육비부담조서 및 확정증명서 각 1통
2. 혼인관계증명서 1통
3. 송달료납부서 1통
4. 신청서 부본 1통. 끝.

○○○○. ○. ○○.

위 신청인 ○ ○ ○ (날인 또는 서명)

○○○○지방법원 귀중

〈참고〉

담보를 제공하게 할 대상인 양육비는 이미 지급기가 지난 양육비와 앞으로 사건본인이 성년이 될 때까지의 정기금 양육비의 합계액이 된다. 이 신청서에는 1,000원짜리 인지를 붙이고, 송달료는 당사자의 수(2인)에 3회분을 곱한 금액을 법원 구내에 있는 송달료수납은행에 납부하고, 그 영수증인 송달료납부서는 신청서에 첨부한다. 양육비부담조서에 대한 확정증명서는 이혼신고가 되었음을 확인할 수 있는 혼인관계증명서와 양육비부담조서 등본을 가지고 협의상 이혼의사확인을 했던 법원에 가서 신청하여 발급받는다.

〔양육비 일시금지급명령신청서〕

양육비 일시금지급명령신청

신청인   ○○○ (○○○○○○-○○○○○○○)

서울 ○○구 ○○○○길 ○○○

02)○○○○-○○○○

피신청인   ○○○ (○○○○○○-○○○○○○○)

경기 ○○시 ○○○로 ○○○-○ 삼성래미안아파트

○○○동 ○○○○호

031)○○○-○○○○

신 청 취 지

피신청인은 신청인에게 ㅇㅇㅇㅇ지방법원 ㅇㅇㅇㅇ. ㅇ. ㅇ
ㅇ. 선고 이혼등 청구사건의 확정판결에 따른 정기금 양육비채
무 중 이 사건 결정일 다음날부터 ㅇㅇㅇㅇ. ㅇㅇ. ㅇㅇ.까지
지급기가 도래하는 정기금 양육비채무의 지급을 위하여 일시금
으로 돈 25,000,000원을 지급하라.
라는 결정을 구합니다.

신 청 이 유

1. 신청인은 피신청인에 대하여 위 신청취지 기재와 같은 정기
   금 양육비채권이 있습니다. 그런데 피신청인은 위 채무의
   이행을 하지 아니함에 따라 신청인의 신청에 의하여 귀원에
   서는 ㅇㅇㅇㅇ. ㅇ. ㅇㅇ. 피신청인에게 ㅇㅇㅇㅇ. ㅇ. ㅇㅇ.
   까지 위 채권의 담보를 위하여   을 담보로 제공
   하라는 명령을 하였습니다.

2. 그러나 피신청인은 위 담보제공명령에 불응하고 있으면서
   위 양육비채무를 지급하지 않고 있습니다. 따라서 신청인이
   피신청인의 재산에 대하여 강제집행을 할 수 있도록 위 양
   육비를 일시금으로 지급하라는 명령을 하여 주실 것을 신청
   합니다.

첨 부 서 류

1. 집행권원 등본(또는 사본) 1통

2. 확정증명서 1통

3. 담보제공명령 등본(또는 사본) 1통

4. 혼인관계증명서 1통

5. 송달료납부서 1통

6. 신청서 부본 1통. 끝.

○○○○. ○○. ○○.

신청인 ○ ○ ○ (날인 또는 서명)

○○○○지방법원(가정법원) 귀중

〈참고〉

○ 신청금액 : 신청취지에 신청금액을 기재함에 있어 그 금액은 판결이나
   양육비부담조서에 의해 확정된 양육비채권액 중 신청일 현재 지급받
   지 못한 부분과 이후 사건본인이 성년에 이를 때까지의 양육비채권을
   합한 금액을 기재한다.

○ 집행권원 : 첨부서류에 표시하고 신청서에 첨부할 집행권원은 재판절
   차를 거친 경우에는 '판결'을, 협의상 이혼 절차를 거친 경우에는 '양

육비부담조서'를 말한다.

○ 비용 : 신청서에는 1천 원짜리 인지를 붙인다. 송달료는 당사자의 수에 3회분(1회분은 3,550원)을 곱한 금액을 수납은행에 납부한다.

5. 금전의 임치

> **가소법 제65조(금전의 임치)** ① 판결, 심판, 조정조서 또는 조정을 갈음하는 결정에 의하여 금전을 지급할 의무가 있는 자는 권리자를 위하여 가정법원에 그 금전을 임치(任置)할 것을 신청할 수 있다.
>
> ② 가정법원은 제1항의 임치신청이 의무를 이행하기에 적합하다고 인정하는 경우에는 허가하여야 한다. 이 경우 그 허가에 대하여는 불복하지 못한다.
>
> ③ 제2항의 허가가 있는 경우 그 금전을 임치하면 임치된 금액의 범위에서 의무자(義務者)의 의무가 이행된 것으로 본다.

가소법 제65조에서 규정하는 '임치'란 채무자가 채권자에 대하여 금전을 지급하여야 할 의무가 있는 경우에 그 금전을 가정법원에 맡기는 것을 말한다. 그리고 여기에서 말하는 '금전'에는 양육비뿐만 아니라 모든 지급의무의 대상인 금전을 말한다. 임치의 신청은 채권자가 아닌 채무자가 한다. 위 규정은 채무자와 채권자 사이에 소통 내지는 연락

이 매우 곤란하거나 불가능한 경우를 상정하여 마련한 것으로 보이는데, 그 실효성은 의문이다.

6. 이행명령

> **가소법 제64조(이행명령)** ① 가정법원은 판결, 심판, 조정조서, 조정을 갈음하는 결정 또는 양육비부담조서에 의하여 다음 각 호의 어느 하나에 해당하는 의무를 이행하여야 할 사람이 정당한 이유 없이 그 의무를 이행하지 아니하는 경우에는 당사자의 신청에 의하여 일정한 기간 내에 그 의무를 이행할 것을 명할 수 있다.
>
> 1. 금전의 지급 등 재산상의 의무
> 2. 유아의 인도 의무
> 3. 자녀와의 면접교섭 허용 의무
>
> ② 제1항의 명령을 할 때에는 특별한 사정이 없으면 미리 당사자를 심문하고 그 의무를 이행하도록 권고하여야 하며, 제67조 제1항 및 제68조에 규정된 제재를 고지하여야 한다.

위 가소법 제64조 제1항 각 호의 규정 중 제2호와 제3호의 경우에는 아예 강제집행을 할 수 있는 수단이 없다. 따라서 이 경우에는 과태료나 감치의 제재를 예고함으로써 채무자에게 심리적 압박을 주어 그 이

행을 하게 하려는 것이다. 위 의무이행명령은 가정법원이 직권으로는 할 수 없으므로, 권리자가 신청하여야만 명령이 가능한 것도 특징이라고 할 수 있다.

"유아 인도 의무"는 스스로 아버지나 어머니를 찾아갈 능력이 없는 어린 아이를 보호하는 쪽 당사자가 그 어린이를 상대방 당사자에게 넘겨주어야 할 의무를 말한다.

Ⅵ. 재산분할청구권 보전을 위한 사해행위취소권

민법 제839조의3(재산분할청구권 보전을 위한 사해행위취소권) ① 부부의 일방이 다른 일방의 재산분할청구권 행사를 해함을 알면서도 재산권을 목적으로 하는 법률행위를 한 때에는 다른 일방은 제406조 제1항을 준용하여 그 취소 및 원상회복을 가정법원에 청구할 수 있다.

② 제1항의 소는 제406조 제2항의 기간 내에 제기하여야 한다.

민법 제406조(채권자취소권) ① 채무자가 채권자를 해함을 알고 재산권을 목적으로 한 법률행위를 한 때에는 채권자는 그 취소 및 원상회복을 법원에 청구할 수 있다. 그러나 그 행위로 인하여 이익을 받은 자나 전득한 자가 그 행위 또는 전득 당시에 채권자를 해함을 알지 못한 경우에는 그러하지 아니하다.

② 전항의 소는 채권자가 취소원인을 안 날로부터 1년, 법률행위 있은 날로부터 5년 내에 제기하여야 한다.

1. 의의

채권자취소권 또는 사해행위취소권(詐害行爲取消權)이라고 함은 채무자가 채권자를 해롭게 한다는 사실을 알면서 자기의 일반재산을 감소시키는 행위를 하는 경우에 채권자가 소송절차를 거쳐 그 법률행위를 취소하고, 그 재산을 원상회복하는 권리를 말한다. 민법 389조의3에서 규정하는 채권자는 재산분할을 청구할 수 있는 배우자이다.

앞에서 살펴본 가소법상의 가압류 제도가 채무자의 재산 빼돌리기를 막는 제도라면 민법이 규정하는 채권자취소권은 채무자가 이미 빼돌린 재산을 원상회복하는 제도이다. 이 제도를 이용하기에 앞서 재산명시 및 재산조회 제도를 활용할 수도 있다는 점에 관하여는 앞에서 검토하였다.

민법 제839조의3에서 규정하는 채권자취소권은 민법 제406조에서 규정하는 채권자취소권의 특별한 규정이다. 이혼을 앞두고 배우자에게 재산의 분할을 하지 아니할 목적으로 재산을 빼돌리는 행위를 막기 위하여 특별히 마련한 규정이다. 이 채권자취소권은 채권자취소권의 일반적인 규정인 제406조를 준용하기 때문에 사해행위를 취소할 수 있는 주체, 즉 취소채권자를 재산분할을 청구할 수 있는 자로 한정한다는 점과 관할법원이 가정법원이라는 점을 제외하면 모두 제406조의 채권자취소권과 동일하다. 다음부터는 제406조를 중심으로 검토하기로 한다. 이혼에 따른 재산분할청구권과 관련한 경우 외에도 일반 거래에서 채

권자취소권은 그 활용도가 높은 제도이다.

가령 갑의 배우자 을이 을 명의의 부동산을 병에게 처분하고, 병은 다시 이를 정에게 양도한 경우에는 갑이 장차 을을 상대로 재산분할을 청구함에는 장애가 발생하였다. 따라서 갑으로서는 을이 갑의 재산분할 청구권 행사를 방해하였음을 이유로 을의 병에 대한 부동산의 처분행위를 취소하고, 그 부동산의 명의를 을 앞으로 원상회복하게 하는 것이 이 권리의 골자이다. 이렇게 되어야만 갑이 을의 재산에 대하여 재산분할을 청구함에 지장이 없고, 소를 제기하기 전에 가압류 등의 처분제한을 할 수 있기 때문이다.

위 사례에서 갑을 '채권자', 을을 '채무자', 병을 '수익자', 정을 '전득자'라고 부른다. 그리고 채권자가 채무자에 대하여 갖고 있는 채권(재산분할청구권)을 '피보전채권'이라고 한다. 채권자취소권은 법률행위의 취소권과 원상회복청구권이 결합된 권리인 것이다.

2. 요건

가. 피보전채권

1) 원칙적으로 금전채권일 것

채권자취소권을 행사하기 위한 채권(채권자의 채권)은 원칙적으로 금전채권이어야 한다. 따라서 특정물에 대한 소유권이전등기청구권을 보전하기 위해서는 채권자취소권을 행사할 수 없음이 원칙이다(98다56690 판결 참조). 이와 같은 요건으로 인하여 과거에는 재산분할청구권을 피

보전권리로 해서는 민법 제406조에서 규정하는 채권자취소권을 행사할 수 없는 경우가 많다는 문제점이 지적되었다. 이에 대한 반성으로 2007년 민법 제839조의3을 신설한 것이다.

2) 원칙적으로 사해행위 이전에 발생한 채권일 것

피보전채권은 원칙적으로 사해행위가 발생하기 이전에 생긴 채권이어야 한다. 다만, 예외적으로 채무자가 사해행위를 할 당시에는 채권이 성립할 수 있는 기초적인 법률관계만 있을 뿐 아직 채권이 성립되지 않았지만, 가까운 장래에 채권이 현실로 성립할 개연성이 있는 경우에는 그러한 채권도 피보전채권으로 인정을 받는 경우가 있다. 다음에 소개하는 판례는 이 요건에 대한 예외를 잘 설명하고 있다. 재산분할과 관련해서는 피보전채권은 재산분할청구권이므로 이 요건을 해석함에 있어서는 이혼의 개연성을 판단하여야 할 것이다.

〔판례〕 가까운 장래에 채권·채무가 성립할 고도의 개연성 판단기준
채권자취소권에 의하여 보호될 수 있는 채권은 원칙적으로 사해행위라고 볼 수 있는 행위가 행하여지기 전에 발생된 채권임을 요하지만, 그 사해행위 당시에 이미 채권성립의 기초가 되는 법률관계가 발생되어 있고, 가까운 장래에 그 법률관계에 기하여 채권이 성립되리라는 고도의 개연성이 있으며, 실제로 가까운 장래에 그 개연성이 현실화되어 채권이 성립된 경우에는, 그 채권도 채권자취소권의 피보전채권이 될 수 있다. 그리고 채권자취소권 행사의

요건인 채무자의 무자력 여부를 판단함에 있어서 그 대상이 되는 소극재산도 원칙적으로 사해행위라고 볼 수 있는 행위가 행하여지기 전에 발생된 것임을 요하지만, 그 사해행위 당시에 이미 채무 성립의 기초가 되는 법률관계가 있고, 가까운 장래에 그 법률관계에 의하여 채무가 성립되리라는 점에 대한 고도의 개연성이 있으며, 실제로 가까운 장래에 그 개연성이 현실화되어 채무가 성립된 경우에는 그 채무도 채무자의 소극재산에 포함시켜야 할 것이다(대법원 2011. 1. 13. 선고 2010다68084 판결 참조).

다만 여기서 채무자의 처분행위 이후에 발생한 채권이나 채무와 관련하여 채권자취소권을 인정하기 위한 요건으로서의 '고도의 개연성'은 단순히 향후 채권이나 채무가 성립할 가능성이 있는 정도에 그쳐서는 안 되고, 적어도 채무자의 사해의사를 추단할 수 있는 객관적 사정이 존재하여 일반적으로 누구라도 그 채권이나 채무의 성립을 예견할 수 있을 정도에 이르렀다고 볼 만한 상태에서 채무자의 재산처분행위가 이루어졌어야 하며, 구체적으로 이러한 고도의 개연성이 있는지 여부는 채권자와 채무자 사이의 기초적 법률관계의 내용, 채무자의 재산상태 및 그 변화 내용, 일반적으로 그와 같은 상태에서 채권 또는 채무가 발생하는 빈도 및 이에 대한 일반인의 인식 정도, 채무자의 재산처분행위와 채권 또는 채무 발생과의 시간적 간격 등 여러 가지 사정을 종합하여 객관적으로 판단하여야 한다(대법원 2013. 12. 26. 선고 2012다41915 판결).

나. 채무자의 무자력(無資力)

"채무자의 무자력"이라고 함은 채무자가 가진 전체 적극재산에서 전체 소극재산을 빼면 모든 채권자의 채권을 변제하기에 부족한 상태를 말한다. 채무자가 어느 재산을 처분하면 무자력 상태로 되는 경우에도 마찬가지로 무자력으로 본다. 채무자의 무자력 여부를 판단하는 시기는 사해행위(재산의 처분행위) 당시이다.

〔판례〕 무자력 판단에서 실질적으로 재산적 가치가 있는 채무자의 채권만 적극재산에 포함 됨

사해행위취소소송에서 채무자의 무자력 여부를 판단하기 위하여 적극재산을 산정함에 있어서는 실질적으로 재산적 가치가 없어 채권의 공동담보로서의 역할을 할 수 없는 재산은 특별한 사정이 없는 한 이를 제외하여야 하고, 그 재산이 채권인 경우에는 그것이 용이하게 변제받을 수 있는 확실성이 있다는 것이 합리적으로 긍정되는 경우에 한하여 적극재산에 포함시켜야 한다(대법원 2013. 12. 12. 선고 2012다111401 판결).

다. 사해행위

"사해행위"라고 함은 한마디로 채무자가 스스로 무자력 상태를 만드는 행위이다. 즉 모든 채권자의 채권을 변제하기에 부족하게 된다는 사실을 알면서도 정당한 이유 없이 자기의 적극재산을 처분(담보제공을 포함)함으로써 모든 채권자의 채권에 만족을 줄 수 없는 상태를 만드는 행위를 뜻한다. 그리고 이미 모든 채권자에게 만족을 줄 수 없는 상태에 있는 채무자가 그 무자력 상태를 더욱 악화시키는 행위를 하는 경우에도 사해행위가 됨은 물론이다.

〔판례〕 채무초과 상태에서의 변제행위도 채무의 본지에 따른 것이면 사해행위 안 됨

채무자가 채무초과 상태에서 자신의 재산을 타인에게 증여하였다면 특별한 사정이 없는 한 이러한 행위는 사해행위가 된다고 할 것이나, 채무자가 채무초과의 상태에서 특정 채권자에게 채무의 본지에 따른 변제를 함으로써 다른 채권자의 공동담보가 감소하는 결과가 되는 경우, 그 변제는 채무자가 특히 일부의 채권자와 통모하여 다른 채권자를 해할 의사를 가지고 변제를 한 경우가 아닌 한 원칙적으로 사해행위가 되는 것은 아니다. 그런데 사해행위의 취소를 구하는 채권자가 채무자의 수익자에 대한 금원 지급행위를 증여라고 주장함에 대하여, 수익자는 이를 기존 채무에 대한 변제

로서 받은 것이라고 다투고 있는 경우, 이는 채권자의 주장사실에 대한 부인에 해당할 뿐 아니라, 위 법리에서 보는 바와 같이 채무자의 금원 지급행위가 증여인지, 변제인지에 따라 채권자가 주장·증명하여야 할 내용이 크게 달라지므로, 결국 위 금원 지급행위가 사해행위로 인정되기 위하여는 그 금전 지급행위가 증여에 해당한다는 사실이 증명되거나 변제에 해당하지만 채권자를 해할 의사 등 앞서 본 특별한 사정이 있음이 증명되어야 할 것이고, 그에 대한 증명책임은 사해행위를 주장하는 측에 있다고 할 것이다 (대법원 2014. 10. 27. 선고 2014다41575 판결).

〔판례〕 채무초과 상태에서의 담보제공행위는 원칙적으로 사해행위에 해당

채무자가 계속적인 거래관계에 있는 구입처로부터 외상매입대금 채무에 대한 담보를 제공하지 않으면 사업에 필요한 물품의 공급을 중단하겠다는 통보를 받고 물품을 공급받아 사업을 계속 추진하는 것이 채무 변제력을 갖게 되는 최선의 방법이라고 생각하고 물품을 공급받기 위하여 채무초과 상태에 있으면서도 부득이 채무자 소유의 부동산을 특정 채권자에게 담보로 제공하고 그로부터 물품을 공급받았다면 특별한 사정이 없는 한 채무자의 담보권설정행위는 사해행위에 해당하지 아니하나, 이러한 예외적인 경우 등이 아니면 채무초과 상태에 있는 채무자가 그 소유의 부동산을 채권자 중의 어느 한 사람에게 채권담보로 제공하는 행위는 다른 채

권자들에 대한 관계에서 사해행위가 될 수 있다(대법원 2011. 1. 13. 선고 2010다68084 판결).

〔판례〕 변제기 도과한 채무도 특정한 채권자에게 공정증서로 집행권원 만들어주면 사해행위에 해당

　　무자력 상태의 채무자가 기존채무에 관한 특정의 채권자로 하여금 채무자가 가지는 채권에 대하여 압류 및 추심명령을 받음으로써 강제집행절차를 통하여 사실상 우선변제를 받게 할 목적으로 그 기존채무에 관하여 강제집행을 승낙하는 취지가 기재된 공정증서를 작성하여 주어 채권자가 채무자의 ㄱ 채권에 관하여 압류 및 추심명령을 얻은 경우에는 그와 같은 공정증서 작성의 원인이 된 채권자와 채무자의 합의는 기존채무의 이행에 관한 별도의 계약인 이른바 채무변제계약에 해당하는 것으로서 다른 일반채권자의 이익을 해하여 사해행위가 된다고 할 것이다(대법원 2010. 4. 29. 선고 2009다33884 판결).

　　ㄴ 채권의 변제기가 지났음에도 채무자가 임의로 변제하지 아니하면 채권자는 강제집행의 방법으로 변제를 받을 수밖에 없다. 강제집행을 실행하기 위해서는 '집행권원'이 있어야 한다. 여기에서 말하는 집행권원은 판결 또는 공정증서 등을 말하는데, 채권자가 판결을 얻기까지에는 꽤 긴 시간이 소요된다. 그러나 공정증서는 채권자와 채무자가 합의를 하면 즉시 만들어질 수 있는 집행권원이다.

'압류 및 추심명령'은 법원이 강제집행을 승낙한 명령이다. 따라서 채무초과의 상태에 있는 채무자가 특정한 채권자에게 공정증서를 작성해준 행위는 그 채권이 변제기를 넘긴 것이라고 하더라도 해당 채권자에게만 추심을 쉽게 할 수 있는 행위이므로, 그를 제외한 다른 채권자들에게는 사해행위가 된다는 것이 이 판례가 말하는 취지이다.

라. 사해의사

"사해의사"는 채무초과 상태(무자력 상태)에 있거나 재산을 처분하면 그러한 상태가 될 것이 예상되는 채무자가 위와 같은 사실을 알면서도 적극재산을 처분하는 경우에, 위와 같은 사실을 알고 있으면서, 즉 재산처분행위가 모든 채권자에게 해롭게 된다는 사실을 알면서도 재산을 처분하려는 의사를 말한다.

채권자가 채권자취소권을 행사하여 사해행위를 취소하게 하려면 채무자와 수익자에게 사해의사가 있다는 점이 인정되어야 한다. 그런데 사해의사는 채무자 및 수익자의 주관적인 생각을 말하는 것이므로, 사해행위의 취소를 구하는 채권자가 그들의 생각을 직접 입증하는 것은 매우 곤란하거나 불가능하다. 따라서 이러한 채무자의 사해의사는 여러 가지의 객관적 사정과 정황에 의하여 추단할 수밖에 없다. 대법원은 수익자 및 전득자의 사해의사는 '추정'된다. 즉 수익자 및 전득자(轉得者)가 사해행위의 취소를 구하는 채권자에게 대항하여 해당 법률행위의

취소를 막기 위해서는 위 '추정'을 뒤집을 수 있는 증거를 제출하여야한다. 즉 사해의사가 없다고 주장하는 수익자 및 전득자에게 사해의사없다는 점에 관한 입증책임이 있다.

〔판례〕 **수익자의 사해의사는 추정**

사해행위취소에 있어서 주관적 요건인 사해의사는 채무자의 재산처분행위에 의하여 그 재산이 감소되어 채권자의 공동담보에 부족이 생기거나 이미 부족 상태에 있는 공동담보가 한층 더 부족하게 됨으로써 채권자의 채권을 완전하게 만족시킬 수 없게 된다는사실을 인식하는 것을 의미하고, 수익자가 <u>선의16)</u>라는 점에 관하여는 그 수익자 자신이 증명할 책임이 있다(대법원 2013. 4. 11.선고 2012다107198 판결).

〔판례〕 **채무자와 수익자 사이의 사해성은 전득자의 인식 불문**

채권자가 사해행위의 취소와 함께 수익자 또는 전득자로부터 책임재산의 회복을 구하는 사해행위취소의 소를 제기한 경우 그 취소의 효과는 채권자와 수익자 또는 전득자 사이의 법률관계에만생긴다(대법원 2004. 8. 30. 선고 2004다21923 판결, 대법원 2006.

---

16) 선의(善意) : 선의는 어떤 사정을 알지 못하는 것을 말한다. 위 판례에서는 채무자와 수익자 사이의 법률행위(매매, 증여, 대물변제, 담보권의 설정 등) 당시 채무자가 채무자의 채권자들을 해롭게 할 의도로 해당 법률행위를 한 것이라는 사실을 알지 못하였다는 점을 수익자가 증명하여야 한다고 했다.

8. 24. 선고 2004다23110 판결 등 참조). 그리고 채권자가 사해행위취소로써 전득자를 상대로 채무자와 수익자 사이의 법률행위의 취소를 구함에 있어서, 전득자의 악의는 전득행위 당시 취소를 구하는 법률행위가 채권자를 해한다는 사실, 즉 사해행위의 객관적 요건을 구비하였다는 것에 대한 인식을 의미하므로, 전득자의 악의를 판단함에 있어서는 전득자가 전득행위 당시 채무자와 수익자 사이의 법률행위의 사해성을 인식하였는지 여부만이 문제가 될 뿐이고(대법원 2006. 7. 4. 선고 2004다61280 판결 등 참조), 수익자가 채무자와 수익자 사이의 법률행위의 사해성을 인식하였는지 여부는 원칙적으로 문제가 되지 않는다(대법원 2012. 8. 17. 선고 2010다87672 판결).

┗ 위 판례에서 "취소의 효과는 채권자와 수익자 또는 전득자 사이의 법률관계에만 생긴다."고 표현한 부분을 보완하면 이렇다. 가령 채무자인 을 자신이 소유하는 부동산을 수익자 병에게 증여하고, 병은 그 부동산을 다시 전득자 정에게 매도한 경우에서 채권자 갑이 병을 피고로 하여 사해행위취소의 소를 제기하였다고 하자. 이러한 경우 갑이 승소확정판결을 받게 되면 그 취소의 효과는 갑과 병 사이에만 생길뿐이므로, 을과 병 사이 및 병과 정 사이에는 그 취소의 효과가 생기지 않는다는 의미이다. 위 가정적 사례에서 갑이 정을 피고로 하여 같은 소를 제기하고 승소확정판결을 받은 경우에도 갑과 정의 관계에서만 취소의 효과가 생길 뿐 을과 병 사이 및 병과 정 사이에는 그 취소의 효과가 생기지 않는다. 다만, 그들 사이에는 손해배상 등의 문제는 발생할 것이다. 그렇지만 갑으로서는 그들 사이의 문제에 관하여는 알 바가 아니다.

〔판례〕 사해의사의 판단기준

　채무자가 책임재산을 감소시키는 행위를 함으로써 일반채권자들을 위한 공동담보의 부족상태를 유발 또는 심화시킨 경우에 그 행위가 채권자취소의 대상인 사해행위에 해당하는지는, 그 목적물이 채무자의 전체 책임재산 가운데에서 차지하는 비중, 무자력의 정도, 법률행위의 경제적 목적이 가지는 정당성 및 그 실현수단인 당해 행위의 상당성, 행위의 의무성 또는 상황의 불가피성, 공동담보의 부족 위험에 대한 채무자와 수익자의 인식의 정도 등 그 행위에 나타난 여러 사정을 종합적으로 고려하여 그 행위가 궁극적으로 일반채권자를 해하는 행위라고 볼 수 있는지 여부에 따라 최종 판단하여야 할 것이다. 그리고 채무초과의 상태에 있는 채무자가 여러 채권자 중 일부에게만 채무의 이행과 관련하여 그 채무의 본래 목적이 아닌 다른 채권을 양도하는 경우에도 그 행위가 사해행위가 되는지는 위에서 본 바와 같은 일반적인 판단 기준에 비추어 그 행위를 궁극적으로 일반채권자를 해하는 행위로 볼 수 있는지 여부에 따라 판단하여야 한다(대법원 2014. 3. 27. 선고 2011다107818 판결).

〔판례〕 채무자가 연속하여 여러 재산을 처분한 경우 사해성의 판단 기준

채무자가 연속하여 수개의 재산처분행위를 한 경우에는 원칙적으로 각 행위별로 그로 인하여 무자력이 초래되었는지 여부에 따라 사해성 여부를 판단하여야 하는 것이지만, 그 일련의 행위를 하나의 행위로 볼 만한 특별한 사정이 있는 경우에는 이를 일괄하여 전체적으로 사해성이 있는지 여부를 판단하여야 하고, 그러한 특별사정이 있는지 여부는 처분의 상대방이 동일한지, 각 처분이 시간적으로 근접한지, 상대방과 채무자가 특별한 관계가 있는지, 각 처분의 동기 내지 기회가 동일한지 등을 종합적으로 고려하여 판단할 것이다(대법원 2014. 3. 27. 선고 2012다34740 판결).

3. 원상회복의 방법

가. 취소의 상대방

사해행위취소는 반드시 채권자가 원고로 되어 소를 제기하는 방법으로 하여야 한다. 소의 상대방인 피고는 악의의 수익자 또는 악의의 전득자가 되어야 하고, 채무자는 피고가 될 수 없다.

수익자와 전득자가 모두 악의(惡意 : 사해행위임을 안 경우)인 때에는 채권자는 수익자와 전득자를 선택하여 소를 제기할 수 있다. 수익

자는 선의(善意)인 반면 전득자가 악의인 때에는 전득자를 피고로 지정하여야 하고, 이와는 반대로 수익자는 악의이나 전득자가 선의일 경우에는 수익자가 피고로 되어야 한다.

위의 어느 경우에도 원칙적으로 원물반환을 청구하여야 하고, 원물을 반환하는 것이 불가능하거나 특별히 곤란한 사정이 있는 때에는 가액반환(價額返還)을 청구하여야 한다.

〔판례〕 사해행위취소의 소는 순차적으로 또는 여러 명의 피고를 대상으로 가능

채권자가 어느 수익자에 대하여 사해행위취소 및 원상회복청구를 하여 승소판결을 받아 그 판결이 확정되었다 하더라도 그에 기하여 재산이나 가액의 회복을 마치지 아니한 이상 채권자는 자기의 피보전채권에 기하여 다른 수익자에 대하여 별도로 사해행위취소 및 원상회복청구를 할 수 있고, 채권자가 여러 수익자들을 상대로 사해해위취소 및 원상회복청구의 소를 제기하여 여러 개의 소송이 계속 중인 경우에는 각 소송에서 채권자의 청구에 따라 사해행위의 취소 및 원상회복을 명하는 판결을 선고하여야 하며, 수익자가 가액배상을 하여야 할 경우에도 다른 소송의 결과를 참작할 필요 없이 수익자가 반환하여야 할 가액 범위 내에서 채권자의 피보전채권 전액의 반환을 명하여야 한다. 그리고 이러한 법리는 이 사건에서와 같이 채무자가 동시에 수인의 수익자들에게 각기 금원을 증여한 결과 채무초과상태가 되거나 그러한 상태가 악화됨

으로써 그와 같은 각각의 증여행위가 모두 사해행위로 되고, 채권자가 그 수익자들을 공동피고로 하여 사해행위취소 및 원상회복을 구하여 각 수익자들이 부담하는 원상회복금액을 합산한 금액이 채권자의 피보전채권액을 초과하는 경우에도 마찬가지라고 할 것이다(대법원 2014. 10. 27. 선고 2014다41575 판결).

〔판례〕 채권자는 순차로 또는 여러 명의 피고에 대하여 원상회복청구 가능

채권자가 어느 수익자에 대하여 사해행위취소 및 원상회복청구를 하여 승소판결을 받아 그 판결이 확정되었다 하더라도 그에 기하여 재산이나 가액의 회복을 마치지 아니한 이상 채권자는 자기의 피보전채권에 기하여 다른 수익자에 대하여 별도로 사해행위취소 및 원상회복청구를 할 수 있고, 채권자가 여러 수익자들을 상대로 사해해위취소 및 원상회복청구의 소를 제기하여 여러 개의 소송이 계속 중인 경우에는 각 소송에서 채권자의 청구에 따라 사해행위의 취소 및 원상회복을 명하는 판결을 선고하여야 하며, 수익자가 가액배상을 하여야 할 경우에도 다른 소송의 결과를 참작할 필요 없이 수익자가 반환하여야 할 가액 범위 내에서 채권자의 피보전채권 전액의 반환을 명하여야 한다. 그리고 이러한 법리는 이 사건에서와 같이 채무자가 동시에 수인의 수익자들에게 각기 금원을 증여한 결과 채무초과상태가 되거나 그러한 상태가 악화됨으로써 그와 같은 각각의 증여행위가 모두 사해행위로 되고, 채권

자가 그 수익자들을 공동피고로 하여 사해행위취소 및 원상회복을 구하여 각 수익자들이 부담하는 원상회복금액을 합산한 금액이 채권자의 피보전채권액을 초과하는 경우에도 마찬가지라고 할 것이다(대법원 2014. 10. 27. 선고 2014다41575 판결).

〔판례〕 가액배상은 직접 채권자에게 지급청구 가능, 원물반환이 불가능한 경우 및 현저히 곤란한 경우의 의미

채권자의 사해행위취소 및 원상회복청구가 인정되면, 수익자 또는 전득자는 원상회복으로써 사해행위의 목적물을 채무자에게 반환할 의무를 지게 되고, 만일 원물반환이 불가능하거나 현저히 곤란한 경우에는 원상회복의무의 이행으로써 사해행위 목적물의 가액 상당을 배상하여야 하는바, 원래 채권자와 아무런 채권·채무관계가 없었던 수익자가 채권자취소에 의하여 원상회복의무를 부담하는 것은 형평의 견지에서 법이 특별히 인정한 것이므로, 그 가액배상의 의무는 목적물의 반환이 불가능하거나 현저히 곤란하게 됨으로써 성립하고, 그 외에 그와 같이 불가능하게 된 데에 상대방인 수익자 등의 고의나 과실을 요하는 것은 아니며, 이 경우 채권자는 상대방에 대하여 직접 자기에게 지급할 것을 청구할 수 있다.

여기에서 원물반환이 불가능하거나 현저히 곤란한 경우라 함은 원물반환이 단순히 절대적, 물리적으로 불능인 경우가 아니라 사회생활상의 경험법칙 또는 거래상의 관념에 비추어 채권자가 수익

자나 전득자로부터 목적물의 소유권을 회복하여 이를 다시 채권자에게 이전하여 줄 수 있는 특별한 사정이 있으면 모르되, 그렇지 아니한 일반의 경우에는 그로써 채권자에 대한 목적물의 원상회복 의무는 법률상 이행불능의 상태에 있다고 봄이 상당하다(대법원 1998. 5. 15. 선고 97다58316 판결).

나. 소제기 기간

민법 제406조 제2항에서는 "채권자취소의 소는 채권자가 취소원인을 안 날로부터 1년, 법률행위 있은 날로부터 5년 내에 제기하여야 한다." 고 규정하였다. 위 법률의 규정에서 말하는 "취소원인을 안 날" 및 "법률행위 있은 날"의 의미에 관하여 대법원의 입장을 소개한다.

〔판례〕 제척기간의 기산점인 채권자가 '취소원인을 안 날'의 의미

채권자취소권의 행사에 있어서 제척기간의 기산점인 채권자가 '취소원인을 안 날'이라 함은 채권자가 채권자취소권의 요건을 안 날, 즉 채무자가 채권자를 해함을 알면서 사해행위를 하였다는 사실을 알게 된 날을 의미한다고 할 것이므로, 단순히 채무자가 재산의 처분행위를 하였다는 사실을 아는 것만으로는 부족하고, 그 법률행위가 채권자를 해하는 행위라는 것에 의하여 채권의 공동담

보17)에 부족이 생기거나 이미 부족상태에 있는 공동담보가 한층 더 부족하게 되어 채권을 완전하게 만족시킬 수 없게 되었고 나아가 채무자에게 사해의 의사가 있었다는 사실까지 알 것을 요하며, 사해행위의 객관적 사실을 알았다고 하여 취소의 원인을 알았다고 추정할 수는 없고 제척기간18)의 도과에 관한 입증책임은 채권자취소소송의 상대방에게 있다(대법원 2013. 4. 26. 선고 2013다5855 판결).

〔판례〕 사해행위를 한 날을 판정하는 방법

사해행위에 해당하는 법률행위가 언제 있었는가는 실제로 그러한 사해행위가 이루어진 날을 표준으로 판정할 것이되, 이를 판정하기 곤란한 경우 등에는 처분문서19)에 기초한 것으로 보이는 등기부상 등기원인일자를 중심으로 그러한 사해행위가 실제로 이루

---

17) 공동담보 : 판례가 말하는 "공동담보"라 함은 채무자가 각 채권자에게 담보권을 설정해주었는지 여부를 묻지 않고, 채무자의 모든 재산은 채무자에 대한 모든 채권자에게 담보적 기능을 한다는 의미에서의 공동담보를 말한다.

18) "제척기간(除斥期間)"은 채권자가 취소원인을 안 날로부터 1년, 법률행위가 있은 날로부터 5년의 각 기간을 말한다. 이 기간은 법원에 소를 제기할 수 있는 기간(제소기간)이다. 제척기간은 소멸시효와는 달리 중단이나 정지라는 제도가 없다.

19) 처분문서 : 법률상의 효력을 기준으로 문서의 종류를 큰 틀에서 나눌 때 '처분적 문서' 및 '보고적 문서'로 나눈다. 처분문서는 증명하고자 하는 법률행위(처분행위)가 그 문서 자체에 나타나는 문서를 의미하며, 여기에 해당하는 것으로는 계약서·유언서·어음·수표 등이 있다. 그리고 보고문서는 문서의 작성자가 보고 듣고 느끼고 판단한 바를 적은 문서를 말하는데, 이에 해당하는 것으로는 영수증·편지·일기장·진단서·가족관계등록부등본 등이 있다.

어졌는지 여부를 판정할 수 있다(대법원 2010. 2. 25. 선고 2007다 28819,28826 판결).

다. 원물반환

"원물"이라 함은 채무자와 수익자 사이에 법률행위의 목적으로 하였던 재산, 즉 사해행위의 목적물을 말한다.

채권자가 수익자 또는 전득자를 피고로 사해행위취소 및 원상회복의 소를 제기하여 원고승소의 판결이 확정되면 수익자 또는 전득자는 목적물을 채무자에게 반환하는 것이 원칙이다. 다만, 예외적으로 가액(價額)의 반환이 인정되는 경우도 있다. 가액반환에 관하여는 뒤에서 소개한다.

〔판례〕 채권자는 원물반환과 가액배상 선택 가능

채권자의 사해행위취소 및 원상회복청구가 인정되면, 수익자는 원상회복으로써 사해행위의 목적물을 채무자에게 반환하여야 할 의무를 지게 되고, 만일 원물반환이 불가능하거나 현저히 곤란한 경우에는 원상회복의무의 이행으로써 사해행위 목적물의 가액 상당을 배상하여야 하는바, 여기에서 원물반환이 불가능하거나 현저히 곤란한 경우라 함은 원물반환이 단순히 절대적, 물리적으로 불능인 경우가 아니라 사회생활상의 경험법칙 또는 거래상의 관념에

비추어 그 이행의 실현을 기대할 수 없는 경우를 말하는 것이므로 (대법원 1998. 5. 15. 선고 97다58316 판결 참조), <u>사해행위 후 그 목적물에 관하여 제3자가 저당권이나 지상권 등의 권리를 취득한 경우에는 수익자가 목적물을 저당권 등의 제한이 없는 상태로 회복하여 이전하여 줄 수 있다는 등의 특별한 사정이 없는 한 채권자는 수익자를 상대로 원물반환 대신 그 가액 상당의 배상을 구할 수도 있다고 할 것이나, 그렇다고 하여 채권자가 스스로 위험이나 불이익을 감수하면서 원물반환을 구하는 것까지 허용되지 아니하는 것으로 볼 것은 아니고, 그 경우 채권자는 원상회복 방법으로 가액배상 대신 수익자 명의의 등기의 말소를 구하거나 수익자를 상대로 채무자 앞으로 직접 소유권이전등기절차를 이행할 것을 구할 수도 있다고 할 것이다</u>(대법원 2001. 2. 9. 선고 2000다57139 판결).

  ㄴ 위 판례의 밑줄 그은 부분에 관하여 부연설명을 하자면 이렇다. 가령 채무자 을이 자기 소유의 부동산을 수익자인 병에게 증여하고, 병은 이를 다시 전득자인 정에게 매도한 경우라고 하자. 이 부동산을 매수한 정이 해당 부동산 위에 A를 근저당권자로 하여 근저당권을 설정해 준 뒤에 채권자 갑이 정을 피고로 하여 사해행위취소 및 원상회복청구의 소를 제기한 경우에서 원고인 갑으로서는 가액의 반환을 청구하는 것이 일반적이지만, 갑으로서는 그 부동산 위에 설정된 근저당권을 말소함이 없이 부동산 자체를 을에게 반환하라는 청구를 할 수도 있다는 취지이다.

라. 가액반환

사해행위취소 및 원상회복청구의 소에서 패소한 수익자나 전득자는 원칙적으로 원물을 반환하여야 한다는 점에 관하여는 앞에서 살펴보았다.

그런데 어떤 사정으로 인하여 원물을 반환하는 것이 불가능하거나 매우 곤란한 경우에는 원물을 대신하여 가액을 배상하게 한다. 그리고 그 가액이 현금인 경우에는 소비할 위험성이 있는 채무자에게 반환하게 하지 아니하고 원고인 채권자에게 직접 반환하게 할 수도 있다.

〔판례〕 가액배상을 해야 하는 경우 및 대상 부동산의 가액산정의 시기

어느 부동산에 관한 법률행위가 사해행위에 해당하는 경우에는 원칙적으로 그 사해행위를 취소하고 소유권이전등기의 말소 등 부동산 그 자체의 회복을 명하여야 할 것이나, 사해행위를 취소하여 그 부동산 자체의 회복을 명하게 되면 당초 일반 채권자들의 공동담보로 되어 있지 아니하던 부분까지 회복을 명하는 것이 되어 공평에 반하는 결과가 되는 경우에는 그 부동산의 가액에서 공동담보로 되어 있지 아니하던 부분의 가액을 공제한 잔액의 한도에서 사해행위를 취소하고 그 한도에서 가액의 배상을 명함이 상당하다.

부동산의 매매계약 등이 사해행위에 해당되어 취소되고 수익자에게 그에 따른 원상회복으로써 원물반환이 아닌 가액배상을 명하는 경우, 그 부동산에 대한 가액은 특별한 사정이 없는 한 당해

사해행위취소소송의 사실심 변론종결 당시를 기준으로 산정하여야
한다(대법원 2010. 2. 25. 선고 2007다28819,28826 판결).

〔판례〕 가액반환의 상대방은 채권자

　채권자취소권은 채무자의 사해행위를 채권자와 수익자 또는 전
득자 사이에 상대적으로 취소하고 채무자의 책임재산에서 일탈한
재산을 회복하여 채권자의 강제집행이 가능하도록 하는 것을 본질
로 하는 권리이므로 원상회복을 가액배상으로 하는 경우에 그 이
행의 상대방은 채권자이어야 한다고 할 것이다(대법원 2008. 4.
24. 선고 2007다84352 판결).

4. 사해행위취소권의 행사범위

사해행위를 취소할 수 있는 범위는 원칙적으로 취소채권자의 채권액이다. 다만, 취소의 대상 목적물이 불가분물(不可分物)인 경우 등 특별한 사정이 있는 경우에는 채권자의 채권액을 넘는 부분까지를 포함하여 취소를 허용하는 경우도 있다. 이와 관련한 문제들은 대법원의 입장을 소개한다.

〔판례〕 사해행위취소권의 행사범위

이혼에 있어서 재산분할은 부부가 혼인 중에 가지고 있었던 실질상의 공동재산을 청산하여 분배함과 동시에 이혼 후에 상대방의 생활유지에 이바지하는 데 있지만, 분할자의 유책행위에 의하여 이혼함으로 인하여 입게 되는 정신적 손해(위자료)를 배상하기 위한 급부로서의 성질까지 포함하여 분할할 수도 있다고 할 것인바, 재산분할의 액수와 방법을 정함에 있어서는 당사자 쌍방의 협력으로 이룩한 재산의 액수 기타 사정을 참작하여야 하는 것이 민법 제839조의2 제2항의 규정상 명백하므로 재산분할자가 이미 채무초과의 상태에 있다거나 또는 어떤 재산을 분할하면 무자력이 되는 경우에도 분할자가 부담하는 채무액 및 그것이 공동재산의 형성에 어느 정도 기여하고 있는지 여부를 포함하여 재산분할의 액수와 방법을 정할 수 있다고 할 것이고, 재산분할자가 당해 재

산분할에 의하여 무자력이 되어 일반채권자에 대한 공동담보를 감소시키는 결과가 된다고 하더라도 그러한 재산분할이 민법 제839조의2 제2항의 규정취지에 반하여 상당하다고 할 수 없을 정도로 과대하고, 재산분할을 구실로 이루어진 재산처분이라고 인정할 만한 특별한 사정이 없는 한 사해행위로서 채권자취소권의 대상이 되지 아니하고(대법원 2000. 10. 10. 선고 2000다27084 판결 참조), 위와 같은 특별한 사정이 있어 사해행위로서 채권자취소권의 대상이 되는 경우에도 취소되는 범위는 그 상당한 부분을 초과하는 부분에 한정된다고 할 것이다(대법원 2000. 7. 28. 선고 99다6180 판결, 2001. 3. 27. 선고 2000다48104 판결 참조) - (대법원 2001. 5. 8. 선고 2000다58804 판결).

┗ 위 판례는 재산분할청구권을 보전하려는 배우자가 채권자의 지위에서 사해행위취소 및 원상회복을 청구한 것이 아니라, 부부가 아닌 제3자가 채권자의 지위에서 부부 사이의 재산분할행위가 사해행위라는 이유로 사해행위취소 및 원상회복을 구하는 소를 제기한 사례이다.

〔판례〕담보권이 설정된 부동산을 수익자나 전득자로부터 원상회복하게 함에 있어 수익자나 전득자가 그 부동산을 취득한 후 종전에 설정된 담보권을 말소한 때의 반환범위

근저당권이 설정된 부동산이 사해행위로 이전되면 그 이전이 양도담보[20]를 위한 경우에도 사해행위는 부동산의 가액에서 근저당

권의 피담보채무액을 공제한 잔액의 범위 내에서만 성립한다고 보아야 하므로, 사해행위 후 변제 등에 의하여 근저당권설정등기가 말소된 경우 그 부동산의 가액에서 근저당권의 피담보채무액을 공제한 잔액의 한도에서 사해행위를 취소하고 그 가액의 배상을 구할 수 있을 뿐이고(대법원 1999. 9. 7. 선고 98다41490 판결, 대법원 2001. 6. 12. 선고 99다20612 판결, 대법원 2002. 4. 12. 선고 2002다63912 판결 등 참조), 이러한 법리는 그 부동산이 담보신탁을 목적으로 이전된 경우에도 마찬가지라고 보아야 할 것이며, 또한 근저당권설정등기가 사해행위로 인한 소유권이전등기보다 나중에 말소된 경우뿐만 아니라 근저당권설정등기의 말소등기와 소유권이전등기가 같은 날 접수되어 함께 처리되고 그 원인일자가 동일한 경우에도 마찬가지라고 할 것이다(대법원 2014. 1. 23. 선고 2013다72169 판결).

〔판례〕 취소채권자의 채권액을 초과하여 취소할 수 있는 요건

사해행위취소의 범위는 다른 채권자가 배당요구를 할 것이 명백하거나 목적물이 불가분인 것과 같이 특별한 사정이 있는 경우에는 취소채권자의 채권액을 넘어서까지도 취소를 구할 수 있다

---

20) 양도담보(讓渡擔保)·담보신탁(擔保信託) : '양도담보'란 채권의 담보를 위하여 채무자 소유인 재산에 대하여 채권자에게 근저당권을 설정하는 등의 담보권을 설정하는 모습이 아니라 그 소유권 자체를 채권자에게 이전하였다가 나중에 채무를 변제하면서 그 소유권을 되찾아 오기로 하는 형태의 담보를 말한다. '담보신탁'이란 부동산을 신탁회사에 담보로 제공하고 대출을 받는 금융상품의 하나이다.

(대법원 2014. 1. 16. 선고 2013다52110 판결).

5. 사해행위취소의 효과

채권자가 사해행위취소 및 원상회복을 청구하는 소송에서 승소하고 그 판결이 확정되면 비록 그 상대방인 피고를 수익자 또는 전득자로 하였지만 그 소송의 효력은 채무자와 수익자 사이에만 생긴다. 가령 채무자 을로부터 부동산을 매수한 수익자 병이 이를 다시 전득자인 정에게 매도한 경우에서 채권자 갑이 정을 상대로 사해행위취소 및 원상회복의 소를 제기하여 승소확정판결을 받으면 이 소의 효력은 갑과 정 사이에만 생긴다. 갑이 이 소송에서 승소하면 을로부터 병 앞으로의 소유권이전등기가 말소된다. 이러한 결과 을은 그 부동산의 소유 명의를 회복하였다. 이제 갑으로서는 을 명의의 부동산에 대하여 가압류 등 보전조치를 할 수 있게 된다. 이것이 채권자취소권을 마련한 근본 취지이다.

이렇게 되면 병과 정은 해당 부동산을 취득할 때에 지출한 매매대금 등의 손해를 입게 된다. 이들 상호간에는 손해배상 등의 문제가 발생할 것이다. 그러나 이러한 문제에 관하여 원고인 채권자는 아무런 영향을 받지 않는다. 채권자취소권은 공평이라는 관념 아래 법이 특별히 고안한 제도이기 때문이다.

〔판례〕 가액반환을 받은 채권자가 사실상 우선변제를 받는 것은 정당

수익자가 확정된 판결에 기하여 해당 채권자에게 재산이나 가액을 반환함으로써 그 채권자가 다른 채권자보다 사실상 우선변제를 받는 불공평한 결과가 초래된다고 하더라도, 그 재산이나 가액의 반환이 다른 채권자를 해할 목적으로 수익자와 해당 채권자가 통모한 행위라는 등의 특별한 사정이 없는 한 확정된 판결에 따른 반환의무를 이행하는 것이 다른 채권자의 신의에 반하는 행위라고는 할 수 없으므로, 확정된 판결에 따라 재산이나 가액의 반환을 마친 수익자가 다른 채권자의 사해행위취소 및 원상회복청구에 대하여 권리보호의 이익이 없다고 주장하는 것이 신의성실의 원칙에 위배된다고 할 수는 없다(대법원 2014. 8. 20. 선고 2014다28114 판결).

ㄴ 위 판례의 앞부분에서 말하는 취지는 이렇다. 가령 채권자 갑이 수익자 병을 피고로 하여 사해행위취소 및 원상회복을 구하는 소를 제기하여 그 소송에서 승소하고 그 판결이 확정됨에 따라 병이 갑에게 가액배상으로 현금을 반환하였다고 하자. 이러한 경우 갑으로서는 을에게 원상회복된 현금을 을을 대신하여 보관하는 지위에 있게 된다. 아직 을로부터 변제를 받은 것은 아니기 때문이다. 이때 갑의 을에 대한 채권이 변제기에 있다면 갑은 을을 상대로 자기의 채권액과 을을 위해 보관하는 현금을 대등액에서 상계(相計)를 할 수 있다. 결국 갑은 을에 대한 다른 채권자들보다 우선변제를

받은 결과가 된다.

 위 판례가 말하는 "확정된 판결에 따라 재산이나 가액의 반환을 마친 수익자가 다른 채권자의 사해행위취소 및 원상복구청구에 대하여 권리보호의 이익이 없다고 주장하는 것이 신의성실의 원칙에 위배된다고 할 수 없다."고 한 부분은 채무자의 다른 채권자(원상회복을 명한 목적물을 수령한 채권자 아닌 채권자)가 이미 원상회복을 한 수익자를 상대로 다시 같은 소를 제기한 경우에서 수익자로서는 나중에 제기된 소송에는 권리보호의 이익이 없다고 주장하는 경우, 이를 정당한 주장으로 보아야 한다는 취지이다. 만약 수익자의 이러한 주장이 허용되지 아니 한다면 수익자는 2중의 변제 내지는 다수의 원고들(채무자의 채권자들)이 제기하는 각각의 소에서 중복하여 피고가 되어야 하는 경우도 있을 수 있어 불공평하기 때문이다.

〔사해행위취소 및 원상회복청구 소장〕

소　　장

원고　○○○

　　　서울 ○○구 ○○○○길 ○○

　　　02)○○○○○○○, 010-○○○○-○○○○

　　　○○○○○○○@daum.net

피고　○○○

　　　경기 수원시 ○○로 ○○-○

　　　031)○○○-○○○○, 010-○○○○-○○○○

사해행위취소 및 원상회복청구의 소

청　구　취　지

1. 피고와 소외 연놀부 사이에 별지 목록 기재 부동산에 관하여 ○○○○. ○. ○○. 체결한 부동산매매계약은 이를 취소한다.

2. 피고는 원고에게 위 부동산에 관하여 ○○지방법원 ○○등기

소 ○○○○. ○. ○○. 접수 제○○○호, ○○○○. ○. ○
○.자 매매를 원인으로 마친 소유권이전등기의 말소등기절차
를 이행하라.

3. 소송비용은 피고의 부담으로 한다.

라는 판결을 구합니다.

청 구 원 인

1. 피고는 원고의 배우자인 소외 연놀부의 동생입니다. 원고는
   ○○○○. ○. ○. 위 연놀부를 상대로 이혼 및 위자료 등
   청구의 소를 제기한 상태입니다.

2. 별지 목록 기재 부동산은 원고와 위 연놀부가 부부공동생활
   의 과정 중 공동의 노력으로 이룩한 결과 ○○○○. ○○.
   ○○. 취득한 재산입니다. 다만, 당시 그 소유권이전등기를
   함에 있어서 그 명의만을 위 연놀부의 단독명의로 등기를
   마쳐두었습니다.

3. 그런데 원고가 위 이혼 등 소를 제기하자 위 연놀부는 원고
   가 재산분할로 위 부동산에 대한 2분의1 지분에 대하여 지
   분소유권의 이전등기를 청구할 것에 대비하여 이를 면탈할
   목적으로 사실은 매매를 한 사실이 없음에도 불구하고 매매
   를 가장하기로 피고와 통모하여 형식적으로만 그 등기명의
   를 피고 앞으로 이전한 것입니다.

4. 따라서 원고는 위 연놀부에 대한 재산분할청구권을 보전하기 위하여 위 연놀부와 피고 사이에 이루어진 부동산소유권이 전등기를 말소함으로써 위 부동산의 소유명의를 위 연놀부 앞으로 원상복구를 할 필요가 있어 이 소를 제기하게 되었습니다.

입 증 방 법

1. 갑 제1호증 부동산등기사항전부증명서
1. 갑 제2호증 소제기증명원

첨 부 서 류

1. 위 입증방법 각 1통
2. 토지대장 1통
3. 건축물대장 1통
4. 소장부본 2통
5. 송달료납부서 1통

○○○○. ○○. ○○.

위 원고   ○ ○ ○ (기명날인 또는 서명)

○○지방법원(가정법원) 귀중

(별지)

부동산의 표시

1. 서울특별시 ○○구 ○○○길 ○○○-○○
   대 587.17㎡

2. 위와 같은 곳
   시멘트벽돌조 슬래브지붕 2층 주택
   1층 321.11㎡
   2층 321.11㎡. 끝.

〈참고〉

○ 인지대 · 송달료 : 인지대를 계산함에 있어서는 원고의 채권액과 취소되는 법률행위의 목적물 가액 중 소액의 것을 기준으로 한다. 그 계산식은 「소장 제출에 따른 비용의 계산 및 납부방법」 부분을 참고하면 된다. 송달료는 당사자의 수(2명) × 15회분 × 3,550원이다. 원고가 인지대의 계산을 올바로 하지 못한 경우에는 재판장이 보정을 명하므로, 그 보정명령에 따라 보정을 하면 된다.

○ 청구취지 : 청구취지 중 원상회복에 관한 사항은 그것이 원물반환이든지 가액배상이든지를 불문하고 "피고는 원고에게" 또는 "피고는 원고에 대하여"라고 표시한다. 피고는 수익자 또는 전득자를 상대로 하여

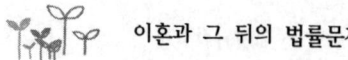

야 하며, 채무자는 피고가 될 수 없다는 점은 앞에서도 설명하였다.

○ 부동산목록 : 부동산목록을 작성함에 있어서 목적물이 건물인 경우 일
반건물과 집합건물(아파트 · 연립주택 · 다세대주택 · 복합건축물 등)은 그
모습을 달리한다. 위 예시는 일반건물에 대한 부동산목록이다(집합건
물의 경우의 예시는 '이혼등 청구소장' 참조).

Ⅶ. 「양육비 이행확보 및 지원에 관한 법률」

1. 법률의 이해

가정법원의 재판에 의하여 양육비의 지급채무를 부담하는 사람 중 80% 이상이 그 지급의무를 이행하지 않는다고 한다. 이러한 경우를 대비하여 가소법은 '양육비 직접지급명령', '담보제공명령', '일시금지급명령', '과태료의 제재' 및 '감치' 등 여러 종류의 이행확보 수단을 마련하고는 있지만 여전히 양육비채권자가 어려움을 겪고 있는 것이 현실이다. 이에 따라 이 법을 제정하여 한부모가정을 지원하고 있으나 이 법에 의한 지원 제도는 아직 널리 알려지지는 않았다.

이 법은 2015. 3. 23.부터 시행하였는데, 미성년자녀를 직접 양육하는 부나 모가 그 상대방인 부 또는 모로부터 양육비를 원활히 받을 수 있도록 국가(여성가족부)가 양육비의 이행확보를 지원하는 것 등을 목적으로 제정되었다. 앞에서 검토한 여러 종류의 양육비 이행확보 수단들이 있지만, '한부모한가족' 등의 특성상 이들 수단들을 제대로 이용하지 못하여 미성년자녀의 양육에 곤란을 겪고 있는 경우가 매우 많다는 점에 착안하여 만든 법률이다. 그러나 국가나 지방자치단체가 가사 문제에 개입하는 데에는 한계가 있으므로 이 법의 실효성도 그리 강력할 것으로는 보이지 않는다.

이 법률에 의하여 양육비 이행확보를 위한 지원을 하는 주무기관인 양육비이행관리원(다음부터 "이행관리원"이라고 함)으로부터 우선적으로 지원을 받을 수 있는 대상자는 「국민기초생활보장법」에 따른 '수급자' 및 '차상위계층', 「한부모한가족지원법」에 따른 '지원대상자' 및 소득이 전국 가구평균소득의 100분의 150 미만인 사람이다(법 제22조, 법 시행규칙 제10조). 그러나 양육비 이행확보에 관한 지원을 받으려는 당사자는 200만 원 이하의 범위에서 여성가족부장관이 정하여 고시한 수수료는 납부를 하여야 한다(법 제23조, 법 시행규칙 제11조). 지원을 받고자 하는 양육비채권자(다음부터 "양육부·모"라고 함)는 이행관리원에 지원을 요청하여야 한다.

양육비이행관리원(www.childsupport.or.kr)은 서울 서초구 반포대로 217에 위치하고 있으며, 대표전화번호는 1644-6621이다.

2. 양육비 이행확보 지원

양육비규칙 제2조(양육비 이행확보 지원의 신청 등) ① 다음 각 호의 지원을 받으려는 사람(이하 "양육부·모등"이라 한다)은 별지 제1호 서식의 양육비 이행확보지원신청서를 「양육비 이행확보 및 지원에 관한 법률」(이하 "법"이라 한다) 제7조에 따른 양육비이행관리원(이하 "이행관리원"이라 한다)의 장에게 제출하여야 한다.

1. 법 제10조에 따른 양육비에 관한 협의성립의 지원(이하 "협

의성립 지원"이라 한다)

2. 법 제11조 제1항 및 제2항에 따른 양육비청구 및 이행확보를 위한 법률지원(이하 "법률지원"이라 한다)

3. 법 제11조 제2항에 따른 양육비채권 추심지원(이하 "채권 추심지원"이라 한다)

② 양육부·모등은 제1항의 양육비 이행확보 지원신청서에 다음 각 호의 구분에 따른 서류를 첨부하여야 한다.

1. 법률지원을 신청하는 경우 : 법률지원의 종류에 따라 여성가족부장관이 정하여 고시하는 서류

2. 채권 추심지원을 신청하는 경우

가. 양육비채권 추심위임장 1부

나. 계좌번호가 적힌 통장 사본 1부

다. 양육비 채무에 관한 서류(전자문서를 포함한다) 1부

⑤ 제1항에 따른 양육비 이행확보 지원의 신청은 문서(전자문서를 포함한다. 이하 같다), 팩스 또는 「정보통신망 이용촉진 및 정보보호 등에 관한 법률」 제2조 제1항 제1호에 따른 정보통신망(이하 "정보통신망"이라 한다)으로 할 수 있다.

「양육비이행확보 및 지원에 관한 법률 시행규칙」(다음부터 "양육비규칙"이라고 함) 제2조 제2항 제1호에 의하여 여성가족부장관이 정하여 고시하는 서류는 지원받는 법률의 종류에 따라 다음과 같이 정하고 있다. 인지청구소송[21]을 지원받는 경우에는 기본증명서, 가족관계증명서 및 혼인관계증명서를, 양육비청구소송을 지원받는 경우에는 기본증명서,

345

가족관계증명서 및 혼인관계증명서를, 이행확보소송을 지원받는 경우에는 기본증명서, 가족관계증명서, 혼인관계증명서, 집행권원에 관한 서류 및 의무이행을 알 수 있는 통장내역이다(여성가족부 고시 제2015-13호).

〔양육비 이행확보 지원 신청서 서식〕

양육비 이행확보 지원 신청서

* 〔 〕에는 해당되는 곳에 √표를 합니다.

(앞쪽)

접수번호		접수일자		처리기간 : 별도안내			
신청인 (양육부 ·모 등)	성명		주민등록번호(외국인등록번호)		세대주와의 관계		
	전화번호		휴대전화		전자우편		
	주소						
	가족사항	성명	신청인과의 관계	생년월일	동거여부 (미동거 사유)	학력·재학여부	특이사항

---

21) 인지청구소송 : 혼인외의 출생자는 그 모나 부가 인지할 수 있다(민법 제855조 제1항). 그런데 그들이 인지를 하지 않는 경우에는 자(子)와 그 직계비속 또는 그 법정대리인은 부 또는 모를 상대로 인지청구의 소를 제기할 수 있다(민법 제863조).

피 신청인 (양육부 · 모 등의 상대방)	혼인 관계	성명	주민등록 번호(외국 인등록번호) 또는 생년월일	주소	현재 가구 원 수	소득	재 산	월 평균 양 육 비	전화 번호
	〔 〕 이혼 〔 〕 비혼								

* 피신청인에 관한 사항은 신청인이 알고 있는 범위에서 작성하여 주시기 바랍니다.
* "월평균양육비"란 비양육부 · 모가 양육부 · 모에게 양육비 명목으로 정기적으로 지급하는 금품을 말합니다.

양육비 집행권원(양육비부담조서 또는 양육비청구소송 등) 유 · 무	〔 〕유 〔 〕무

지원 선택(복수선택 가능)	종합 지원 내용
〔 〕양육비이행관리원에 제공 서비스 위임	양육비이행관리원에서 아래의 종합 지원 가운데 신청인이 양육비를 받기에 적당하다고 판단하는 지원서비스를 선별하여 순차적으로 지원
〔 〕협의성립 지원	양육부 · 모와 비양육부 · 모 당사자간 협의를 통한 양육비 이행결정 지원
〔 〕법률지원	(집행권원이 없는 경우) 자녀 인지청구 소송/양육비청구 소송
	(집행권원이 있는 경우) 이행확보 소송〔직접지급명령 신청, 담보제공명령 신청, 이행명령 신청, 감치명령 신청 등〕, 강제집행
〔 〕채권 추심지원(집행권원이 있는 경우만 해당합니다)	양육비채무자에 대한 양육비채무 변제 촉구, 세금환급예정금액 압류 등을 통한 양육비 이행 지원
* 제출서류 : 뒤쪽 참조	

본인은 이 건 업무처리와 관련하여 「전자정부법」 제36조 제1항에 따른 행정정보의 공동이용을 통하여 담당직원이 주민등록표등본을 확인하는 것에 동의합니다.

* 주민등록표등본의 확인에 동의하지 않는 경우에는 뒤쪽의 제출서류 외에 신청인의 주민등록표등본을 제출하여야 합니다.

      신청인(대리신청인) 성명 :   (서명 또는 인)

      신청인과의 관계 :   (대리신청의 경우)

「양육비 이행확보 및 지원에 관한 법률」 제10조 및 제11조, 같은 법 시행규칙 제2조에 따라 위와 같이 양육비 이행확보 지원을 신청합니다.

                년   월   일

      신청인(대리신청인) 성명 :   (서명 또는 인)

      신청인과의 관계 :   (대리신청의 경우)

양육비이행관리원장 귀하

(뒤쪽)

제출서류 안내		
구 분		제출서류 목록
☐ 지원종류별 제출서류	협의성립 지원	- 해당없음
	법률지원	- 법률지원의 종류에 따라 여성가족부장관이 정하여 고시하는 서류 1부
	채권추심 지원(집행권원이 있는 경우만 해당합니다)	- 양육비 채권추심 위임장, 계좌번호가 적힌 통장 사본, 양육비채무에 관한 서류(결정정본 등 집행권원에 관한 서류 및 그 송달/확정증명원) 각 1부

〈**양육비 이행지원의 내용 및 절차**(당사자에 따라 지원내용 및 절차가 달라질 수 있습니다)〉

- **자녀양육 미혼 한부모**

  * 양육 부 또는 모 협의성립 지원 → 자녀 인지청구 소송 → 양육비

청구소송(승소시 집행권원 확보)
 * 양육비채권자(집행권원 확보 후) : 양육비 이행확보 소송, 강제집행
   또는 채권추심 지원
- **자녀 양육 이혼 한부모**
 * 양육 부 또는 모 협의성립 지원 → 양육비 청구 소송(승소시 집행권
   원확보)
 * 양육비채권자(집행권원 확보 후) : 양육비 이행확보 소송, 강제집행
   또는 채권추심 지원
- **비양육 미혼·이혼 한부모** 협의성립 지원

가. 양육비에 관한 협의성립의 지원

제10조(양육비에 관한 상담 및 협의 성립의 지원) ① 비양육부·모
또는 양육부·모는 당사자간 양육비 부담 등 협의기 이루어지지
아니할 경우 이행관리원의 장에게 양육비에 관한 상담 또는 협의
성립의 지원을 신청할 수 있다.

② 제1항의 상담 결과 비양육부·모와 양육부·모간에 양육비
부담 등 협의가 이루어질 경우 이행관리원의 장은 협의한 사항이
이루어질 수 있도록 하기 위한 지원을 할 수 있다.

③ 제1항에 따른 상담 또는 협의 성립의 지원 방법 및 절차 등
필요한 사항은 여성가족부령으로 정한다.

349

제10조 제3항의 규정에 따라 제정된 여성가족부령에서는 이행관리원 장이 양쪽 당사자의 협의가능성을 확인하고, 협의에 동의하는 경우에는 양쪽 당사자를 불러 공정증서를 작성하도록 하거나 가사조정절차를 이행하도록 하는 등의 지원을 한다고 규정하였다(양육비규칙 제3조).

나. 양육비청구 및 이행확보를 위한 법률지원, 양육비채권 추심지원

제11조(양육비청구 및 이행확보를 위한 법률지원 등의 신청) ① 양육부·모는 이행관리원의 장에게 자녀의 인지청구 및 양육비청구를 위한 소송대리 등 양육비 집행권원 확보를 위한 법률지원을 신청할 수 있다.

② 양육비채권자는 합의 또는 법원의 판결에 의하여 확정된 양육비를 양육비채무자로부터 지급받지 못할 경우 이행관리원의 장에게 양육비 직접지급명령, 이행명령 신청의 대리 등 양육비 이행확보에 필요한 법률지원이나 양육비채권 추심지원을 신청할 수 있다.

③ 국가는 제1항 및 제2항에 따른 법률지원 등에 드는 비용의 전부 또는 일부를 예산의 범위에서 지원할 수 있다.

④ 제1항 및 제2항에 따른 법률지원 등의 신청대상, 방법 및 절차 등에 필요한 사항은 여성가족부령으로 정한다.

「양육비이행확보 및 지원에 관한 법률」(다음부터 "양육비법"이라고 함) 제11조 제1항에서 말하는 "인지"란 혼인외의 출생자와 관련한 규정이다. 민법 제855조 제1항에서는 "혼인외의 출생자는 그 생부나 생모가 이를 인지할 수 있다. 부모의 혼인이 무효인 때에는 출생자는 혼인외의 출생자로 본다."고 규정하였고, 같은 법 제863조에서는 "자와 그 직계비속 또는 그 법정대리인은 부 또는 모를 상대로 하여 인지청구의 소를 제기할 수 있다."고 규정하였다. 그리고 같은 법 제864조의2에서는 "제837조 및 제837조의2의 규정은 자가 인지된 경우에 자의 양육책임과 면접교섭권에 관하여 이를 준용한다."고 규정하였다. 제837조는 이혼과 자의 양육책임에 관하여, 제837조의2는 면접교섭권에 관하여 각각 규정한다.

양육비법 제11조 제2항에서는 양육비채권의 추심지원을 할 수 있다고 규정하였다. 여기에서 말하는 '추심'이라고 함은 양육비채무를 스스로 이행하지 아니하는 양육비채무자의 재산을 찾아 양육비를 받아내는 것을 말한다.

3. 한시적 양육비 긴급지원

법 제14조(한시적 양육비 긴급지원) ① 제11조에 따른 양육비청구 및 이행확보를 위한 법률지원 등을 신청한 양육비채권자는 양육비채무자가 양육비채무를 이행하지 아니하여 자녀의 복리가 위태롭게 되었거나 위태롭게 될 우려가 있는 경우에는 이행관리원의 장에게 한시적 양육비 긴급지원(이하 "긴급지원"이라 한다)을 신청할 수 있다.

② 제1항에 따라 긴급지원신청을 받은 이행관리원의 장은 대통령령으로 정하는 긴급지원 기준에 해당하는 경우 긴급지원을 결정할 수 있다. 다만, 이 법에 따른 지원대상자가 「국민기초생활 보장법」 및 「긴급복지지원법」에 따라 동일한 내용의 보호를 받고 있는 경우에는 그 범위에서 이 법에 따른 긴급지원을 하지 아니한다.

③ 제2항에 따라 결정된 긴급지원의 지급기간은 6개월을 넘지 아니하여야 하고, 자녀의 복리를 위하여 추가지원이 필요한 경우에는 3개월의 범위에서 이를 연장할 수 있다. 다만, 양육비채무자가 양육비를 지급하면 그 즉시 긴급지원을 종료한다.

④ 긴급지원의 대상, 금액, 지급시기 등 지원기준은 대통령령으로 정한다.

⑤ 이행관리원의 장은 긴급지원을 한 경우에는 그 지급액의 한도에서 양육비채무자에게 구상권을 행사할 수 있다. 구상권의 행사방법, 절차, 그 밖에 필요한 사항은 대통령령으로 정한다.

양육비법 제14조 제4항에서 위임한 사항에 관하여는 같은 법 시행령 제8조에서 규정하였다. 지원 금액에 관한 사항은 같은 법 시행령 제8조 제3항의 규정에 의하여 여성가족부장관이 다음과 같이 고시하고 있다.

한시적 양육비 긴급지원의 기준 및 지원 금액(여성가족부 고시 제1015-14호)의 의한 지원기준과 그 금액은 다음 표와 같다.

한시적 양육비 긴급지원 기준
1. 만 19세 미만의 자녀를 양육하는 경우로서 양육비채권자가 속한 가구의 소득이 「국민기초생활 보장법」 제2조 제6호에 따른 최저생계비의 100분의 120 이하인 경우 2. 만 19세 미만의 자녀를 양육하는 경우로서 양육비채권자가 「한부모한가족지원법」 제5조 및 제5조의2에 따른 한부모한가족 지원대상자인 경우

한시적 양육비 긴급지원 금액
자녀 1인당 월 20만 원 지급 원칙. 다만, 「한부모한가족지원법」에 따른 양육비를 지원받고 있는 경우에는 자녀 1인당 월 10만 원 지급

이혼과 그 뒤의 법률문제

VIII. 사실혼(事實婚)

1. 의의

민법 및 가족관계등록법은 혼인에 관하여 '형식주의'를 채택하였다. 따라서 혼인이 성립하기 위해서는 반드시 '혼인신고'가 수리되어야 한다.

혼인의 의사가 있고, 사회적으로 정당한 혼인관계로 보이는 혼인의 실체는 있지만 혼인신고를 하지 않았거나 하지 못하였기 때문에 법률혼으로 인정받지 못하는 혼인관계를 '사실혼'이라고 한다. 이는 법률에는 규정이 없지만 오래 전부터 대법원이 인정하고 있다.

2. 성립요건

사실혼으로 인정을 받으려면, 주관적 요건으로는 당사자에게 '혼인의 의사(意思)'가 있어야 한다. 혼인의 의사라고 함은 사회적·관습적으로 정당시되는 부부관계를 맺을 의사를 말한다. 그리고 객관적으로는 부부로서의 생활상의 실체가 있어야 한다. 이를 달리 표현하면 부부로서 보호되어야 할 가치가 있는 생활관계가 있어야 함을 의미한다.

만약 보호할 가치가 없는 관계라면 그것은 '사통(私通)'에 불과한 것으로 평가될 것이다. 여기에 해당하는 예로는 '근친혼(近親婚)'이 있다. 민법은 근친혼과 관련하여 제809조 제1항에서 "8촌 이내의 혈족(친양자

354

의 입양 전의 혈족을 포함한다) 사이에는 혼인하지 못한다,"고 규정하였다. 근친혼은 무효혼이므로 사실혼으로도 인정받을 수 없다.

그러나 민법 제809조 제2항 및 제3항에서 금지하는 혼인은 혼인의 취소사유에 해당하기 때문에 사실혼으로 인정될 수 있다고 해석된다. 제2항에서는 "6촌 이내의 혈족의 배우자, 배우자의 6촌 이내의 혈족, 배우자의 4촌 이내의 혈족의 배우자인 인척이거나 이러한 인척이었던 자 사이에는 혼인하지 못한다."고 규정하였고, 제3항에서는 "6촌 이내의 양부모계(養父母系)의 혈족이었던 자와 4촌 이내의 양부모계의 인척이었던 자 사이에는 혼인하지 못한다."규 규정하였다.

또한 중혼(重婚)에 해당하는 사실혼 및 미성년자로서 부모의 동의를 얻지 못한 혼인은 사실혼으로 인정될 수도 있다. '중혼'은 배우자 있는 자가 다시 혼인한 경우를 말하는데, 이 후혼(後婚)은 혼인취소사유에 해당한다. 이러한 사실혼은 전혼(前婚)이 해소된 뒤 또는 전혼이 사실상 이혼상태인 경우에는 사실혼으로 보호를 받는다. 그리고 부모의 동의를 얻지 못한 미성년자의 혼인도 혼인취소사유이다.

〔판례〕 중혼은 사실혼으로 보호받지 못함

사실혼이란 당사자 사이에 주관적으로 혼인의 의사가 있고, 객관적으로도 사회관념상 가족질서적인 면에서 부부공동생활을 인정할 만한 혼인생활의 실체가 있는 경우라야 하고, 법률상 혼인을 한 부부가 별거하고 있는 상태에서 그 다른 한쪽이 제3자와 혼인의 의사로 실질적인 부부생활을 하고 있다고 하더라도 특별한 사

정이 없는 한 이를 사실혼으로 인정하여 법률혼에 준하는 보호를 할 수는 없는 것이다(대법원 2001. 4. 13. 선고 2000다52943 판결 등 참조). 이러한 법리는 자동차종합보험의 부부운전자한정운전 특별약관에서 규정하는 '사실혼관계에 있는 배우자'의 해석에도 적용되고, 이 경우 특별한 사정이 있다는 사실은 이를 주장하는 보험계약자에게 입증책임이 있다고 할 것이다(대법원 201. 3. 25. 선고 2009다84141 판결).

〔판례〕 중혼적 사실혼도 전혼이 사실상 이혼상태이면 보호 가능

비록 중혼적 사실혼관계일지라도 법률혼인 전 혼인이 사실상 이혼상태에 있다는 등의 특별한 사정이 있다면 법률혼에 준하는 보호를 할 필요가 있을 수 있다(대법원 2009. 12. 24. 선고 2009다 64161 판결).

〔판례〕 사실혼관계에 있는 한쪽이 일방적으로 한 혼인신고도 유효

혼인의 합의란 법률혼주의를 채택하고 있는 우리나라 법제하에서는 법률상 유효한 혼인을 성립하게 하는 합의를 말하는 것이므로 비록 사실혼관계에 있는 당사자 일방이 혼인신고를 한 경우에도 상대방에게 혼인의사가 결여되었다고 인정되는 한 그 혼인은 무효라 할 것이나(대법원 1983 9. 27. 선고 83므22 판결 참조), 상대방의 혼인의사가 불분명한 경우에는 혼인의 관행과 신의성실의 원칙에 따라 사실혼관계를 형성시킨 상대방의 행위에 기초하여 그

혼인의사의 존재를 추정할 수 있으므로 이와 반대되는 사정, 즉 혼인의사를 명백히 철회하였다거나 당사자 사이에 사실혼관계를 해소하기로 합의하였다는 등의 사정이 인정되지 아니하는 경우에는 그 혼인을 무효라고 할 수 없다(대법원 2012. 11. 29. 선고 2012므2451 판결).

3. 사실혼의 효과

가. 부부공동생활에 관한 효과

사실혼관계에 있는 부부도 부부이므로, 부부 사이의 동거·부양·정조 및 협조의 의무가 있다. 부부간의 일상가사대리권이 인정되므로, 일상가사의 범위 안에서는 부부의 연대책임에 관한 민법 제832조의 규정이 준용된다. 그리고 제3자가 부부의 일방에게 정조에 관한 불법행위를 저지른 경우에는 그의 상대방은 제3자와 사실혼 배우자를 상대로 손해배상(위자료)을 청구할 수도 있다.

나. 자(子)에 관한 효과

사실혼관계에서 태어난 자는 혼인외 출생자가 된다. 아버지의 인지가 없으면 자는 모의 성과 본을 따른다. 어머니는 인지라는 절차 없이 당연히 단독으로 친권자가 된다. 혼인외의 자도 부모가 혼인하면 출생한 때로 소급하여 혼인중의 출생자로 된다. 이를 '준정(準正)'이라고 한다.

〔판례〕 사실혼관계의 출생자에 대한 양육자지정청구는 불가

민법 제999조, 제837조, 제843조, 가사심판법 제2조 제1항 제3호(바), 민사소송법 제30조, 법원조직법 제32조의5 등 규정에 의하면 양육자지정청구가 허용되는 경우는 이혼당사자의 신청에 의하거나, 혼인의 무효 또는 취소의 판결시 그 당사자의 신청이 있는 경우만으로 한정되어 있고, 그 외의 사실혼관계나 일시적인 정교관계로 출생한 자의 생모가 그 자의 생부를 상대로 양육자지정청구를 할 수 있는 법률상 근거가 없어 현행법상 이는 허용되지 아니한다(광주고법 1984. 10. 23. 선고 84르24 제1특별부 판결 : 확정).

다. 혼인신고를 전제로 하는 법률관계에 관한 효과

사실혼관계에서는 혼인신고를 전제로 하는 친족관계, 중혼의 문제, 성년의제 및 재산상속에 관하여는 법률혼에 관한 규정을 준용 내지 유추적용하지 않는다. 즉 상대방 친족과의 관계에서 인척관계는 성립하지 않고, 일방이 제3자와 혼인하더라도 중혼은 성립하지 않으며, 미성년자가 사실혼관계를 형성하더라도 성년으로 의제되지 않는다. 민법상의 상속에 관한 규정도 적용받지 못한다. 상속권은 없지만 민법 제1057조에서 규정하는 특별연고자에 대한 분여(分與) 제도에 의한 혜택은 받을 수도 있을 것이다.

라. 재산에 관한 효과

사실혼관계에서는 상속에 관한 권리는 부인되지만, 부부가 공동으로 이룩한 재산에 대한 재산분할청구는 허용된다. 다만, 재산분할청구도 쌍방이 생존하는 동안에 사실혼관계를 해소한 경우에는 가능하지만, 일방이 사망하면 가능하지 않다.

그러나 각종 특별법에서는 사실혼관계에 있는 배우자도 법률상의 배우자처럼 본다는 취지의 규정을 두는 경우가 있다.

〔판례〕 사실혼 당사자가 사망하면 상대방은 재산분할청구권 없음

사실혼이란 당사자 사이에 혼인의 의사가 있고 객관적으로 사회관념상으로 가족질서적인 면에서 부부공동생활을 인정할 만한 혼인생활의 실체가 있는 경우이고, 부부재산에 관한 청산의 의미를 갖는 재산분할에 관한 법률규정은 부부의 생활공동체라는 실질에 비추어 인정되는 것으로서 사실혼관계에도 이를 준용 또는 유추적용할 수 있기 때문에 사실혼관계에 있었던 당사자들이 생전에 사실혼관계를 해소한 경우 재산분할청구권을 인정할 수 있으나(대법원 1995. 3. 28. 선고 94므1584 판결 등 참조), 법률상 혼인관계가 일방 당사자의 사망으로 인하여 종료된 경우에도 배우자에게 재산분할청구권이 인정되지 아니하고(대법원 1994. 10. 28. 선고 94므246, 94므253 판결 참조), 단지 상속에 관한 법률규정에 따라서 망인의 재산에 대한 상속권만이 인정된다는 점 등에 비추어보면 사실혼관계가 일방 당사자의 사망으로 인하여 종료된 경우에는 그 상대방에게 재산분할청구권이 인정된다고 할 수 없다(대법원 2006. 3. 24. 선고 2005두15595 판결).

〔판례〕 유족연금 수급대상자에는 무효혼인 근친혼 배우자도 포함

공무원연금 제도는 정부가 관장하는 공적연금 제도이고, 공무원의 의사와 관계없이 강제적으로 징수되는 기여금과 국가 또는 지방자치단체가 부담하는 재원에 의하여 조달된다는 점 등 공익적

요청을 무시할 수 없는 점 등을 종합하면, 민법이 정하는 혼인법
질서에 본질적으로 반하는 사실혼관계에 있는 사람은 유족연금 수
급권자인 배우자에 해당한다고 할 수 없다. 그리고 혼인할 경우
그 혼인이 무효로 되는 근친자 사이의 사실혼관계라면 원칙적으로
혼인법질서에 본질적으로 반하는 사실혼관계라고 추단할 수 있을
것이다.

　그러나 비록 민법에 의하여 혼인이 무효로 되는 근친자 사이의
사실혼관계라고 하더라도, 그 근친자 사이의 혼인이 금지된 역사
적ㆍ사회적 배경, 그 사실혼관계가 형성된 경위, 당사자의 가족과
친인척을 포함한 주변 사회의 수용 여부, 공동생활의 기간, 자녀
의 유무, 부부생활의 안정성과 신뢰성 등을 종합하여 그 반윤리
성ㆍ반공익성이 혼인법질서 유지 등의 관점에서 현저하게 낮다고
인정되는 경우에는 근친자 사이의 혼인을 금지하는 공익적 요청보
다는 유족의 생활안정과 복리향상이라는 유족연금제도의 목적을
우선할 특별한 사정이 있다고 할 것이고, 이와 같은 특별한 사정
이 인정되는 경우에는 그 사실혼관계가 혼인무효인 근친자 사이의
관계라는 사정만으로 유족연금의 지급을 거부할 수 없다고 할 것
이다(대법원 2010. 11. 25. 선고 2010두14091 판결).

　ㄴ 이 판례는 형부와 처제 사이의 사실혼과 관련하여 「공무원연
　　금법」의 관련 규정을 해석하는 내용이다. 당사자들은 1990.
　　1. 13. 민법이 개정되어 형부와 처제 사이의 사실혼을 무효
　　혼으로 규정하던 당시에 사실혼관계를 형성하였는데, 민법이
　　2005. 3. 31. 개정되면서는 이들과 같은 혼인은 취소혼에 해

당하는 것으로 바뀌었다. 이 사례에서 원고인 처제에게는 공무원연금의 수급권이 있다고 판단하였다. 그렇다면 사실혼관계에 있는 배우자도 법률상의 배우자와 같은 취급을 하는 「군인연금법」, 「국민연금법」, 「형사보상법」, 「근로기준법」, 「고용보험법」, 「산업재해보상보험법」 및 「주택임대차보호법」 등의 경우에도 위와 같은 해석이 가능하다고 해야 할 것이다.

4. 사실혼의 해소

사실혼관계는 당사자 일방의 사망, 당사자 사이의 사실혼관계 해소의 합의, 혼인신고, 한쪽 당사자의 일방적 파기 등에 의하여 해소된다. 당사자 한쪽이 일방적으로 해소하는 경우에는 손해배상(위자료의 지급)과 재산분할의 문제가 남는다. 그러나 자의 양육자 지정 및 양육비의 청구는 가능하지 아니하다. 이는 법률혼을 전제로 하는 규정들이기 때문이다. 그러나 필자의 사견으로는 사실혼이 해소된 경우에도 자의 양육자 지정과 양육비의 부담에 관하여는 민법의 규정을 준용하는 것이 타당하다고 본다.

〔판례〕 **사실혼의 해소는 일방적으로 가능, 손해배상책임은 따름**

사실혼관계는 사실상의 관계를 기초로 하여 존재하는 것으로서 당사자 일방의 의사에 의하여 해소될 수 있고, 당사자 일방의 파기로 인하여 공동생활의 사실이 없게 되면 사실상의 혼인관계는 해소되는 것이며, 다만 정당한 사유 없이 해소된 때에는 유책자가 상대방에 대하여 손해배상의 책임을 지는 데 지나지 않는다(대법원 2009. 2. 9. 자 2008스105 결정).

〔판례〕 **결혼식 직후 부부관계의 해소는 사실혼의 해소와 유사**

일반적으로 약혼은 특별한 형식을 거칠 필요 없이 장차 혼인을 체결하려는 당사자 사이에 합의가 있으면 성립하는 데 비하여 사실혼은 주관적으로는 혼인의 의사가 있고, 또 객관적으로는 사회통념상 가족질서의 면에서 부부공동생활을 인정할 만한 실체가 있는 경우에 성립한다(대법원 1995. 3. 10. 선고 94므1379,1386 판결 등 참조). 그런데 일반적으로 결혼식(또는 혼례식)이라 함은 특별한 사정이 없는 한 혼인할 것을 전제로 한 남녀의 결합이 결혼으로서 사회적으로 공인되기 위하여 거치는 관습적인 의식이라고 할 것이므로, 당사자가 결혼식을 올린 후 신혼여행까지 다녀온 경우라면 단순히 장래에 결혼할 것을 약속한 정도인 약혼의 단계는 이미 지났다고 할 수 있으나, 이어 부부의 공동생활을 하기에까지 이르지 못하였다면 사실혼으로서도 아직 완성되지 않았다고 할 것

이다. 그러나 이와 같이 사실혼으로 완성되지 못한 경우라고 하더라도 통상의 경우라면 부부공동생활로 이어지는 것이 보통이고, 또 그 단계에서의 남녀 간의 결합의 정도는 약혼단계와는 확연히 구별되는 것으로서 사실혼에 이른 남녀 간의 결합과 크게 다를 바가 없다고 할 것이므로, 이러한 단계에서 일방 당사자에게 책임 있는 사유로 파탄에 이른 경우라면 다른 당사자는 사실혼의 부당파기에 있어서와 마찬가지로 책임 있는 일방 당사자에 대하여 그로 인한 정신적인 손해의 배상을 구할 수 있다고 할 것이다(대법원 1998. 12. 8. 선고 98므961 판결).

이혼과 그 뒤의 법률문제

2015년 7월 15일 1판 1쇄 인쇄
2015년 7월 25일 1판 1쇄 발행

저 자 최 종 배
발 행 인 김 용 성
발 행 처 법률출판사
서울시 동대문구 휘경동 187-20 오스카빌딩 4층
☎ 02)962-9154   팩스 02)962-9156
등록번호 제1-1982호
E-mail : lawnbook@hanmail.net

정가 17,000원   ISBN 978-89-5821-263-8   13360